高等职业教育公共基础课通用教材

大学生安全教育

主　编　徐　钟　谢宏兰　缪长福

副主编　赵鲜梅　郭春梅　梁永康　李铠希

编　委　刘　英　黄晨华　涂志华　刘小莲
　　　　余永春　胡桂生

北京理工大学出版社

BEIJING INSTITUTE OF TECHNOLOGY PRESS

图书在版编目（CIP）数据

大学生安全教育 / 徐钟，谢宏兰，缪长福主编. --
北京：北京理工大学出版社，2023.12
　　ISBN 978-7-5763-2330-6

　　Ⅰ. ①大…　Ⅱ. ①徐…②谢…③缪…　Ⅲ. ①大学生
-安全教育　Ⅳ. ①G641

　　中国国家版本馆 CIP 数据核字（2023）第 254785 号

责任编辑：江　立　　　　**文案编辑**：江　立
责任校对：周瑞红　　　　**责任印制**：施胜娟

出版发行 / 北京理工大学出版社有限责任公司
社　　址 / 北京市丰台区四合庄路 6 号
邮　　编 / 100070
电　　话 / （010）68914026（教材售后服务热线）
　　　　　　　（010）68944437（课件资源服务热线）
网　　址 / http://www.bitpress.com.cn

版印次 / 2023 年 12 月第 1 版第 1 次印刷
印　　刷 / 三河市天利华印刷装订有限公司
开　　本 / 787 mm×1092 mm　1/16
印　　张 / 18
字　　数 / 415 千字
定　　价 / 55.00 元

前　言

　　为进一步加强全省学校安全教育，切实提高学生的安全意识，增强学生的安全防护能力，江西省教育厅于2023年3月1日发布《2023年全省学校安全教育工作方案》（以下简称《方案》），《方案》要求：坚持以习近平新时代中国特色社会主义思想为指导，深入贯彻党的二十大精神，深入贯彻落实习近平总书记关于安全生产重要论述和视察江西重要讲话精神，深刻领悟"两个确立"的决定性意义，增强"四个意识"、坚定"四个自信"、做到"两个维护"，坚持人民至上、生命至上，坚持统筹发展和安全，坚持预防为主、应急为重、管理为要，坚持问题导向、目标导向和结果导向，深化学校安全教育工作，持续提升安全教育水平和学生安全素养。

　　《方案》对学校安全教育做了顶层设计和全面部署，从工作目标、安全教育内容、课程设置、内容要求、教育形式、实践活动、校园文化等多个方面明确了学校安全教育体系的建构。这表明新时代校园安全工作再上新台阶。为进一步夯实筑牢校园安全防线，营造安全校园，使校园成为最美的风景和安全的港湾，安全教育工作应该更深入、更可持续、更具全面性和创新性。

　　本教材立足大学生在校学习的全学制、全过程、全方面开展安全教育活动，结合大学生生理、心理特点及日常行事习惯，研究大学生身边多发案例，针对事件发生规律和特点，形成包括国家安全、政治安全、意识形态安全、网络安全、心理健康、交通安全、食品安全、消防安全、实验室安全、毒品预防、人身安全、财产安全、网络安全等内容的安全教育知识体系，旨在引导大学生掌握必要的安全知识和技能、提升安全意识、正确应对日常生活中的突发安全事件，进而提高学生面对突发安全事件时自救自护的快速反应能力，增强社会安全责任感，保障学生健康快乐成长。

　　本教材充分体现学生素质培养靶向理实一体化教学模式的实施需求，通过任务中的案例分析、讨论思考、课内活动、巩固练习和课后作业引导教与学、师与生之间的课内互动，引导学生通过实践将理论知识渗透到自己的行为和思维中，从而内化于行。

　　本教材由江西青年职业学院大学生安全教育课程改革项目组编写。徐钟、谢宏兰、缪长福任主编，赵鲜梅、郭春梅、梁永康、李铠希任副主编。其中徐钟负责编写专题一、专题三、专题十一、专题十四，谢宏兰负责编写专题二的任务二和任务三、专题六、专题七、专题十三的任务三，缪长福负责编写专题八、专题十二，赵鲜梅负责编写专题四、专题五，郭春梅负责编写专题九、专题十，梁永康负责编写专题二的任务一，李铠希负责编写专题十三的任务一和任务二。徐钟负责组稿，谢宏兰负责统稿，刘英、黄晨华、涂志华、刘小莲、余永春、胡桂生负责意识形态审核。

本教材在编写过程中，得到了南昌经济开发区人民医院、南昌市安定消防技术咨询有限公司、江西青年职业学院保卫处、学工处的指导和帮助，同时借鉴引用了许多专家学者的研究成果以及新闻媒体的相关报道，在此表示衷心感谢！

由于编者水平有限，书中难免有不足之处，恳请广大读者批评指正。

编　者
2023 年 9 月

目　　录

专题一　平安校园

导言

安全是人类在生存和发展活动中的基本需要之一，安全关系到个人生命财产的安危，关系到家庭幸福，关系到社会的和谐稳定。教育部思想政治工作司 2023 年工作要点中提道：扎实推进平安校园建设。要求研究推进高校安全管理现代化，努力建设更高水平的平安校园。近年来，党和政府高度重视维护大学生的安全与合法权益，把对大学生进行安全教育、依法治校确定为学校各级领导的法定义务，从而推动了大学生安全教育工作。安全教育已成为青年学生健康成长过程中必不可少的一个重要环节。本专题主要讲述平安校园建设的意义，说明大学生安全教育的内容和要求，引导大学生们认识校园安全的重要性，积极参与并配合学校安全管理与教育工作，使自己成为身心安全的第一责任人。

遵守交通规则，平平安安上学　禁止玩火点火，火灾远离校园　玩耍有秩序，校园文明争第一

加强安全教育　建设平安校园

提高安全防范意识 ▶▶　　　　▶▶ 共建美好安全校园

任务一　创建平安校园的重要意义

学习目标

1. 了解创建平安校园的重要意义；
2. 知道创建平安校园应尽的义务；
3. 强化创建平安校园意识。

授课视频二维码

　　平安和谐校园是培养学生个性全面发展的前提和基础。然而，近年来，危害校园安全、侵害学生权益的案件日益突出，校园食品安全、交通安全、消防安全等存在的问题屡禁不止。校园安全已经成为一个社会高度关注的热点话题。平安和谐的校园环境，已成为衡量学校发展前景的重要指标。如何有效解决当前校园安全存在的问题，确保校园安全，已成为创建平安校园的重要课题。高校学生如何配合学校做好建设横向到边、纵向到底的安全管理网络，增强安全意识，也是创建平安校园的重要课题。

案例分析

　　人民网北京12月31日电（记者郝孟佳、温璐）近日，教育部印发了《教育部办公厅关于开展加强高校实验室安全专项行动的通知》（以下简称《专项行动》）。教育部科学技术与信息化司负责人在回答记者提问时表示，高校实验室安全是高校校园安全的重要组成部分，情况复杂、任务艰巨，是教育系统安全工作的重点，也是不可逾越的红线。

　　该负责人表示，高校实验室安全总体形势向好，但短板仍然突出，新的风险还在增加，实验室安全事故仍时有发生。为补齐短板，切实增强高校实验室安全管理能力和水平，确保安全隐患及时消除，找出潜在的隐患和风险，杜绝实验室安全重特大事故发生，营造安全和谐的教学、科研环境，教育部根据近年来高校实验室安全年度专项检查情况，系统梳理了高校实验室安全现状，深入分析研究高校实验室安全工作存在的问题和难点，并多次组织相关专家研讨，在征求高校主管部门、高校相关部门和实验室安全管理人员意见的基础上，决定实施《专项行动》。

（案例来源：人民网，2021年12月31日）

简析：

　　高校实验室安全是高校校园安全的重要组成部分，情况复杂、任务艰巨，是教育系统安全工作的重点，也是不可逾越的红线。切实增强高校实验室安全管理能力和水平，确保安全隐患及时消除，杜绝实验室安全重特大事故发生，营造安全和谐的校园教学、科研环境，是切实维护师生健康、校园安全、社会稳定的重要保障。

🚓 法律法规

教育部等五部门关于完善安全事故处理机制维护学校教育教学秩序的意见

教政法〔2019〕11 号

专题一任务一
法律法规

健全学校安全事故预防与处置机制

（1）着重加强学校安全事故预防。各级教育部门要依法加强对学校安全工作的督导、检查，会同、配合有关部门加强对学校校舍、场地、消防、食品安全和传染病防控等事项的监管，指导学校完善安全风险防控体系，完善学校安全管理组织机构和责任体系，健全问责机制。各级各类学校要树立预防为先的理念，落实安全标准，健全安全管理制度，完善安全风险排查和防范机制，压实安全责任，加强学生的安全教育、法治教育、生命教育和心理健康教育，建立并严格执行学校教职工聘用资质检查制度，从源头上预防和消除安全风险，杜绝责任事故。健全学校安全隐患投诉机制，对学生、家长和相关方面就学校安全存在问题的投诉、提出的意见建议，及时办理回复。

（2）规范学校安全事故处置程序。各级教育部门要指导、监督学校健全安全事故处置机制，制定处置预案、明确牵头部门、规范处置程序，完善报告制度，提高工作规范化、科学化、专业化水平。安全事故发生后，学校应当立即启动预案，及时开展救助。发生重大事故，要建立由学校主要负责人牵头的处置机制，必要时由当地人民政府或者学校主管部门、其他相关部门牵头处理。学校应当建立便捷的沟通渠道，及时通知受伤害者监护人或者近亲属，告知事故纠纷处理的途径、程序和相关规定，主动协调，积极引导以法治方式处置纠纷。学校要关心受伤害者，保障受伤害者及其监护人、近亲属的知情权和依法合理表达诉求的权利。

（3）健全学校安全事故处理的法律服务机制。司法行政机关应当组织法律援助机构依法为符合条件的学校安全事故受伤害者提供法律援助，指导律师事务所、公证机构等为当事人提供法律服务，指导律师做好代理服务工作，引导当事人依法、理性表达意见，合理提出诉求。有条件的地方可以设立学生权益法律保护中心，以政府购买服务等方式，聘请法律专业服务机构或人员，为学生提供法律服务。纠纷处理过程中，需要鉴定以明确责任的，由双方共同委托或者经当事人申请，由主持调解的机构、组织委托司法鉴定机构进行鉴定。

（4）形成多元化的学校安全事故损害赔偿机制。学校或者学校举办者应按规定投保校方责任险，有条件的可以购买校方无过失责任险和食品安全、校外实习、体育运动伤害等领域的责任保险。要通过财政补贴、家长分担等多种渠道筹措经费，推动设立学校安全综合险，加大保障力度。要增强师生和家长的保险意识，引导家长为学生购买人身保险，有条件的地方可以予以补贴。学校可以引导、利用社会捐赠资金等设置安全风险基金或者学生救助基金，健全救助机制。鼓励有条件的地方建立学校安全赔偿准备基金，或者开展互助计划，健全学校安全事故赔偿机制。

一、高校"平安校园"的内容

1. 高校"平安校园"的基本内涵

　　"平安校园"作为一种政策性提法，前身为"安全文明"校园，多指校园稳定、有序、和谐的运行状态。2011年"平安校园"一词在北京市高校建设中提出。十八大以来，随着"平安中国"建设上升到国家战略层面，"平安校园"建设作为其重要组成部分，也在不断深化发展。

　　创建"平安校园"即为在政府倡导、社会各方力量协作和学校自身主导下，通过全体师生员工的共同参与，创立并保持稳定、有序、和谐的校园运行状态。"平安校园"包含安全、稳定、有序、文明、和谐在内的五个主要的特征性指标。

2. 高校"平安校园"的工作内容

　　经过多年的探索与实践，高校"平安校园"建设内容基本固化，主要包括以下几点：

　　（1）组织领导。主要是关于安全稳定的重视程度、工作计划、工作部署、督导检查等的建设。

　　（2）意识形态维稳。主要是关于阵地管理、思想动态管理、重点师生教育转化、防范和处理邪教工作、抵御和防范校园传教渗透、维护重大活动和重要敏感节点的建设。

　　（3）校园安全管理防范。主要是关于安全管理、技术防范、网络安全、国家安全人民防线、应急处置等的建设。

　　（4）反恐防暴。主要是关于教育管理服务工作和防范暴恐袭击的建设。

　　（5）矛盾纠纷排查化解机制。主要是关于开展重大事项社会稳定风险评估、深入开展矛盾纠纷排查化解、接诉即办工作等的建设。

　　（6）专项工作推进。主要是关于特殊时候或专项活动工作的建设。

　　（7）基础建设。主要是关于保密工作、法治工作、安全教育、队伍等方面的建设。

二、高校建设"平安校园"的重要意义

1. 创建平安校园是贯彻总体国家安全观的内在要求

　　随着社会的发展，高校校园安全的影响因素呈现多元化、复杂化的特点，其内涵更深、外延更广。高校肩负着培养德智体美劳全面发展的社会主义建设者和接班人的任务。当前，除交通安全、消防安全、食品安全、体育安全等传统校园安全问题之外，病毒传染、网络暴力、网贷诈骗、信息安全、实验室安全、心理健康等新型非传统校园安全风险日渐增多，而且两者对校园安全的威胁容易相互叠加。创建平安校园，是以师生为本，树立整体思维、系

统思维，做到重视传统校园安全和重视非传统校园安全并重。平安校园不仅确保在校师生能处于客观安全状态，还重视师生们的主观安全感受，消除各种有关安全方面的紧张和恐惧心理。从一定意义上讲，创建平安校园是贯彻总体校园安全观的具体表现。

2. 平安校园是人才培养的第一需要

马克思关于"人的发展"理论认为：安全是人的发展的第一需要。在马斯洛的"需求层次理论"中，安全需求仅次于生理需求。安全是培养人才的第一需要，人才的发现、发展、成长和成功，首要条件是保障安全。大学作为培养人才的地方，是以人为核心的地方，是高级知识分子的集聚地，安全也是大学发展的基础。只有环境和谐才有助于人的发展。只有安全的校园才能凝聚人心，才能促改革、谋发展。

3. 创建平安校园是高校建设价值取向的体现，是大学生适应社会的需要

大学生在学校首先是学好自己的专业知识，做到德智体美劳全面发展，培养自己的学习能力。一方面平安和谐校园可以让大学生们在安全的、高品位的文化氛围中去思考、理解、感悟，净化灵魂，升华人格，完善自己；另一方面大学生通过参与创建平安校园的实践，学会适应社会和求得生存，锻炼创新能力，强化危机意识，学会安全进入社会，安全经受各种检验和锻炼，在社会中充分展示自己的才华和能力。

课内活动

"平安校园"认知情况调查问卷

请在课内完成大学生"平安校园"认知情况调查问卷。参与方法：扫描右侧二维码，回答相关问题。此问卷仅用于教学研究，不涉及个人身份信息收集，请如实填写。谢谢您的配合！

三、影响高校安全稳定的主要因素

1. 高校客体结构更趋复杂化

高校客体结构是指高校的人员成分构成的多样化、文化层次的差异性。随着我国高等教育的发展，各高校规模大，学生数量多、生涯质量不等。各高校包含了博士生、研究生、本科生、专升本、成教生等不同学历、不同层次的学生。这些学生在政治意识、思想观念、人生价值观、问题考虑角度、分析与解决问题能力等方面存在较大差异。另外，高校内还有经商、安保等从业人员，这部分人员来自各地，知识水平各不相同，其从业的价值观取向也不同。高校客体结构的复杂性给高校安全稳定工作带来较大的不确定因素。

2. 高校客体个性更显特殊化

高校客体个性是指高校内个人的特质化、背景的差异性。目前，高校客体的特殊化主要分为两大类：一类是存在心理健康问题的学生，这部分学生人生观、价值观的缺陷问题或由此引发的心理健康问题是影响高校安全稳定的一个因素；另一类是从业人员与学生之间因价值观不同而引发的问题。这些都会对高校安全稳定工作产生潜在的影响。

3. 高校客体环境（网络）更具诱惑化

高校客体环境（网络）是指高校学生面对互联网所产生的迷茫、困惑。高校学生大多社会经验不足、能力不强、心态与思想较稚嫩。由于思想、人生价值观、世界观等还未成熟，意志力不够坚定，分辨是非能力不强，他们极易受不当思潮的影响，盲目跟从。因此，网络诱惑问题已无可避免地成为影响高校安全稳定的重要因素。

警惕网络不良信息如图1-1所示。

（图片来源：网络安全宣传周专题网，
2017年9月12日）

图1-1　警惕网络不良信息

4. 高校客体整体更易渗透化

高校客体整体已成为境外某些势力渗透的目标或对象。随着我国综合国力的不断增强，国际地位的不断提升，境外反华势力也越发疯狂地将中国高校视为境外敌对势力进行意识渗透和活动破坏的重要对象。很多境外敌对势力打着公益活动的幌子向高校有目的地渗透，给高校安全稳定工作带来了较大的阻力。

5. 高校主体工作存在短板

高校"平安校园"建设主导者、执行者是高校本身。目前高校平安校园工作的能力水平还有待提升，面临传统技能弱化、科技手段不钻不精的"双重困境"。而且，有的高校主体站位不高、视野不广、满足于老做法、慢节奏，面对繁重而艰巨的任务，工作拼劲不足，工作问题成为影响高校安全稳定的主要因素。

四、新时代创建平安校园的隐患问题

1. 突发性公共危机事件出现的频率增大

由于全球化、人口流动频繁、传播途径多样等因素，世界出现突发性公共危机事件的频率也随之增大。党的十八大以来，在党中央坚强领导下，国家安全得到全面加强，实现历史性变革，取得历史性成就。后疫情时代所带来的经济下滑、就业困难等也可能引发新的次生危机，而这些危机也会投射到高校中，成为创建平安校园的隐患问题之一。

2. 意识形态领域斗争日益复杂尖锐

当今世界处于百年未有之大变局，国际形势复杂多变，意识形态领域斗争呈现出复杂化、互联网化、多样化、隐蔽化等特点。以美国为首的西方发达国家利用当今世界全球化的发展，国与国之间的交往日益密切，国家间不同意识形态相互摩擦和碰撞增多，不断向世界渗透资本主义意识形态。西方发达国家通过网络不断宣传各种思想观念和意识形态，利用高校大学生思想活跃、求知欲强、容易接受新鲜事物的特点，把高校作为意识形态渗透的重点对象，给中国高校大学生的意识形态造成了很大的影响，给高校安全稳定工作带来前所未有的风险和挑战。网络舆论如图1-2所示。

（图片来源：新浪网2022年3月21日）

图1-2　网络舆论

3. 文化舆论传播方式多样化，网络新媒体成为主战场

当今时代，网络新媒体对思想文化传播和舆论引导产生重要影响。网络文化已经逐步走进我们的生活中，特别是善于接受新鲜事物的年轻人的日常生活中。如今，互联网已成为年轻人学习工作娱乐不可或缺的一部分。互联网文化催生的网络新媒体，让西方反华势力有机可乘。他们利用网络新媒体传播形式灵活多样的特点，制作互联网影音制品和电子读物、设立虚拟社区等以学习的名义冲击大学生的思想观念和价值选择；利用网络新媒体传播范围广、影响迅速、自由化及隐蔽性高等特点，凭借技术优势，加快向我国年轻知识分子进行意识形态渗透。因此，网络的虚拟性和不可控性加大了高校安全稳定工作的管理难度。

巩固练习

查看"00后群体调查"报告，分析报告中的"00后行为偏好"（见图1-3）中可能存在的安全隐患，并向同学们分享你的分析情况。

（图片来源：澎湃网，2018年5月7日）

图1-3　00后行为偏好

知识拓展

什么是意识形态？

意识形态，即系统地、自觉地反映社会经济形态和政治制度的思想体系。是社会意识诸形式中构成思想上层建筑的部分，表现在政治、法律、道德、哲学、艺术、宗教等形式中。一定的社会意识形态是一定的社会存在的反映，并随着社会存在的变化或迟或早地发生变化。社会意识形态具有相对独立性：它对社会的发展起巨大的能动作用；有自身的发展规律，具有历史继承性；它的发展同经济发展并不总是平衡的，有时经济上相对落后的国家在思想领域会超过当时经济上先进的国家。自从阶级产生以后，意识形态具有阶级性。

课后作业

请在课后完成以下练习题。

1. 创建平安校园的重要意义有哪些？
2. 高校创建平安校的问题有哪些？

任务二　大学生安全教育的意义及内容

学习目标

1. 了解大学生面临的安全形势和问题；
2. 熟悉大学生安全教育的意义；
3. 培养安全意识。

授课视频二维码

学生进入大学阶段，相当于迈进一个小社会，自我独立能力还不强，尤其是自我安全防范意识薄弱，能力欠缺，对人身的自我保护方面有一定的误区，较易遭受人身伤害。同时他们拥有一定的经济能力，但社会经验不足，对社会环境的复杂性了解不多，也容易成为侵财案件的目标。通过本任务的学习，要认清当前大学生安全基本形势，提高安全防范意识，增强防范技能，从而免遭人身的损伤和财产的损失，同时提高守法的自觉性，对法律怀有敬畏之心。

案例分析

《江西省"十四五"教育事业发展规划》于 2022 年 4 月 21 日正式印发。其中重点任务的第十点第五条如下：

健全教育风险防控机制。

坚持底线思维，增强忧患意识，将防范化解重大风险纳入教育工作全过程。全面贯彻落实《大中小学国家安全教育指导纲要》，加强总体国家安全观教育，防范重大政治安全和意识形态风险，牢牢掌握教育系统政治安全主导权。严格落实教育与宗教相分离的原则，防止利用宗教进行妨碍国家教育制度的活动。创新安全教育方式方法，将自然灾害避险等安全知识纳入日常教学安排，利用 VR 等现代信息技术开展情景式、体验式安全教育，推进应急演练常态化。开展防溺水、交通等安全教育专项行动，全面提升学生安全防范意识和自救自护能力。深化平安校园建设，完善定期风险排查和研判机制，全面实施校园安防"三个百分之百"建设，常态化开展校园及周边社会综合治理，加强教育网络舆情监测，健全师生校园保险保障机制，不断完善校园安全风险防控体系。推动重大决策社会稳定风险评估机制落实，严防发生影响社会稳定的重大案事件。（"三个百分之百"指 100% 校园封闭管理、100% 专职保安配备、100% 视频监控和一键式报警装置与公安机关联网运用。）

（资料来源：江西省人民政府，2022 年 4 月 21 日）

简析:

《江西省"十四五"教育事业发展规划》重点任务第十点第五条的内容既是对学校安全教育工作的指示,也是对大学生安全教育教学的指导。作为新时代大学生,我们从文件中就可获知安全教育的学习内容及重点。

🚓 法律法规

普通高等学校学生安全教育及管理暂行规定

专题一任务二
法律法规

第一章 总则

第一条 为了加强高等学校管理,维护正常的教学和生活秩序,保障学生人身和财物的安全,促进身心健康发展,特制定本暂行规定。

第二条 高等学校学生安全教育及管理的主要任务是:宣传、贯彻国家有关安全管理工作的方针、政策、法律、法规,对学生实施安全教育及管理,妥善处理各类安全事故,引导学生健康成长。

第三条 高等学校学生安全教育及管理,要以预防为主,本着保护学生、教育先行、明确责任、教管结合、实事求是、妥善处理的原则,做好教育、管理和处理工作。

第四条 本暂行规定所称学生指在普通高等学校学习取得学籍的全日制学生,即按国家任务、用人单位委托培养、自费三种计划形式录取的学生。

第二章 安全教育

第五条 高等学校应将对学生进行安全教育作为一项经常性工作,列入学校工作的重要议事日程,加强领导。学校各部门和有关群众团体或组织要相互配合,积极开展安全教育,普及安全知识,增强学生的安全意识和法制观念,提高防范能力。

第六条 学生安全教育应根据不同专业及青年学生的特点,从学生入学到毕业,在各种教学活动和日常生活中,特别是节假日前适时进行,并善于利用发生的安全事故教育学生,防患于未然。学校应根据环境、季节及有关规律进行防盗、防火、防特、防病、防事故等方面的教育,并使之经常化、制度化。

第七条 高等学校对学生进行安全教育须注重心理疏导,加强思想政治工作,教育学生注意保持健康的心理状态,帮助学生克服因各种原因造成的心理障碍,把事故消除在萌芽状态。

😊 讨论思考

你在学校中发生过安全问题吗?你参加过哪种形式的安全教育?这些形式的安全教育内容你都能内化于心吗?在日常的学习与生活中你会主动做好安全防范吗?

一、大学生安全教育的必要性

1. 社会发展引发安全问题

随着我国经济的高速发展，国内外各种敌对势力及一些不法分子利用各种手段对我国进行渗透和破坏。我国人口基数庞大，各种社会矛盾、社会问题突出，暴力、盗窃等案件也时有发生。高校人口密集，学生安全意识薄弱，不法分子常将学生作为主要作案目标之一，致使大学校园及周边地区暴力、盗窃、诈骗等案件的发生率不断上升。新时期做好大学生安全教育工作，既有助于维护社会治安的稳定，也有利于确保人民生命财产安全。

2. 社会主义法制建设的需要

高等学校法制教育是社会主义法治建设不可或缺的环节。大学生是祖国的未来，作为未来的社会主义市场经济的建设者，作为21世纪中国参与国际竞争的高素质人才，大学生法律素质对于国家的长治久安、实现依法治国和建设社会主义法治国家具有特别重要的意义，大学生法制观念的树立、法律素质的提高，在很大程度上依赖于学校的法制教育。

3. 大学环境的要求

大学校园虽然看似封闭，但其实是一个开放的缩小型社会，因此社会上各种安全问题，例如暴力事件、偷盗事件、火灾、离校出走，甚至因心理障碍而导致的自杀等安全问题，都有可能在这里发生。大量触目惊心的事实以及各种不安全因素的存在警示我们，大学校园的治安维护及大学生安全教育工作必须得到充分重视。在这种环境状况下，必须加强大学生安全教育工作，为高素质、高技能型人才的培养营造一个良好的环境。

二、大学生安全教育的内容

1. 安全意识教育

大学生积极的心理特点有：精力充沛、朝气蓬勃，具有勇往直前的气魄；情绪强烈、丰富，热情高涨，人际关系进一步扩大，注重友谊与爱情；追求新知，渴望新的生活，对未来充满美好的幻想；抽象逻辑思维高度发展；自我意识有新的发展，自尊心强。同时，其消极的心理特点有：有时滥用充沛的精力，喜欢蛮干，不善于把过剩的精力用于学习和正确的活动上；在客观条件未具备时，急于谋求满足需要，易于导致失败而产生悲观失望的情绪或误入歧途；有些人自信心、好胜心过强，对情绪、情感缺乏控制，经常成为情感的奴隶；过分凭借想象与间接的抽象思维，容易导致脱离现实，坚持片面性结论。新时代的大学生总体社会需求强烈，但阅历浅，经验少，承受能力弱，自我保护意识弱，法制观念薄弱，社会认知与判断力较低，安全意识低。安全意识教育是大学生安全教育的首要环节和关键环节，有助于让学生从思想根源上认识危险，以此防范、避免各种危险，从而将安全教育由被动转变成主动。安全意识教育是否到位决定着安全教育的成功与否。

2. 安全知识教育

安全知识教育涉及面广泛，主要包括以下几方面：一是法律知识教育，包括增强大学生法律意识和法制观念的途径；二是人身安全教育，包括有效避免个人生命、健康、行动受到威胁的重要途径；三是财产安全教育，包括防抢夺、防盗窃、防诈骗、防误入一些非法组织等的教育。四是交通安全教育，包括交通法律法规知识宣传教育，指引学生正确选择安全、合法的交通工具，教育学生了解交通规则并自觉遵守交通规则；五是消防安全教育，指导学生正确掌握用电、用火安全知识及火灾发生后正确的逃生知识；六是网络安全教育，包括网络安全的法律、法规及条例，引导学生提高网络安全防范意识；七是心理健康安全教育，引导学生认识各种心理问题，消除学生内心不健康、不稳定的因素。

3. 安全防范能力教育

首先，加强培养学生对火灾、诈骗、抢夺、偷盗等常见安全事故的防范能力；其次，加强培养学生对突发性事件的应变和处理能力；再次，加强培养学生野外生存能力和自救互救能力，培养学生在面对地震、塌方、洪水等各类灾害时的机智、果断、勇敢的能力素质，从而有效保护自己和他人的生命财产安全。

4. 安全文化教育

大学生的安全意识和安全行为习惯受校园环境的影响。因此，构建和谐安全的校园文化，有利于大学生知、情、意、行的有机结合，将掌握的安全知识内化于心、外化于行。校园宣传、校园活动、校园广播、社团等都是大学生安全的宣传阵地，也能让学生在安全的文化氛围中受到熏陶和教育，给学生以潜移默化的影响。

三、大学生安全教育存在的问题

1. 大学生安全意识薄弱

大学生虽然文化知识水平较高，但是社会经验往往十分缺乏。从中学进入大学之后，现实中的大学便已经是一个社会的缩影。社会经验的不足，导致大学生缺乏安全防范意识，法制观念淡薄。有的学生简单地认为安全是学校的责任，而忽视了最为重要的自我防范。正是这种安全意识的淡薄，给了犯罪分子可乘之机，使大学生安全受到威胁。

2. 安全教育内容缺乏系统性

影响大学生安全教育的因素较多，许多学校在处理安全教育问题上，仍然只是针对传统的安全隐患，安全教育内容没有与时俱进。同时，专业的安全教育效果检测手段也极为匮乏，往往是出事之后才采取一些安全教育措施。此外，上级部门强调哪一方面的安全，学校就注重哪一方面的安全教育，学校的安全教育内容缺乏系统性。

3. 家庭疏于安全教育引导

受应试教育体制的影响，家长对孩子的关注点集中在知识学习上，忽略了对孩子安全意识的培养。进入大学后，大部分大学生不能立即适应学习、生活环境的变化，不能及时应对各种安全问题。

4. 大学生自身学习主动性不强

新时代大学生虽然具备一定的安全知识和技能，但在学习及生活中往往抱有侥幸心理，不能很好地做到知行合一，安全教育理想与现实之间有一定的差距，依然存在安全隐患。同时，大部分大学生重点放在知识和各项技能上，对安全教育的学习重视不足、不够深入，将学习，没有达到安全意识内化于心的学习效果。

5. 学校安全教育重宣传，轻防范技能培养

现阶段，虽然各高校已经逐渐重视大学生安全教育，但往往是以安全常识的宣传说教居

多，形式上保留墙报、广播、讲座、事故实例图片展示等传统教学手段，无法真正引起学生的注意，也不能提高学生的积极性，耽误或忽略了对学生安全防范技能的培养和锻炼，导致学生安全常识看似丰富，而实际应变能力与安全防范技能极为缺乏。

四、大学生安全教育的主要措施

1. 正确认识安全教育意义

大学生要充分认识到自己身上所肩负的对家人、对社会和对自己的责任，不忘初心，牢记使命。从大学生成长的历程来看，大学阶段是大学生成长成熟的关键时期。多数大学生是从中学校门直接迈进大学校门，社会生活经验比较欠缺，人生阅历尚浅，思想相对单纯，对社会复杂程度和安全防范的认识不足。安全教育涉及大学生的规章制度、法律法规的学习教育，有利于大学生树立法制观念、强化法律意识、提高自控自律能力。大学生要通过安全教育学会珍惜和爱护生命，全面认识安全教育的重要性和必要性，丰富安全防范知识技能，不断提高自身安全意识，牢固树立"安全第一"的意识，从内心深处认同安全教育的价值，以足够的勇气和积极的态度面对生活中的挑战。

2. 深入参加安全教育学习

目前，大学生安全教育已呈现出系列化、常态化、长效化的发展态势，各校全力助推全学段、全学科、全学员共同参与的安全教育课程体系，让安全教育"全面融入"的工作宗旨得到具体体现。课堂教育是教学中常用的方法，具有科学性、思想性、计划性、系统性和逻辑性等特点。大学生们要积极参与高校的各项安全教育教学，结合线上线下教学方式，深入参加多媒体教学，实物演示，典型案例分析，研讨式、演讲式、座谈式、参观式、竞赛式教学，进行全面、系统、科学、完整的安全知识学习。

3. 积极参加社会实践活动

实践教育包含三个方面内容：一是模拟危险场景演练，让大学生置身其中，自救逃生；二是到事故现场参观感受；三是参与学校安全管理。课堂教学如果不经过实践，难免体会不深、记忆不牢、重视不够。安全知识一问都知，但疏忽防范的现象比较普遍，主要原因是没有经过实践，一次模拟演练、一个触目惊心的灾难场面给人留下的深刻印象远远强于多次说教。一次演练或现场感受的经历往往会成为今后一生的经验教训，会铭刻于心，并化作自觉的防范行为。因此，大学生要经常参与安全技能实践，增强独立性和自主性，在思想上筑牢安全防线，这样在遇险时才能灵活正确应用，从而规避不法侵害或意外伤害，有效减少安全事故的发生。

4. 践行内化于行的自我教育

在大学生学习、生活过程中，安全事故、危险等并非时时刻刻都有，也并非每个人都会亲身经历。部分大学生因为没有经历，容易在思想上松懈麻痹。因此，大学生们必须重视自我管理、自我学习、自我教育，把安全教育贯穿于在校的全时段、全方位，在老师年年讲安全、月月讲安全、天天讲安全的引导下，将安全知识内化于心、外化于行，做好安全防范和积极应对。

知识拓展

平安中国建设取得的显著成效

2020 年人民群众对平安建设的满意度达 98.4%。国际社会普遍认为，中国是世界上最安全的国家之一。平安已成为中国一张靓丽的国家名片。概括讲，主要有四大标志性成效：

（1）维护国家政治安全能力进一步提高。党高度重视正确处理改革发展稳定关系，把维护国家安全和社会安定作为党和国家的一项基础性工作来抓，为改革开放和社会主义现代化建设营造了良好安全环境。特别是党的十八大以来，在以习近平同志为核心的党中央坚强领导下，我们落实总体国家安全观，加强国家安全体系和能力建设，有效防范化解处置各类政治安全风险，在纷繁复杂的国际乱象和快速深刻的经济社会变革中有力维护了国家政治安全，这是平安中国的首要标志。面对外部极端打压遏制，充分发挥制度优势，统筹资源力量，有效防范应对相关安全和法律风险，加强我国海外利益保护，坚决维护了我国主权、安全、发展利益。面对香港局势一度出现严峻局面，推动建立健全香港特别行政区维护国家安全的法律制度和执行机制，坚定支持香港特别行政区依法止暴制乱、恢复秩序，推动香港局势实现了由乱到治的重大转折。面对敌对势力渗透、破坏、颠覆、分裂等活动，采取有力措施严密防范、严厉打击，筑牢网络安全防线，坚定维护了国家政权安全、制度安全、意识形态安全。面对全球恐怖活动多发高发的大环境，有力防范和打击暴力恐怖犯罪，实现了反恐怖斗争形势根本性好转。

（2）扫黑除恶取得历史性成就。2018 年至 2020 年，党中央部署开展了为期三年的扫黑除恶专项斗争，依法严惩黑恶犯罪和放纵、包庇黑恶势力甚至充当保护伞的党员干部。全国共打掉涉黑组织 3 644 个、涉恶犯罪集团 11 675 个，打掉的涉黑组织是前十年总和的 1.28 倍，查处涉黑涉恶腐败和保护伞问题 8.97 万起、立案处理 11.59 万人，排查整顿软弱涣散村党组织 5.47 万个，排查清理存在"村霸"、涉黑涉恶等问题的村干部 4.27 万名。召开全国扫黑除恶专项斗争总结表彰大会，出台关于常态化开展扫黑除恶斗争巩固专项斗争成果的意见。通过这场专项斗争，黑恶犯罪得到根本遏制，营商环境持续优化，基层基础全面夯实，党风政风社会风气明显好转，这在中国乃至世界反有组织犯罪历史上都是不寻常的成就。社会各界普遍认为，扫黑除恶专项斗争是党的十九大以来最得人心的大事之一。

（3）社会矛盾总量呈现稳中有降趋势。习近平总书记在浙江工作期间高度重视"枫桥经验"的坚持、创新和发展，并在实践中不断丰富其新鲜内涵。党的十八大以来，习近平总书记多次作出重要指示，明确要求把"枫桥经验"坚持好、发展好，把党的群众路线坚持好、贯彻好，为"枫桥经验"赋予了新的时代内涵，使之在服务群众、化解矛盾等工作中发挥出更大效能、展现出历久弥新的魅力。我们坚持和发展新时代"枫桥经验"，积极推进市域社会治理现代化试点，健全党组织领导的城乡基层治理体系，推动社会治理重心向基层下移，加强新形势下重大决策社会稳定风险评估机制建设，健全社会矛盾纠纷多元预防调处化解综合机制，完善信访制度，把重大矛盾风险防范化解在市域，把小矛盾小问题化解在基层，把大量纠纷解决在诉讼之前。近年来，全国信访总量明显下降，集体访总量已连续十一年下降。2020 年，全国法院受理的诉讼案件总数、民事诉讼案件数在持续增长十五年之后首次实现"双下降"。加快执法司法制约监督体系改革和建设，深入推进政法队伍教育整顿，执法司法公信力不断提升。在经济转轨、社会转型过程中，面对社会矛盾集中多发高发的复杂局面，我们通过不懈努力经受住了来自各方面的风险挑战考验，使社会矛盾总量出现历史性拐点，走出了一条中国特色社会主义社会治理之路。

（4）社会治安状况处于历史最好水平。我们持续加强社会治安综合治理，防范和打击新型网络犯罪、跨国犯罪以及黄赌毒、盗抢骗、食药环等严重影响人民群众安全感的违法犯罪，全国社会治安形势持续好转。2020年，全国刑事立案总量已实现五年连降，八类主要刑事案件和查处治安案件数量已实现六年连降；生产安全事故死亡人数、重特大事故数量从本世纪初最高峰时的一年14万人、140起下降至2.71万人、16起。我国每10万人中命案数为0.56，是命案发案率最低的国家之一；每10万人中刑事案件数为339，是刑事犯罪率最低的国家之一；持枪、爆炸案件连续多年下降，是枪爆犯罪最少的国家之一。国家统计局组织的全国居民对当前15个主要民生领域现状的满意度调查中，对社会治安的满意度排在第一位。

平安中国建设取得历史性成就，最根本的在于习近平总书记领航掌舵，在于习近平新时代中国特色社会主义思想科学指引，在于以习近平同志为核心的党中央坚强领导。特别是2020年以来，在世界百年未有之大变局和新冠肺炎疫情全球大流行交织的背景下，"中国之治"的成色更足、优势更加彰显，人民群众拥戴核心、拥护共产党、热爱国家的热情更加高涨，为建设更高水平的平安中国奠定了更加坚实牢固的政治基础、社会基础、群众基础。

（资料来源：人民网，建设更高水平的平安中国（学习贯彻党的十九届六中全会精神），郭声琨，2021年12月2日）

课后作业

请在课后完成以下练习题。
1. 大学生安全教育的不足有哪些？
2. 简述大学生安全教育的意义。

实践活动

"社会主义核心价值观·关键词——法治"主题班会活动

法治，是社会层面追求的一个价值目标。法治是治国理政的基本方式，依法治国是社会主义民主政治的基本要求。它通过法治建设来维护和保障公民的根本权利，是实现自由平等、公平正义的制度保证。

法律存在的意义，是让我们规范自己的行为准则。同时，法治也是让国家有秩序的前提，它的存在不仅仅是为了制裁不法行为，更多的是让我们的生活有了可以向真善美靠齐的方向。所以我们不仅要尊重它，更要在生活中处处维护它。社会主义核心价值观中的"法治"既是马克思主义同中国实际相结合的产物，是党的领导、人民当家作主和依法治国的有机统一，也是对中国传统思想文化的积极扬弃，是"依法治国"与"以德治国"的有机结合。

请同学们在课后主动学习有关社会主义核心价值观——法治（见图1-4）的相关知识，并召开主题班会，进行讨论。

（图片来源：鲁迅美术学院，2017年9月18日）

图1-4 社会主义核心价值观——法治

导言

国家安全是民族复兴的根基，社会稳定是国家强盛的前提。必须坚定不移贯彻总体国家安全观，把维护国家安全贯穿党和国家工作各方面全过程，确保国家安全和社会稳定。

我们要坚持以人民安全为宗旨、以政治安全为根本、以经济安全为基础、以军事科技文化社会安全为保障、以促进国际安全为依托，统筹外部安全和内部安全、国土安全和国民安全、传统安全和非传统安全、自身安全和共同安全，统筹维护和塑造国家安全，夯实国家安全和社会稳定基层基础，完善参与全球安全治理机制，建设更高水平的平安中国，以新安全格局保障新发展格局。

——习近平：《高举中国特色社会主义伟大旗帜 为全面建设社会主义现代化国家而团结奋斗——在中国共产党第二十次全国代表大会上的报告》，《求是》杂志，2022 年第 21 期。

（图片来源：太报全媒体，2021 年 4 月 14 日，有改动）

任务一　了解国家安全观的发展历程

学习目标

1. 知道中华人民共和国成立以来国家安全观的演变；
2. 了解相关的法律法规，知道发现危害国家安全活动时的应对方法；
3. 有一定的国家安全防范意识。

授课视频二维码

国家安全是安邦定国的重要基石，维护国家安全是全国各族人民根本利益所在。国家安全观是国家安全战略的思想基础，集中反映了一个国家的安全客观现实和历史趋势，引领着一个国家的安全战略和安全实践活动的发展。新时代大学生应视国家利益为最高、最根本的利益，将维护国家安全列为首要任务，始终树立国家利益高于一切的观念，了解中华人民共和国成立以来国家安全观的演变，成为国家安全和利益的自觉维护者。

案例分析

20世纪50年代末，随着中苏关系走向破裂，中国原有的安全体系产生动摇。1964年，美国制造北部湾事件，把战火扩大到越南北方，直接威胁中国的安全。据此，中央重新定位了国家安全政策，在"早打、大打、打核战争"的战略判断下，一场轰轰烈烈的三线建设拉开了帷幕。成千上万的建设者奔赴三线艰苦奋斗，为建设战略大后方立下了不世功绩。

1964年5月15日至6月17日，中央工作会议在北京举行，讨论国家第三个五年计划。5月27日，毛泽东与刘少奇、周恩来等领导人谈话时郑重指出："三五"计划要考虑解决全国工业布局不平衡的问题，要搞一、二、三线的战略布局，加强三线建设，防备敌人的入侵。据此，中央工作会议决定，"三五"计划的重心转向以三线建设为主。三线建设的总体目标是，用10年至15年的时间，在内地建起一个工农结合、为国防和农业服务的比较完整的战略后方工业基地。为了加快三线建设进度，毛泽东果断提出"好人好马上三线，备战备荒为人民"。那个年代，这两句话迅速凝聚起全国的力量，把最好的物资设备配置给三线，把最好的人员输送到三线，成为全国上下的共识和行动。

（案例来源：梅兴无，《时代邮刊》2021年第9期，有改动）

简析：

从1964年到1980年，三线建设共投入2 052亿元，占全国基本建设投资的40%，在交通闭塞的内地修建公路25万公里，通车了成昆、川黔、贵昆、襄渝等十条铁路干线。建起了1 100多个大中型工矿企业、科研单位和大专院校，建成了军民品重大科研、生产基地45个，建成了包括攀枝花、六盘水、十堰、金昌等各具特色的新兴工业城市30个，形成了能源、交通、钢铁、机械、电子、军工等门类齐全的工业体系。"两弹一星"工程中的大部分设施设备、打下美国U-2高空侦察机的火箭、歼6战略轰炸机的大部分配件等许多那个年代的高精尖项目的完成都是三线建设的辉煌业绩，连我国最早的潜艇都是在重庆的大山里制造出来的。

三线建设不仅保证了国家安全，也为科技和工业落后的中西部发展作出了重大贡献。广大三线建设者为了祖国和人民奉献了青春乃至生命，创造了举世瞩目的伟大成就，谱写了最壮丽辉煌的史诗，人民不会忘记！共和国不会忘记！

🚓 法律法规

《中华人民共和国国家安全法》，是为了维护国家安全，保卫人民民主专政的政权和中国特色社会主义制度，保护人民的根本利益，保障改革开放和社会主义现代化建设的顺利进行，实现中华民族伟大复兴，根据《中华人民共和国宪法》制定。

专题二任务一
法律法规

2015 年 7 月 1 日，第十二届全国人民代表大会常务委员会第十五次会议通过新的国家安全法。国家主席习近平签署第 29 号主席令予以公布。法律对政治安全、国土安全、军事安全、文化安全、科技安全等 11 个领域的国家安全任务进行了明确，共 7 章 84 条，自 2015 年 7 月 1 日起施行。

第七十七条 公民和组织应当履行下列维护国家安全的义务：

（一）遵守宪法、法律法规关于国家安全的有关规定；

（二）及时报告危害国家安全活动的线索；

（三）如实提供所知悉的涉及危害国家安全活动的证据；

（四）为国家安全工作提供便利条件或者其他协助；

（五）向国家安全机关、公安机关和有关军事机关提供必要的支持和协助；

（六）保守所知悉的国家秘密；

（七）法律、行政法规规定的其他义务。任何个人和组织不得有危害国家安全的行为，不得向危害国家安全的个人或者组织提供任何资助或者协助。

第八十条 公民和组织支持、协助国家安全工作的行为受法律保护。因支持、协助国家安全工作，本人或者其近亲属的人身安全面临危险的，可以向公安机关、国家安全机关请求予以保护。公安机关、国家安全机关应当会同有关部门依法采取保护措施。

第八十一条 公民和组织因支持、协助国家安全工作导致财产损失的，按照国家有关规定给予补偿；造成人身伤害或者死亡的，按照国家有关规定给予抚恤优待。

第八十二条 公民和组织对国家安全工作有向国家机关提出批评建议的权利，对国家机关及其工作人员在国家安全工作中的违法失职行为有提出申诉、控告和检举的权利。

第八十三条 在国家安全工作中，需要采取限制公民权利和自由的特别措施时，应当依法进行，并以维护国家安全的实际需要为限度。

☺ 讨论思考

中共十八大以来，中国的国家安全观呈现了前所未有的变革，实现了对新中国国家安全观的继承与发扬。你知道日益走近世界舞台中央的中国在安全领域有哪些作为吗？请和同学们分享一下你所了解的内容吧。

一、国家安全观的概念

1. 概念

安全是国际关系研究的焦点话题之一。安全既指行为体认知处于没有威胁的心理状况，也指行为体所处的环境是没有危害存在的状态。安全既包含客观状态，也涉及主观认知。国家安全是指国家政权、主权、统一和领土完整、人民福祉、经济社会可持续发展和国家其他重大利益相对处于没有危险和不受内外威胁的状态，以及保障持续安全状态的能力。国家安全是民族复兴的根基，有利的外部安全环境是党和国家兴旺发达、长治久安的依托。

国家安全观是一个国家在发展过程中对于什么是国家安全、为什么要维护国家安全、怎样维护国家安全的总的根本观点，基本包括安全环境研判、安全内容认知和安全维护手段三个方面，是国家对于从安全威胁认知到安全威胁应对的整体认知。目前安全观可分为传统安全观与非传统安全观。传统安全观主要聚焦于军事权力斗争，关注的根本问题是战争和战争威胁。非传统安全观认为，安全是普遍性的，是一种多边性质的安全，一国的安全与其他国家的安全不无关系；安全是合作性的，安全无明显的敌方，获取安全的方式是合作而非竞争或对抗；安全是综合性的，安全包括军事领域、经济、政治、文化、环境和社会问题等多方面；安全感的获得重点是通过一定的组织、机制和制度建设，而不是依靠实力的对比。总体来看，相对于传统安全观非传统安全观向安全的威胁、对象、主体、领域和实现方式等方面扩展。

2. 特点

国家安全观具有三个特点：一是相对性和暂时性；二是双向互动性，即安全观是行为体与其他行为体或所处国际环境的相互建构、相互变化；三是竞争性和危险性。

安全观并非静态，导致国家安全观发生演变的原因有战略文化、威胁平衡、意识形态、国际结构、国家实力、国际地位、政治制度、意识形态、文化传统、历史经验、地缘条件等，其中国际体系、国家利益、地缘政治、战略文化和安全实践是影响国家安全观的主要因素。国际体系是国家安全观演变的主要动力，其反映了一个国家所处的国际安全环境，影响着国家的安全认知与战略选择。在不同的国际体系当中，由于所受到的体系压力存在差异，国家采取的安全战略也不尽相同；国家利益是国家安全观演变的首要因素，国家安全是所有国家生存和发展的必要条件；地缘环境是指一个国家的地理位置、形状与周边等因素决定了其生存与发展的空间，也是影响国家安全观的自然因素；战略文化在国家安全战略制定过程中发挥战略文化的导向作用。

二、国家安全观的发展历程

中华人民共和国成立以来，中国国家安全观也随着内外安全环境的改变和自身安全需要的调整不断演变，由原来以政治安全为核心、军事安全为主要手段的传统安全观向以人民安全为宗旨、以合作对话为手段的总体国家安全观转变。

1. 传统国家安全观为主导

从中国共产党成立到党的十一届三中全会召开，党的国家安全思想的核心是以斗争求生存，谋求国家独立自主，坚定捍卫国家的政治安全、国土安全和军事安全。综合新中国当时所处的发展阶段、综合国力状况、冷战的时代背景和复杂严峻的内外安全形势，在全民"百年国耻"带来的强烈的国家安全意识驱动下，代表中国人民利益的中国共产党始终把主权安全作为维护国家安全的根本出发点。这一时期党的国家安全思想突出体现在以下三个方面：

第一，坚持独立自主、自力更生，坚定维护政治安全与主权安全。政治上，把捍卫新生的人民民主专政政权作为国家安全的核心任务；经济上，既强调经济、科技自主权，也强调自力更生，不依靠外援，坚持独立自主。

第二，将军事安全置于国家安全的最突出位置，敢于斗争、敢于亮剑。这一阶段，中国面临领土主权的各种挑衅，安全形势十分严峻。为应对各种挑战，毛泽东将军事安全置于国家安全的首要位置，坚持积极防御战略，坚决以军事手段维护国家安全，先后进行了抗美援朝战争、金门炮战、中印边境自卫反击战、抗美援越战争、珍宝岛战役及西沙海战等多场战争，均取得了胜利。

第三，灵活运用统一战线思想，调动国际力量维护国家安全。中华人民共和国成立之初我国外交政策表现为与以苏联为首的社会主义阵营国家建交的"一边倒"，20世纪50年代提出"和平共处"五项原则，20世纪60年代提出依靠亚非拉国家，积极争取欧洲、北美和大洋洲国家，构建国际反霸统一阵线，共同牵制美苏的霸权主义，20世纪70年代恢复在联合国的合法席位，我国的外交空间也进一步拓展，中美关系逐渐正常化，中国的战略影响力大幅提升。

2. 逐步形成的非传统安全观

改革开放至2012年中共十八大召开，历经邓小平、江泽民和胡锦涛三代领导人的发展，"非传统安全观"逐渐形成，其核心问题的转变也表现为三个方面：

第一，经济成为安全的核心问题。20世纪70年代以后，中美关系有了重大改善，中国对国际环境的判断也发生了深刻改变。邓小平认为，"和平与发展"超越"战争与革命"成为新的时代主题。自此，中国由以政治安全为核心的传统安全观开始向更具综合性的非传统安全观转变。安全内容认知从以"政治安全"为核心向以"经济安全"为核心转变。在国家主权和安全得到基本维护的前提下，国防、外交等逐渐服务于国内经济建设。在国际安全方面，中国逐渐确立了"不结盟"政策，与其他国家的争端尽可能采取和平方式解决，坚定地执行独立自主的对外政策。

第二，新安全观的提出。20世纪80—90年代，国际格局发生了巨大变化，国际安全形势更趋复杂，各种非传统安全威胁日益增加，局部冲突和内战不断。同时，科技技术的发展给军事技术和军事战略的革新创造了条件，国内安全环境也趋向复杂。江泽民同志指出：总体和平、局部战争，总体缓和、局部紧张，总体稳定、局部动荡，是当前和今后一个时期国际局势发展的基本态势。在安全内容认知方面，除政治安全和军事安全之外，我国更加注重经济安全、环境安全、文化安全、社会安全等一系列的非传统安全问题。江泽民同志明确提出了新安全观的核心与内容，从多种安全利益考虑，积极裁军、发展经济、融入世界和平与发展潮流，为中国建立健全综合安全观，推动国家和世界和平与发展奠定了基础。

第三，新安全观的发展。进入21世纪后，"一超多强"的国际格局加速调整，传统安全威胁和非传统安全威胁相互交织，世界和平与发展面临诸多难题和挑战，所谓"疆独"

"藏独""台独"等分裂活动内外联动，严重扰乱了社会稳定和经济发展。中国主要战略目标是对内求发展、求和谐，对外求合作、求和平，对非传统安全的重视显著增加，并扩展到粮食安全、气候安全、公共卫生安全、金融安全等方面。胡锦涛时期的国家安全观（新安全观）基于国际环境和中国国家安全实力的双重变化，更加注重综合安全和国际安全合作，在保障自身国家安全的基础上，推动世界的和平与发展。

3. 总体国家安全观的确立

2014 年 4 月，在中央国家安全委员会第一次会议上，首次提到了"总体国家安全观"，"当前我国国家安全的内涵和外延比历史上任何时候都要丰富，时空领域比历史上任何时候都要宽广，内外因素比历史上任何时候都要复杂，必须坚持总体国家安全观，以人民安全为宗旨，以政治安全为根本，以经济安全为基础，以军事、文化、社会安全为保障，以促进国际安全为依托，走出一条中国特色国家安全道路。"总体国家安全观的提出是中国国家安全观的重要变革，实现了内外安全、国土和国民安全、传统安全与非传统安全、发展与安全、自身安全与共同安全等多重统筹。

课内活动

大学生国家安全意识情况调查问卷

请在课内完成大学生国家安全意识情况调查问卷。参与方法：扫描右侧二维码，回答相关问题。此问卷仅用于教学研究，不涉及个人身份信息收集，请如实填写。谢谢您的配合！

三、国家安全观百年发展的基本经验

第一，始终坚持党的绝对领导。百年历史证明，中国特色社会主义最本质的特征是中国共产党领导，中国特色社会主义制度的最大优势是中国共产党领导。面对中华民族伟大复兴战略全局和世界百年未有之大变局的历史交汇，必须坚持党对国家安全工作的绝对领导，始终以党的旗帜为旗帜、以党的方向为方向、以党的意志为意志，走中国特色国家安全道路，不断增强维护国家安全和社会稳定的能力与水平。只有这样，才能有效应对国内外的各种挑战，实现安全稳定发展。

第二，始终坚持以人民为中心。习近平总书记曾明确指出，"要坚持国家安全一切为了人民、一切依靠人民，动员全党全社会共同努力，汇聚起维护国家安全的强大力量，夯实国家安全的社会基础，防范化解各类安全风险，不断提高人民群众的安全感、幸福感"。在不同历史时期，我们党始终坚持以人民安全为宗旨，把人民安全作为一切国家安全工作的根本出发点和最终落脚点，不断推动各领域安全工作迈出坚实步伐。可以说，人民安全是国家安全的核心内容，人民是维护国家安全的力量支撑，只有人人参与、人人负责，国家安全才能具备厚实基础和坚强保障。

第三，始终坚持走和平发展道路。习近平总书记指出："中国走和平发展道路，不是权宜之计，更不是外交辞令，而是从历史、现实、未来的客观判断中得出的结论，是思想自信和实践自觉的有机统一。和平发展道路对中国有利、对世界有利，我们想不出有任何理由不坚持这条被实践证明是走得通的道路。"只有坚持走和平发展道路，只有同世界各国一道维护世界和平，中国才能实现自己的目标，才能为世界作出更大贡献。一百年来，中国共产党矢志不渝地维护世界和平、促进共同发展，坚持走和平发展道路，始终做世界和平的建设者、全球发展的贡献者、国际秩序的维护者。

第四，始终坚持统筹发展和安全。习近平总书记强调，安全是发展的前提，发展是安全的保障，进一步阐明了两者的辩证统一关系。发展是我们党执政兴国的第一要务，是解决我国一切问题的关键。没有经济社会的不断发展，就不可能实现国家的长治久安、社会的安定有序、人民的安居乐业。国家安全是国家生存发展的基本前提，是定国安邦的重要基石。没有国家安全，就不可能实现经济社会的可持续发展。可以说，发展和安全，犹如车之两轮、鸟之两翼，任何一方面存在短板，都会影响中华民族伟大复兴的战略全局。因此，只有努力形成在发展中保安全、在安全中促发展的格局，才能实现两者的良性互动和动态平衡，进而牢牢掌握国家安全工作主动权。

巩固练习

某外国语学院大学生吕某，学习非常努力，经常与外教玛丽交流学习情况，玛丽也对她特别关照。在玛丽的引导下，吕某将父亲的科研资料拿来翻译，并交给玛丽评判。吕某的父亲知道后非常生气，严厉批评了吕某，在父亲的指导下，吕某向国家安全机关进行了反映，经过调查，证实了玛丽以外教身份收集我国科技情报的违法事实。

（案例来源：兴义师院团委微信公众号）

请针对上述案件进行分析，该案件表现了大学生安全意识缺乏的哪些特点？

知识拓展

你需要知道的国家安全小知识

（1）全民国家安全教育日是每年的 4 月 15 日，是2015 年 7 月 1 日第十二届全国人大常委会第十五次会议表决通过的《中华人民共和国国家安全法》第十四条规定的。2016 年 4 月 15 日是第一个全民国家安全教育日。

（2）国家安全机关受理公民和组织举报电话是 12339（见图 2-1）。这条热线是由国家安全部设立的。

（3）公民和组织维护国家安全的义务有：

①遵守宪法、法律法规关于国家安全的有关规定；

②及时报告危害国家安全活动的线索；

③如实提供所知悉的涉及危害国家安全活动的证据；

④为国家安全工作提供便利条件或者其他协助；

⑤向国家安全机关、公安机关和有关军事机关提供必要的支持和协助；

（图片来源：澎湃新闻，2021 年 4 月 12 日）

图 2-1 国家安全机关举报
受理电话 12339

⑥保守所知悉的国家秘密；

⑦法律、行政法规规定的其他义务；

（4）公民和组织维护国家安全中的权利：

①公民和组织支持、协助国家安全工作的行为受法律保护。因支持、协助国家安全工作，本人或者其近亲属的人身安全面临危险的，可以向公安机关、国家安全机关请求予以保护。公安机关、国家安全机关应当会同有关部门依法采取保护措施；

②公民和组织因支持、协助国家安全工作导致财产损失的，按照国家有关规定给予补偿；造成人身伤害或者死亡的，按照国家有关规定给予抚恤优待；

③公民和组织对国家安全工作有向国家机关提出批评建议的权利，对国家机关及其工作人员在国家安全工作中的违法失职行为有提出申诉、控告和检举的权利。

课后作业

请在课后完成以下练习题。

1. 当代大学生如何牢固树立国家安全意识？

2. 阅读以下案件，并做相应回答。

朱某是北京某大学的一名大学生，朱某在北京学习期间，结识了某国驻华大使馆文化参赞龙某，后又结识了某大使馆新任文化参赞萨某。其间，朱某又认识了某自治区党校退休老师杜某。后来，该大使馆文化参赞萨某提出要朱某及杜某等为使馆收集新疆伊斯兰教派活动的有关情况，当时朱某及杜某未表示拒绝，与萨某签订了协议书，并接受由萨某提供的摄像机1部、活动经费1万元以及二人的月薪3 000元，随后返回乌鲁木齐。接着，朱某及杜某先后前往乌鲁木齐、喀什、莎车等地拍摄、录制了伊斯兰教派有关活动情况的资料，返回乌鲁木齐后，朱某、杜某被抓获，警方追缴了全部拍摄录制资料。经某自治区国家保密工作局、宗教事务局鉴定，朱某所收集的资料为"机密"级。朱某所实施的行为严重危害了国家安全。

（案例来源：澎湃政务，2021年4月14日，有改动）

请分析该起案件发生的原因，如果是你，你会如何应对？

任务二　掌握总体国家安全观

学习目标

1. 知道总体国家安全观的基本内容；

2. 了解相关的法律法规，掌握总体国家安全观的学习方法；

3. 有一定的网络安全防范意识。

授课视频二维码

党的十八大以来，党中央顺应时代发展大势，从新时代坚持和发展中国特色社会主义的战略高度，把马克思主义国家安全理论和当代中国安全实践、中华优秀传统战略文化结合起来，创造性提出了总体国家安全观。总体国家安全观是我们党历史上第一个被确立为国家安全工作指导思想的重大战略思想，是中国共产党和中国人民捍卫国家主权、安全、发展利益百年奋斗实践经验和集体智慧的结晶，是马克思主义国家安全理论中国化的最新成果，是习近平新时代中国特色社会主义思想的重要组成部分，是新时代国家安全工作的根本遵循和行动指南。了解总体国家安全观的内涵和核心要义、学会如何应对新时代国家安全风险是我们应该学习和掌握的知识。

案例分析

2023 年暑期刚开始，"中国人民大学部分学生信息被非法获取"事件引发关注。7 月 3 日，北京海淀警方发布通报：嫌疑人马某某（男，25 岁，该校毕业生）涉嫌非法获取该校部分学生个人信息等违法犯罪行为。目前，马某某已被海淀公安分局依法刑事拘留，案件正在进一步调查中。同日上午，中国人民大学本科招生办工作人员表示，马某某系往届毕业生，目前已被刑拘，后续校方将配合警方进一步协助调查，"被泄露信息的是 2014—2020 年的学生，大部分群体受到了隐私侵犯，后面校方会进一步跟进解决，对过去已泄露的信息，校方会依法起诉，让违法犯罪之人受到应有惩处。"对于网传马某某毕业后在腾讯工作，校方工作人员透露，马某某已停职。对于网传信息，腾讯方面回应，内部在沟通核实。

（案例来源：新浪财经，2023 年 7 月 3 日，有改动）

简析：

大数据环境下，信息及数据技术的发展极大方便了人们的生产生活。但技术为人们带来便利的同时，也引发了个人信息泄露的问题。个人信息泄露案件呈逐年高发态势，并且随着数据价值的增加，其影响也越来越大。我们需紧跟时代变革的节奏和步伐，牢固树立总体国家安全观，加大对个人信息的保护力度，促进信息社会建设。

法律法规

《中华人民共和国网络安全法》是为了保障网络安全，维护网络空间主权和国家安全、社会公共利益，保护公民、法人和其他组织的合法权益，促进经济社会信息化健康发展，制定的法律，对中国网络空间法治化建设具有重要意义。2016 年 11 月 7 日，第十二届全国人民代表大会常务委员会第二十四次会议通过《中华人民共和国网络安全法》，自 2017 年 6 月 1 日起施行。

专题二任务二
法律法规

第四章　网络信息安全

第四十条　网络运营者应当对其收集的用户信息严格保密，并建立健全用户信息保护制度。

第四十一条　网络运营者收集、使用个人信息，应当遵循合法、正当、必要的原则，公开收集、使用规则，明示收集、使用信息的目的、方式和范围，并经被收集者同意。网络运营者不得收集与其提供的服务无关的个人信息，不得违反法律、行政法规的规定和双方的约定收集、使用个人信息，并应当依照法律、行政法规的规定和与用户的约定，处理其保存的个人信息。

第四十二条　网络运营者不得泄露、篡改、毁损其收集的个人信息；未经被收集者同意，不得向他人提供个人信息。但是，经过处理无法识别特定个人且不能复原的除外。网络运营者应当采取技术措施和其他必要措施，确保其收集的个人信息安全，防止信息泄露、毁损、丢失。在发生或者可能发生个人信息泄露、毁损、丢失的情况时，应当立即采取补救措施，按照规定及时告知用户并向有关主管部门报告。

第四十三条　个人发现网络运营者违反法律、行政法规的规定或者双方的约定收集、使用其个人信息的，有权要求网络运营者删除其个人信息；发现网络运营者收集、存储的其个人信息有错误的，有权要求网络运营者予以更正。网络运营者应当采取措施予以删除或者更正。

第四十四条　任何个人和组织不得窃取或者以其他非法方式获取个人信息，不得非法出售或者非法向他人提供个人信息。

第四十六条　任何个人和组织应当对其使用网络的行为负责，不得设立用于实施诈骗，传授犯罪方法、制作或者销售违禁物品、管制物品等违法犯罪活动的网站、通讯群组，不得利用网络发布涉及实施诈骗，制作或者销售违禁物品、管制物品以及其他违法犯罪活动的信息。

第四十八条　任何个人和组织发送的电子信息、提供的应用软件，不得设置恶意程序，不得含有法律、行政法规禁止发布或者传输的信息。

电子信息发送服务提供者和应用软件下载服务提供者，应当履行安全管理义务，知道其用户有前款规定行为的，应当停止提供服务，采取消除等处置措施，保存有关记录，并向有关主管部门报告。

电子信息发送如图 2-2 所示。

（图片来源：知乎，创孵猫，2023 年 4 月 4 日）
图 2-2　电子信息发送

除了网络信息安全，你还知道总体国家安全观的其他内容吗？请和同学们分享，并找出发生它们的特点。

一、总体国家安全观的核心要义

2014年4月15日，习近平总书记在中央国家安全委员会第一次会议上首次提出坚持总体国家安全观，走中国特色国家安全道路的重要战略思想。总体国家安全观是站在国家全局高度、统筹把握国内国际两个环境因素、兼顾各领域安全形势来审视国家安全而形成的一系列观点、理念和战略方针。总体国家安全观是一个内容丰富、开放包容、不断发展的思想体系，其核心要义可以概括为"五大要素"和"五对关系"。

1. 总体国家安全观的五大要素

总体国家安全观核心要义如图2-3所示。

（1）以人民安全为宗旨，就是始终把人民安全放在最高位置，坚持以民为本、以人为本，坚持国家安全一切为了人民、一切依靠人民，夯实国家安全的群众基础。

（2）以政治安全为根本，就是坚持党的领导和中国特色社会主义制度不动摇，把制度安全、政权安全放在首要位置，为国家安全提供政治保证。

（3）以经济安全为基础，就是确保国家经济发展不受侵害，促进经济持续健康稳定发展，提高国家经济实力，为国家安全提供物质基础。

（4）以军事、文化、社会安全为保障，就是注意这些领域面临的新情况新问题，遵循不同领域的安全规律，建立固本强基、化险为夷的对策措施，为维护国家安全提供硬实力和软实力保障。

（5）以促进国际安全为依托，就是始终不渝走和平发展道路，在注重维护本国利益的同时，注重维护共同安全，打造命运共同体。这五个方面共同撑起了国家安全体系的整体架构，决定了中国特色国家安全道路的基本取向。

（图片来源：国安宣工作室，2022年4月15日）

图2-3　总体国家安全观核心要义

2. 总体国家安全观的五对关系

五对关系就是既重视外部安全，又重视内部安全，强调外部安全与内部安全的相互联系、相互影响；既重视国土安全，又重视国民安全，强调国土安全与国民安全的有机统一；既重视传统安全，又重视非传统安全，强调传统安全威胁与非传统安全威胁相互影响，并在一定条件下可能相互转化；既重视发展问题，又重视安全问题，强调发展和安全是一体两面，发展是安全的基础，安全是发展的条件，富国才能强兵，强兵才能卫国；既重视自身安全，又重视共同安全，强调全球化大环境下中国和世界的安全已经密不可分。

　　总而言之，国家安全是一个不可分割的安全体系，每一要素各有侧重，相互关联、相互影响。五大要素和五对关系，准确反映了我国国家安全的内在逻辑，准确反映了辩证、全面、系统的国家安全理念，深刻揭示了总体国家安全观的原则要求和丰富内涵。总体国家安全观是马克思主义立场观点方法在国家安全领域的集中运用和最新体现，既是认识论，又是方法论，体现了人民安全、政治安全、国家利益至上的高度统一，体现了历史思维、世界视野、时代精神的高度统一，体现了理论创新、实践创新、制度创新的高度统一。

3. 总体国家安全观的涵盖领域

　　总体国家安全观涵盖政治安全、国土安全、军事安全、经济安全、文化安全、社会安全、科技安全、网络安全、生态安全、资源安全、核安全、海外利益安全、生物安全、太空安全、极地安全、深海安全、人工智能安全、数据安全等诸多领域。

4. 总体国家安全观的内涵要求

　　2020 年 12 月 11 日，习近平总书记在主持中共中央政治局第二十六次集体学习时，就贯彻总体国家安全观提出 10 点要求，即"10 个坚持"（见图 2-4），标志着总体国家安全观理论体系的正式确立。

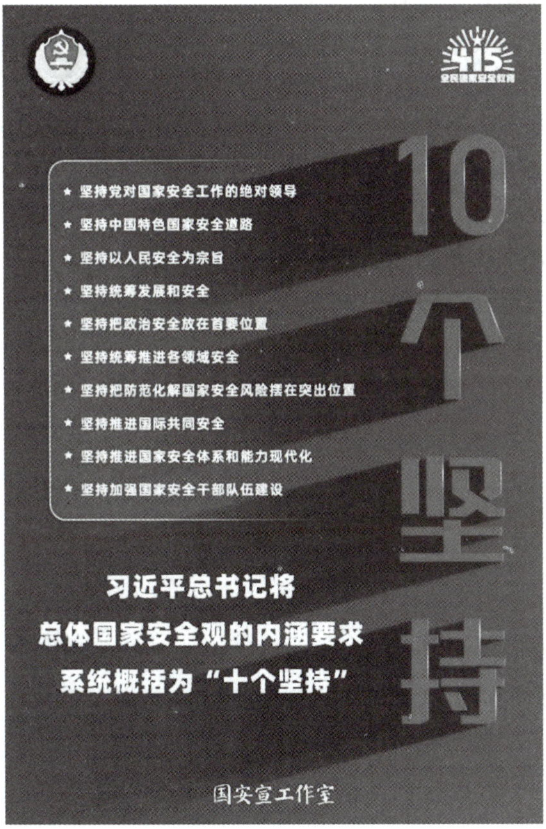

（图片来源：国安宣工作室，2022 年 4 月 15 日）

图 2-4　总体国家安全观的 10 个坚持

　　一是坚持党对国家安全工作的绝对领导，坚持党中央对国家安全工作的集中统一领导，加强统筹协调，把党的领导贯穿到国家安全工作各方面全过程，推动各级党委（党组）把国家安全责任制落到实处。

二是坚持中国特色国家安全道路，贯彻总体国家安全观，坚持政治安全、人民安全、国家利益至上有机统一，以人民安全为宗旨，以政治安全为根本，以经济安全为基础，捍卫国家主权和领土完整，防范化解重大安全风险，为实现中华民族复兴提供坚强安全保障。

三是坚持以人民安全为宗旨，国家安全一切为了人民、一切依靠人民，充分发挥广大人民群众积极性、主动性、创造性，切实维护广大人民群众安全权益，始终把人民作为国家安全的基础性力量，汇聚起维护国家安全的强大力量。

四是坚持统筹发展和安全，坚持发展和安全并重，实现高质量发展和高水平安全的良性互动，既通过发展提升国家安全实力，又深入推进国家安全思路、体制、手段、创新，营造有利于经济社会发展的安全环境，在发展中更多考虑安全因素，努力实现发展和安全的动态平衡，全面提高国家安全工作能力和水平。

五是坚持把政治安全放在首要位置，维护政权安全和制度安全，更加积极主动做好各方面工作。

六是坚持统筹推进各领域安全，统筹应对传统安全和非传统安全，发展国家安全工作协调机制作用，用好国家安全政策工具箱。

七是坚持把防范化解国家安全风险摆在突出位置，提高风险预见、预判能力，力争把可能带来重大风险的隐患发现和处置于萌芽状态。

八是坚持推进国际共同安全，高举合作、创新、法治、共赢的旗帜，推动树立共同、综合、合作、可持续的全球安全观，加强国际安全合作，完善全球安全治理体系，共同构建普遍安全的人类命运共同体。

九是坚持推进国家安全体系和能力现代化，坚持以改革创新为动力，加强法治思维，构建系统完备、科学规范、运行有效的国家安全制度体系，提高运用科学技术维护国家安全的能力，不断塑造国家安全态势的能力。

十是坚持加强国家安全干部队伍建设，加强国家安全战线党的建设，坚持以政治建设为统领，打造坚不可摧的国家安全干部队伍。

课内活动

分组探索讨论：将全班学生分成十六组，分别自主探索政治安全、国土安全、军事安全、经济安全、文化安全、社会安全、科技安全、网络安全、生态安全、资源安全、核安全、海外利益安全、生物安全、太空安全、极地安全和深海安全的定义和内容，并在组间交流分享。

二、总体国家安全观的特点

总体安全观最鲜明的特点是前缀词"总体"，即"总体性"，是总体国家安全观最鲜明的特点。总体性体现在两个方面。一方面是政治、军事、经济、文化、国土、资源、信息等国家安全各方面内容和要求的有机统一；另一方面是与既有的国家安全观相比，总体国家安全观是各领域安全的集合体。总体国家安全观在价值上倡导文明文化的多元包容，和谐共处；在目标上追求相互安全或者说共同安全，强调各国安全紧密相联而非孤立、零和关系，谋求自身安全时也要为他国安全创造条件，不能威胁或损害他国利益；在内容上主张建立综合安全，强调必须整体考虑政治、军事、经济、文化、科技等各个方面，以应对传统安全与非传统安全相互交织的复杂挑战；在手段上支持合作安全，强调通过对话、交流、磋商、谈判等途径，平等协商，不针对第三方，不干涉内政，和平解决争端。

1. 政治性

重视国家安全工作的政治性是我党几代领导集体的一贯思想和执政导向，更是我党作为百年大党、始终立于不败之地的内在基因与独特密码。政治安全直接关系到党的安全与国家主权安危，在国家安全体系中处于最高层次。始终坚持马克思主义基本原理的指导地位、坚持人民民主专政、坚持中国特色社会主义制度、坚持党对国安工作的绝对领导，是我国革命、建设和改革事业发展的需要。

2. 人民性

总体国家安全观将人民安全放在首要位置，新时代维护国家安全必须紧密地团结依靠千千万万的人民群众来砥砺前行。这归根到底也是我党践行初心使命的过程，我党一切工作的出发点和落脚点都是为了人民安全和幸福，安全是幸福的前提，幸福是安全之花，安全是源头活水。维护国家安全的目的就是切实捍卫人民安全。

3. 集成性

总体国家安全观是我党安全思想的集大成，集中了有关国家安全理论的精华部分，运用创造性思维整合到一起，旨在追求一个整体最优的效果。首先，在国家安全的内容上，及时适应了时代发展态势，理念上更新，兼顾各领域的安全要求，范围全面化。其次，坚持统筹处理好安全和发展的辩证关系，把安全工作置于发展的对立统一角度加以认识和科学对待。最后，在理论根基上，系统集成了中国优秀传统文化和马克思主义理论成果的精华，增进道路自信、制度自信和文化自信。

4. 斗争性

总体国家安全观是以习近平同志为核心的党中央直面时代变化，在国际国内局势错综复杂的情形下，直面"统筹中华民族伟大复兴战略全局和世界百年未有之大变局"需要，敢于斗争、敢于胜利，大胆创新而提出来的治理国家安全问题的科学理念和方法论。

5. 创新性

总体国家安全观是我们党关于国家安全理论的重大创新，丰富和发展了中国特色社会主义理论体系。首先，总体国家安全观承载着为实现中华民族伟大复兴提供坚强保障的历史使命，具有鲜明的时代特色。其次，总体国家安全观是我们党关于国家安全理论的重大创新，丰富和发展了中国特色社会主义理论体系。最后，总体国家安全观是维护和塑造中国特色大国安全的行动指南，具有重大的实践意义。

6. 前瞻性

总体国家安全观立足世界百年未有之大变局和中华民族伟大复兴的战略全局提出一些具有原创性和战略性的新理论，完善国家安全的总体布局和战略布局。总体国家安全观的前瞻性体现在它科学准确的判断、发展理念的完善和问题目标的一致上；体现在它积极倡导人类命运共同体，普遍包容的理念诠释了中国风格、中国胸怀、中国智慧；还体现在它丰富了科学社会主义与国际共产主义运动的理论学说。

以上六者之间环环相扣、缺一不可。其中，政治性与人民性是一对范畴，斗争性与前瞻性是一对范畴，集成性与创新性是一对范畴。

三、深刻领会总体国家安全观的重大意义和贡献

中国特色社会主义进入新时代，我国国家安全形势发生深刻复杂变化，总体国家安全为维护和塑造中国特色国家安全指明了前进方向，为建设一个持久和平、普遍安全的世界贡献了中国智慧和中国方案。

1. 总体国家安全观锚定了新时代国家安全的历史方位

党的十八大以来，世界百年未有之大变局进入加速演变期、中华民族伟大复兴进入关键时期。习近平总书记强调，"实现中华民族伟大复兴的中国梦，保证人民安居乐业，国家安全是头等大事"。总体国家安全观的提出，指明了新时代国家安全所处的新的历史方位，是我们在新征程上准确识变、科学应变、主动求变的基本坐标和依据。

2. 总体国家安全观明确了新时代国家安全的根本政治保证

习近平总书记指出，坚持党对国家安全工作的绝对领导，是新时代国家安全工作的根本政治原则，是做好国家安全工作的根本保证。党的十八届三中全会决定成立中央国家安全委员会，加强对国家安全工作的领导。中央国家安全委员会成立 8 年来，围绕完善国家安全领导体制，不断强化顶层设计，完善国家安全法治体系、战略体系和政策体系，建立国家安全工作协调机制和应急管理机制，推动各级党委（党组）把国家安全责任制落到实处，形成"全国一盘棋"的强大合力。

3. 总体国家安全观开辟了新时代国家安全的前进道路

党的十八大以来，习近平总书记反复强调坚持走中国特色国家安全道路，强调必须坚持党的绝对领导，完善集中统一、高效权威的国家安全工作领导体制；坚持捍卫国家主权和领土完整；坚持安全发展，推动高质量发展和高水平安全动态平衡；坚持总体战国家安全观，统筹传统安全和非传统安全；坚持走和平发展道路，促进自身安全和共同安全相协调。这些重大论断，树立起了指引新时代国家安全前进方向的航标。

4. 总体国家安全观彰显了新时代国家安全的大国担当

总体国家安全观高举构建人类命运共同体旗帜，树立共同、综合、合作、可持续的全球安全观，坚持共商共建共享，推动"一带一路"快速成长为开放包容的国际合作平台、各方普遍欢迎的全球公共产品，为促进世界共同发展、以可持续发展促进可持续安全提供了更多合作契机。

5. 总体国家安全观指引新时代国家安全取得历史性成就

党的十八大以来，在以习近平同志为核心的党中央坚强领导下，国家安全得到全面加强，实现了从分散到集中、迟缓到高效、被动到主动的历史性变革。国家安全体系基本形成，国家安全能力显著提升，人民防线更加巩固，全民国家安全意识显著增强。把安全发展贯穿国家发展各领域全过程，防控经济金融风险取得重大进展，关键核心技术攻关取得重要进展，扫黑除恶专项斗争取得胜利，生态环境保护发生历史性、转折性、全局性变化，妥善

应对重大自然灾害，统筹疫情防控和经济社会发展，网络、数据、人工智能、生物、太空、深海、极地等新型领域安全能力持续增强，有力应对海外利益风险挑战。国家主权、安全、发展利益得到全面维护，社会大局保持长期稳定，我国成为世界上最有安全感的国家之一。

课后作业

请在课后完成以下练习题。

1. 总体国家安全观的特点有哪些？

2. 阅读以下案件，并做相应回答。

张某就职于某科研单位，直接参与了我国一些走在世界前沿的科研项目。2011年，单位派他出国访学，在一次学术交流会议上，张某认识了外国同行小J，小J主动带他熟悉国外环境，购买有折扣的手机等电子产品，很快两人成了无话不谈的好朋友。此时，小J提出以每次300美元的咨询费用请张某提供一些科研项目中的关键数据，面对人情拉拢和金钱诱惑，张某妥协了。

2012年，张某即将结束访学回国之际，小J向他引荐了其同事老K，老K当场向张某表明间谍身份，并希望可以与其合作。听到间谍二字，张某不寒而栗，他辗转思考了许久，在老K许诺可以帮其女儿出国留学并申请长居后，便不再犹豫，同意了对方开出的报酬条件，并接受了基本的间谍技能训练。回国后，张某利用工作之便，开始搜集、窃取我国军工领域实验数据、科研成果等涉密信息。2014年6月，安全部门对张某实施了抓捕，2017年8月，郑州市中级人民法院以间谍罪判处张某有期徒刑15年。

请分析该起案件发生的原因，并谈谈你对科技安全的认识。

任务三　保守国家秘密 防范间谍行为

学习目标

1. 知道国家秘密的内容、分类，了解间谍的手段和活动的知识；

2. 了解相关的法律法规，知道危害国家发展的间谍行为的应对方法；

3. 有一定的保守国家秘密的意识。

授课视频二维码

在我国社会主义建设发展的历程中，间谍与反间谍、情报与反情报的斗争从来没有停止过。随着我国面临的安全威胁日趋多元，反间谍斗争形势也更加严峻复杂。2014年11月1日，《中华人民共和国反间谍法》公布施行，明确了国家安全机关依照法律、行政法规和国家有关规定，履行防范、制止和惩治间谍行为以及间谍行为以外的其他危害国家安全行为的职责，明确了中华人民共和国公民有维护国家的安全、荣誉和利益的义务。大学生是守护国家秘密的践行者、监督者和引导者，如何始终如一地树立国家安全高于一切的观念，增强国家安全意识，与全党全国人民团结一致，共同筑牢维护国家安全的钢铁长城，是安全教育的必学知识。

案例分析

吉林某大学一美籍教师在研究生外语授课过程中，讨论歪曲中国人权及社会制度等方面的问题，被上课的研究生当场严词拒绝，并报告学校有关部门，后经国家安全机关调查后，对该外籍教师做出限期离境的处理。

（案例来源：澎湃网，2018 年 4 月 15 日）

简析：

维护社会稳定符合国家和人民的根本利益，也是我国在社会主义现代化建设过程中得到的一条极其重要的经验。作为新时代的青年大学生，应该自觉肩负起维护国家安全和社会稳定的责任，遇到危害国家安全的行为，必须挺身而出。案例中的学生，及时认清了外教的不法企图，并坚决给予回击，维护了祖国的尊严，为国家发展和人民幸福贡献了力量。

法律法规

中华人民共和国反间谍法

(2014 年 11 月 1 日第十二届全国人民代表大会常务委员会第十一次会议通过 2023 年 4 月 26 日第十四届全国人民代表大会常务委员会第二次会议修订)

专题二任务三
法律法规

第一章 总则

第一条 为了加强反间谍工作，防范、制止和惩治间谍行为，维护国家安全，保护人民利益，根据宪法，制定本法。

第二条 反间谍工作坚持党中央集中统一领导，坚持总体国家安全观，坚持公开工作与秘密工作相结合、专门工作与群众路线相结合，坚持积极防御、依法惩治、标本兼治，筑牢国家安全人民防线。

第三条 反间谍工作应当依法进行，尊重和保障人权，保障个人和组织的合法权益。

第四条 本法所称间谍行为，是指下列行为：

(一) 间谍组织及其代理人实施或者指使、资助他人实施，或者境内外机构、组织、个人与其相勾结实施的危害中华人民共和国国家安全的活动；

(二) 参加间谍组织或者接受间谍组织及其代理人的任务，或者投靠间谍组织及其代理人；

(三) 间谍组织及其代理人以外的其他境外机构、组织、个人实施或者指使、资助他人实施，或者境内机构、组织、个人与其相勾结实施的窃取、刺探、收买、非法提供国家秘密、情报以及其他关系国家安全和利益的文件、数据、资料、物品，或者策动、引诱、胁迫、收买国家工作人员叛变的活动；

(四) 间谍组织及其代理人实施或者指使、资助他人实施，或者境内外机构、组织、个人与其相勾结实施针对国家机关、涉密单位或者关键信息基础设施等的网络攻击、侵入、干扰、控制、破坏等活动；

（五）为敌人指示攻击目标；

（六）进行其他间谍活动。

间谍组织及其代理人在中华人民共和国领域内，或者利用中华人民共和国的公民、组织或者其他条件，从事针对第三国的间谍活动，危害中华人民共和国国家安全的，适用本法。

第五条　国家建立反间谍工作协调机制，统筹协调反间谍工作中的重大事项，研究、解决反间谍工作中的重大问题。

第六条　国家安全机关是反间谍工作的主管机关。

公安、保密等有关部门和军队有关部门按照职责分工，密切配合，加强协调，依法做好有关工作。

第七条　中华人民共和国公民有维护国家的安全、荣誉和利益的义务，不得有危害国家的安全、荣誉和利益的行为。

一切国家机关和武装力量、各政党和各人民团体、企业事业组织和其他社会组织，都有防范、制止间谍行为，维护国家安全的义务。

国家安全机关在反间谍工作中必须依靠人民的支持，动员、组织人民防范、制止间谍行为。

第八条　任何公民和组织都应当依法支持、协助反间谍工作，保守所知悉的国家秘密和反间谍工作秘密。

第九条　国家对支持、协助反间谍工作的个人和组织给予保护。

对举报间谍行为或者在反间谍工作中做出重大贡献的个人和组织，按照国家有关规定给予表彰和奖励。

第十条　境外机构、组织、个人实施或者指使、资助他人实施的，或者境内机构、组织、个人与境外机构、组织、个人相勾结实施的危害中华人民共和国国家安全的间谍行为，都必须受到法律追究。

第十一条　国家安全机关及其工作人员在工作中，应当严格依法办事，不得超越职权、滥用职权，不得侵犯个人和组织的合法权益。

国家安全机关及其工作人员依法履行反间谍工作职责获取的个人和组织的信息，只能用于反间谍工作。对属于国家秘密、工作秘密、商业秘密和个人隐私、个人信息的，应当保密。

😊 讨论思考

你还知道哪些高校发生的危害国家发展的事件？请和同学们分享，并找出发生该事件的原因。

一、保守国家秘密

1. 国家秘密的范围

国家秘密是关系国家安全和利益，依照法定程序确定，在一定时间内只限一定范围的人员知悉的事项。国家秘密受法律保护。一切国家机关、武装力量、政党、社会团体、企业事业单位和公民都有保守国家秘密的义务。任何危害国家秘密安全的行为，都必须受到法律追究。

涉及国家安全和利益的事项，泄露后可能损害国家在政治、经济、国防、外交等领域的安全和利益的，应当确定为国家秘密，范围包括：

（1）国家事务重大决策中的秘密事项；

（2）国防建设和武装力量活动中的秘密事项；

（3）外交和外事活动中的秘密事项以及对外承担保密义务的秘密事项；

（4）国民经济和社会发展中的秘密事项；

（5）科学技术中的秘密事项；

（6）维护国家安全活动和追查刑事犯罪中的秘密事项；

（7）经国家保密行政管理部门确定的其他秘密事项。

（8）政党的秘密事项中符合前款规定的，属于国家秘密。

2. 国家秘密的主要载体

国家秘密载体，是指载有国家秘密信息的物体。国家秘密的载体主要有以下几类：

（1）以文字、图形、符号记录国家秘密信息的纸介质载体，如国家秘密文件、资料、文稿、档案、电报、信函、数据统计、图表、地图、照片、书刊、图文资料等。这种载体形式是目前最常见的国家秘密载体。

（2）以磁性物质记录国家秘密信息的载体，如记录国家秘密信息的计算机磁盘（软盘、硬盘）、磁带、录音带、录像带等。这种载体形式随着办公现代化技术的发展，将越来越多。

（3）以电、光信号记录传输国家秘密信息的载体，如电波、光纤等。国家秘密以某种信号形式在这种载体上流动、传输。通过一定技术手段，才能把这种涉密信息还原，知悉具体内容。

（4）含有国家秘密信息的设备、仪器、产品等载体。

3. 国家秘密的密级

国家秘密的密级分为绝密、机密、秘密三级。自 2017 年 10 月 1 日起，军队中在原三级基础上新增"绝密·核心"密级，成为四级密级制，新密级暂时仅用于军事机关。

绝密·核心级是最重要的国家秘密，仅军队机关使用，泄露可能会使国家安全遭受根本性的损害，是国家军事安全中的核心利益所在。

绝密级国家秘密是十分重要的国家秘密，泄露会使国家的安全和利益遭受特别严重的损害。如军事工业中的核武器、战略导弹、核潜艇等的战术技术性能及这些武器的生产储存数量、作战频率等都是"绝密"。

机密级国家秘密是重要的国家秘密，一旦泄露就会使国家的安全和利益遭受严重的损害。如我国研制的具有国际先进水平的、经济价值较高的药品的成分、工艺、技术诀窍等都列为机密，这些内容泄露出去会给国家的经济利益造成严重损害。

秘密级国家秘密是一般的国家秘密，一旦泄露会使国家的安全和利益受到一般的危害和损失。如我国某县生产的龙须草席历史悠久，曾是清朝皇帝御品，并外销许多国家和地区，每年为国家赚取大量外汇，被誉为中国独有的工艺品。但 20 世纪 80 年代某国在参观草席生产工艺时窃走了其生产的技术诀窍，以后不但停止了从我国进口龙须草席，还与我国争夺国际市场，影响了我国出口额，造成了一定的经济损失。

4. 保密法规定的严重违规行为

保密法规定有下列行为之一的，依法给予处分；构成犯罪的，依法追究刑事责任：

（1）将涉密计算机、涉密存储设备接入互联网及其他公共信息网络的；

（2）在未采取防护措施的情况下，在涉密信息系统与互联网及其他公共信息网络之间进行信息交换的；

（3）使用非涉密计算机、非涉密存储设备存储、处理国家秘密信息的；

（4）非法复制、记录、存储国家秘密的；

（5）在未采取保密措施的有线和无线通信、互联网及其他公共信息网络中传递国家秘密的；

（6）在私人交往和通信中涉及国家秘密的；

（7）擅自卸载、修改涉密信息系统的安全技术程序、管理程序的；

（8）将未经安全技术处理的退出使用的涉密计算机、涉密存储设备赠送、出售、丢弃或者用作其他用途的；

（9）非法获取、持有国家秘密载体的；

（10）通过普通邮政、快递等无保密措施的渠道传递国家秘密载体的；

（11）买卖、转送或者私自销毁国家秘密载体的；

（12）邮寄、托运国家秘密载体出境或者未经有关主管部门批准，携带、传递国家秘密载体出境的。

🎬 课内活动

　　随着时代的发展，移动通信技术的演变，手机在给人们的生活带来便利的同时，也给信息安全带来了极大隐患。尤其在涉及国家秘密的重点部门、要害部位，手机通信已成为不容忽视的一大泄密隐患。

　　请和你的小组同学共同探索使用手机时可能存在的泄密隐患，从而得出手机保密的使用方法，并和同学分享小组的收获。

二、防范间谍行为

1. 间谍行为的定义

《中华人民共和国反间谍法》第四条规定，下列行为称为间谍行为：

（1）间谍组织及其代理人实施或者指使、资助他人实施，或者境内外机构、组织、个人与其相勾结实施的危害中华人民共和国国家安全的活动；

（2）参加间谍组织或者接受间谍组织及其代理人的任务，或者投靠间谍组织及其代理人；

（3）间谍组织及其代理人以外的其他境外机构、组织、个人实施或者指使、资助他人实施，或者境内机构、组织、个人与其相勾结实施的窃取、刺探、收买、非法提供国家秘密、情报以及其他关系国家安全和利益的文件、数据、资料、物品，或者策动、引诱、胁迫、收买国家工作人员叛变的活动；

（4）间谍组织及其代理人实施或者指使、资助他人实施，或者境内外机构、组织、个人与其相勾结实施针对国家机关、涉密单位或者关键信息基础设施等的网络攻击、侵入、干扰、控制、破坏等活动；

（5）为敌人指示攻击目标；

（6）进行其他间谍活动。

间谍组织及其代理人在中华人民共和国领域内，或者利用中华人民共和国的公民、组织或者其他条件，从事针对第三国的间谍活动，危害中华人民共和国国家安全的，都是间谍行为。

2. 间谍进攻的重点目标及主要方式

境外间谍情报机关善于在我党、政、军体制内人员、高校师生、普通群众内部策反人员、安插"钉子"。其中，有条件接触国家秘密的公职人员、退伍军人、军工企业工作人员、国防科研单位人员、留学生等人群，是境外间谍组织关注的重点对象。普通的军事爱好者，军事基地周边居民甚至普通网民，有可能在不知不觉中被策反利用，成为境外间谍情报机关搜集各类情报的工具。境外间谍情报机关通过金钱收买、美色诱惑、威逼胁迫、感情拉拢等方式渗透策反我国内部个别意志薄弱者，趁机窃取机密文件和内幕情报。

间谍窃密的主要方式有以下几种：

（1）派遣入境：境外间谍情报机关以各种身份和名义，以公开掩护秘密、合法掩护非法等方式，派遣人员入境开展间谍活动。

（2）实地窃取：境外间谍针对我国地理信息、人文、土壤、地质等标本以及农林牧渔优良品种、传统生产工艺等，通过直接入境或运用往来人员实地窃取。

（3）网络窃密：境外间谍情报机关利用其互联网技术优势，采用黑客方式，通过网络窃取我国的国家秘密。

（4）技术窃密：境外间谍情报机关利用设备，对我国的国家秘密实施窃取。

（5）建"观察哨"：境外间谍情报机关以军事目标区为重点，以饭店、宾馆、工厂等为掩护，实地观察我国军事目标情况，攀拉我国内部人员。

3. 间谍渗透策反的主要渠道

（1）从亲近的人入手：境外间谍情报机关或其运用人员往往从身边最亲近、最熟悉的人入手进行策反。

（2）网络勾联策反：境外间谍情报机关充分利用网络技术，以美女、记者、市场调查公司等名义，伪造地理信息，通过微信、QQ、微博等社交软件，与军事目标区周围群众、涉密单位人员攀拉关系，在互不见面的情况下，以极低经济报酬搜集我国军事目标调动的真实情况以及我国内部资料。

（3）利用"民族认同"渗透策反：某些国家的间谍情报机关往往将与其国主体民族相一致的我国少数民族公民作为重点发展对象，以"民族认同"为切入点开展拉拢策反。

（4）境外策反：境外间谍情报机关对出境旅游或公干人员开展多种方式的威逼利诱，最终达到为其所用的目的。

（5）公开招募：境外间谍情报机关通过设立官方网站、刊登招募广告等方式，积极吸纳叛变者。

（6）钓鱼执法：主要是指某些国家执法人员或其协助者，为了侦破某些极具隐蔽性的特殊案件，特意设计某种诱发犯罪的情境，或者根据犯罪活动的倾向提供其实施的条件和机会，待犯罪嫌疑人进行犯罪或自我暴露时将其拘捕的一种特殊侦查手段。近年来，美国利用这种方式针对美籍华人、赴美中国商人以及中国科研留学人员的案件有所增多，其主要指向的是中国政府以及我国科研院所和高技术企业。

三、高校大学生防范间谍行为的措施

1. 高校大学生容易受到境外间谍青睐的原因

一方面，大学生在高校里接触的经济、技术、材料等领域的资料或者参与的课题、项目，对境外间谍来说有情报价值；另一方面，大学生安全防范意识不强、社会经验不足，有的还需要寻找一些经济来源以支持学业。境外间谍容易利用做兼职、发调查问卷等名目，以丰厚的酬金为诱饵，吸引学生为其搜集、窃取情报。再则，学生法制维权经验不足，境外间谍容易采取威胁、讹诈等手段逼迫学生为他们效力；另外，境外间谍可以介入大学生的求职过程，支持、鼓励其报考涉密的单位，将学生发展成为安插在我国党政军的"潜伏间谍"。

2. 大学生防范间谍策反措施

（1）树立国家安全高于一切的观念，克服麻痹思想，提高识别能力，在与境外人员接触时严守国家秘密。

（2）善于识别各种伪装，发现外教或境外人员有间谍行为时，及时向国家安全机关、公安机关或高校保卫部门报告。对于收到的反动宣传品要及时主动上交给国家安全机关、公安机关或高校保卫部门，防止扩散和产生不良影响。

（3）出境学习、旅游前，了解、掌握国家安全知识，提高安全防范意识，自觉维护国家安全，坚决抵制敌对势力的策反、拉拢、威胁、利诱等活动。

（4）做到"上网不涉密，涉密不上网"。严禁在接入国际互联网的计算机上处理、存储、传输涉密信息，处理涉密信息的计算机在任何时候都不直接或间接接入任何公共网络国际互联网。

（5）在境外受胁迫或受骗参加敌对组织、间谍组织，发现失密、泄密和窃密情况时，及时向学校保卫处、公安机关和保密行政管理部门报告。

3. 大学生怎样保守国家秘密

造成国家秘密泄露的有主观因素和客观因素，大学生要做到在思想上重视，在行动中小心。

（1）认真学习《中华人民共和国保密法》及相关的保密法律知识，严格按照保密法律法规、规章制度使用、管理和交换保密文件、资料；

（2）不把自己掌握的国家秘密对不应该知道的人员透露，不擅自扩大知密范围，不在公共场所谈论国家秘密，不在私人通信中涉及国家秘密；

（3）对自己掌握、保管的秘密文件、资料、信息，严格依照保密规定进行管理，自觉做到不携带保密文件、资料出入公共场所；

（4）在接触交往过程中，凡涉及国家机密的内容，完全按保密制度要求和上级的对外口径回答，不要随便涉及内部的人事组织、科技成果以及经济建设中未公开的数据资料等；

（5）与境外人员接触时不带秘密文件、资料和记载有秘密事项的记录本，对方索要资料、样品或询问内部秘密时，要区别情况，灵活予以拒绝；

（6）不经主管部门批准，不携带境外人员参观或进入非开放区；

（7）发现、拾获属于国家秘密的文件、资料和其他物品，及时送交有关机关、单位或保密工作部门；

（8）发现有人买卖、盗窃、抢夺属于国家秘密的文件、资料和其他物品，有权制止，并及时报告保密工作部门或者公安、国家安全机关处理。

巩固练习

王某是某大学的在校学生，2020 年暑假期间，王某在上网时偶然浏览了一些关于"暗网"的信息，这让他十分感兴趣。于是，王某通过种种渠道找来诸多教程学习，成功登录了某个"暗网"论坛。短短两个月时间，王某购买、出售公民个人信息竟多达 17 万余条，违法所得 1 200 元。

在这个案件中，你觉得个人信息是不是保密范围？请说明理由。

知识拓展

常见的间谍"易容术"

1. 平平无奇的外国专家，可能是境外间谍人员

2011 年至 2012 年，某国防军工研究所原高级工程师赴某西方国家学习，该国一间谍掩护身份，通过学者与其接触并将其策反，获得了我国军工研究领域及相关武器装备等情况。

2. 拍拍风景就能赚钱的兼职，可能暴露国家机密

2019 年 3 月，某大学生在兼职 QQ 群中找到一份工作，先后 8 次前往小区楼顶制高点等地，拍摄我军事目标及附近街道，先后 10 次赴我国某海军舰队实施预警观察搜集，并将照片发往境外。

3. 看似普通的商业往来，也许暗藏玄机

2004 年，某跨国全球电力设备销售公司大客户经理，通过宴请、送礼、行贿等手段，拉拢、腐蚀了一批核电系统人员，非法获取我国大量内部信息和文件资料，提供给境外公司和人员。

4. 你以为的美好恋情，其实是间谍的圈套

2011 年，某大学生赴台湾学习交流。其间，一女子向其表示好感，二人关系迅速升温。该大学生所学专业可以接触国防科工机密，该女子便要求其将"学习成果"定期发来，随后经调查，该女子为台湾军情局间谍人员。

5. 所谓高薪聘请行业专家，实则是为了窃取数据

2021 年 5 月，某境外咨询调查公司通过网络、电话等方式，以高额报酬聘请行业咨询专家之名，与我国境内数十名大型航运企业、代理服务公司的管理人员建立"合作"，通过我国境内人员所获的航运数据，都提供给该国间谍情报机关。

6. 街边其貌不扬的设备，也许是专用间谍器材

2021 年 3 月，国家安全机关工作发现，国家某重要军事基地周边建有一可疑气象观测设备。经调查，有关气象观测设备由李某网上购买并私自架设，所采集数据被传送到境外某气象观测组织的网站，为某国军方提供服务。

课后作业

请在课后完成以下练习题。

1. 高校大学生容易受到境外间谍青睐的原因有哪些？

2. 阅读以下案件，并做相应回答。

哈尔滨一大学航天专业硕士研究生常某某由于挡不住金钱的诱惑，在不到两年时间里为间谍搜集情报和内部资料 50 多次，接受"经费"20 多万元。他的这种违法犯罪行为，不仅断送了自己的前程，还受到法律的严厉制裁。

请分析该起案件发生的原因，如果你在现场，你会如何应对？

实践活动

"贯彻总体国家安全观，共筑安全中国梦"知识竞赛活动

为了深入学习贯彻总体国家安全观，提高广大学生的国家安全意识，增强大学生的安全意识，树牢总体国家安全观，感悟新时代国家安全成就，切实把学习成效转化为坚决维护国家主权、安全、发展利益的生动实践，请以系部为单位，开展"贯彻总体国家安全观，共筑安全中国梦"总体国家安全观知识竞赛活动。全民国家安全教育日如图 2-5 所示。

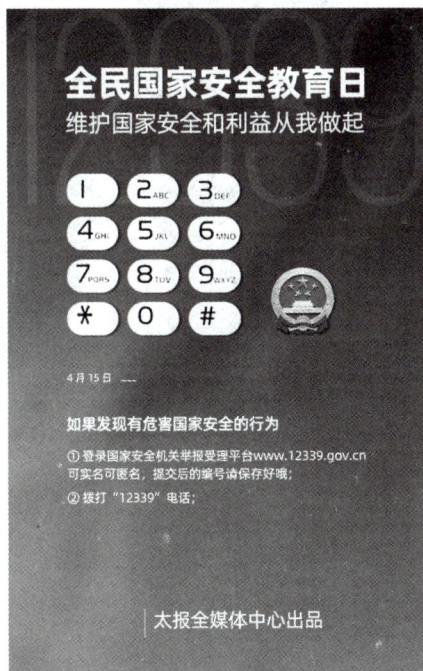

（图片来源：太报全媒体，2023 年 4 月 15 日）

图 2-5　全民国家安全教育日

专题三　人身安全

导言

　　大学期间是青年学生人生观、价值观形成的关键时期，对大学生今后的人生道路有着极其重要的影响。全面提高大学生的综合素质，健全大学生的道德人格，培育有理想、有道德、有文化、有纪律的社会主义公民，首先要强化大学生人身安全知识，培养大学生人身安全意识，其次要引导大学生全面了解相应的法律法规，有针对性地学习典型案例，养成良好的生活习惯，通过实践提高应变能力，保证自身安全。广义的人身安全包括人的生命、健康、行动自由、住宅、人格、名誉等安全；狭义的人身安全，就是刑法上人身安全的本义，是作为自然人的身体本身的安全。本专题主要讲述大学生最重要、最基本的人身安全，包括防范人身伤害、防范性侵害、防范和打击恐怖主义的知识和攻略。

任务一　防范人身伤害

学习目标

1. 知道校内外人身伤害发生的常见原因和防范措施；
2. 了解相关的法律法规，知道人身伤害的应对方法；
3. 有一定的人身安全防范意识。

授课视频二维码

随着时代的发展，大学生的生活空间不断拓宽。在校期间，他们除了进行正常的学习、生活外，还需要走出学校参加各种社会实践活动。不管在校内还是校外，大学生如果缺乏必要的安全知识，势必会导致各种安全问题的发生。高校常见的人身伤害有打架斗殴、故意伤人、故意杀人等行为。我们要学习和掌握此类行为发生的常见原因，并学会如何应对这类事件。

案例分析

2021年9月15日，在沈阳理工大学材料科学与工程学院发生一起凶杀案件，大学生郝某华被室友王某持刀杀死。据悉，王某与室友们相处不来，因为琐事和郝某华等人产生争执，郝某华希望学校将王某调离他们的宿舍，学院辅导员给王某母亲打电话提出让王某走读或者休学，并提出让王某母亲尽快来学校解决王某的问题。此事件让王某认为其室友对其霸凌并触及其底线，因此对四名室友怀恨在心，决定将四人杀掉。随后，王某购买三把水果刀并且将其藏在背包中，王某在学校趁无人之际伏击郝某华，用水果刀连续捅刺郝某华的要害部位，将郝某华杀害。

目前，王某已被公安机关抓获。法院认为，王某作案手段极其残忍，判决被告人王某犯故意杀人罪，判处死刑，剥夺政治权利终身，赔偿附带民事诉讼原告人经济损失人民币42 613.5元。

（案例来源：慕哥频道，2022年6月29日，有改动）

简析：

事实上，在校园中，学生与学生之间难免会发生摩擦，男生之间更是有"不打不相识"的说法。在本案中，郝某华并没有做十恶不赦的事情，却遭王某杀害，初步判断，王某是因为没有控制好自己的情绪，对室友心怀怨恨，继而对郝某华行凶。生命权利是公民人身权利中最基本、最重要的权利。在我国刑法中，故意杀人罪是实害犯，只要行为人实施了故意杀人的行为，就构成故意杀人罪，不管被害人是否实际被杀，不管杀人行为处于故意犯罪的预备、未遂、中止等哪个阶段，都构成犯罪，应当立案追究。

🚓 **法律法规**

《中华人民共和国刑法》（见图3-1）第二百三十二条规定：故意杀人的，处死刑、无期徒刑或者十年以上有期徒刑；情节较轻的，处三年以上十年以下有期徒刑。

专题三任务一
法律法规

故意杀人罪是指故意非法剥夺他人生命的行为。故意杀人罪的成立条件是指故意地非法剥夺他人生命的行为。故意杀人罪的结果是杀人行为导致他人死亡。如果他人已经死亡，即为杀人既遂；如果他人没有死亡，即为杀人未遂。

（图片来源：新浪财经，2021年11月27日，有改动）

图3-1　《中华人民共和国刑法》

《中华人民共和国刑法》分则规定下列行为以故意杀人罪论处：

（1）第二百三十八条第二款规定：非法拘禁他人或者以其他方法非法剥夺他人人身自由，使用暴力致人死亡的，依照刑法第二百三十二条故意杀人罪的规定定罪处罚。

（2）第二百四十七条规定：司法工作人员对犯罪嫌疑人、被告人实行刑讯逼供或者使用暴力逼取证人证言的，致人死亡的，依照刑法第二百三十二条故意杀人罪的规定定罪处罚。

（3）第二百四十八条规定：监狱、拘留所、看守所等监管机构的监管人员对被监管人进行殴打或者体罚虐待，致人死亡的，依照刑法第二百三十二条故意杀人罪的规定定罪处罚。

（4）第二百八十九条规定：聚众"打砸抢"，致人死亡的，依照刑法第二百三十二条故意杀人罪的规定定罪处罚。

（5）第二百九十二条第二款规定：聚众斗殴，致人死亡的，依照刑法第二百三十二条故意杀人罪的规定定罪处罚。

《中华人民共和国刑法》第二百三十四条规定：故意伤害他人身体的，处三年以下有期徒刑、拘役或者管制。

犯前款罪，致人重伤的，处三年以上十年以下有期徒刑；致人死亡或者以特别残忍手段致人重伤造成严重残疾的，处十年以上有期徒刑、无期徒刑或者死刑。本法另有规定的，依照规定。

　　你还知道哪些高校发生的其他人身伤害事件，请和同学们分享，并找出发生该事件的原因。在上面的案件中，你觉得郝某华等同学可以采取哪些措施防范人身伤害事件？请谈谈你的看法。

一、高校校内外人身伤害事件的常见原因

　　影响大学生人身安全的因素主要有以下几个方面：

　　（1）因社会中不法之徒的违法犯罪侵害而引发或转化的大学生生命伤害。

　　（2）因违反相关安全管理制度，突发事件等各种事故直接造成大学生生命伤害。

　　（3）因违反治安管理规定或因具体矛盾处置不当而转化的大学生生命伤害，这一类型的人身伤害表现有：参加邪教组织、误入非法传销组织、公共场合发生的打架斗殴事件等。

　　（4）其他意外情况偶发的大学生生命伤害事件。例如，突发的自然灾害、误伤等。

　　校内外发生人身伤害事件常见因素分为内在因素和外在因素。

1. 内在因素

　　（1）高校学生来源于社会的各个地方，每个人成长环境和生活条件不尽相同，性格有所差异，如果不能尊重他人的个性和习惯，则很容易因互相嫌弃而产生矛盾。

　　（2）高校学生在集体生活中，如果总是爱猜忌、多疑，不愿遵守公共道德和行为规范，口无遮拦，喜欢随意开同学玩笑，往往容易产生矛盾和纠纷。

　　（3）高校学生由于在学习上、生活上失去了奋斗目标等，产生烦躁情绪、空虚心理，失去了生活学习的动力，继而摆烂、颓废，在面对种种打击、压力和挫折时，或可能引发极端行为。

　　（4）高校学生能够充分展示自己的才华，因每个人所能接触的机会不等，如果因自我表现的方法不当，竞争意识过强，就可能发展为严重的嫉妒心，继而引发恶性竞争，甚至反目成仇，互不相让，引发斗殴。

　　（5）高校学生因不能正确处理恋爱问题、情感问题，或可能由爱生恨或横刀夺爱，或可能争风吃醋，大打出手，或可能心理失调，甚至心理变态，继而引发报复行为、故意杀人等恶性案件。

　　（6）高校学生正值青春期，他们的身心发展趋于成熟，主要表现有虚荣心理、报复心理、嫉妒心理、空虚心理、从众心理等尚未完全成熟、不健康的人格心理；另外还有一些人格障碍问题，如偏执型、攻击型、反社会型等人格障碍。这些学生智商正常，意识清醒，一旦与周围人发生冲突，很难从错误中吸取经验教训并加以纠正。在极端情况下，有心理障碍或精神疾病的学生就很容易做出自我伤害或伤害他人的举动。

　　（7）高校学生缺乏安全意识，自我保护意识薄弱，在外出或旅游的过程中可能遭到诈骗、抢劫、人身伤害，甚至发生被杀惨案。

2. 外在因素

　　（1）高校学生在交友时缺乏基本的判断能力，或与校外闲杂人员交往，或在网络、现

实交友时没有采取慎重的态度，在没有深入了解对方的情况下就与人密切接触，可能卷入聚众斗殴等事件，甚至参与其他侵害行为，走上违法犯罪的道路。网警提醒如图3-2所示。

（图片来源：衡阳网警巡查执法，2020年4月7日）

图3-2　网警提醒：网络交友要擦亮眼睛、提高警惕

（2）高校学生容易酒后失智，因酗酒或借酒消愁而做出违法违纪行为，特别是因打架斗殴而引发人身伤害案件。

（3）高校学生容易因经济利益受损而引发人身伤害事件，比如因对经济责任的分担有不同意见或因相互之间的借、还等经济往来引发纠纷，有的甚至只是因为到餐馆就餐或到个体摊点消费，对其服务态度、价格、数量、质量等不满而产生纠纷，一时争执不下又无人调解时，就容易引发更大的矛盾，最后大打出手。

课内活动

大学生人身安全意识情况调查问卷

请在课内完成大学生人身安全意识情况调查问卷。参与方法：扫描右侧二维码，回答相关问题。此问卷仅用于大学生人身安全意识情况研究，不涉及个人身份信息收集，请如实填写。谢谢您的配合！

二、高校校内外人身伤害事件特点

高校校内外人身伤害事件主要有以下几个特点：

（1）冲动性。大学生正处于身心发育和受教育的阶段，自我约束能力较差，容易感情用事，遇事容易冲动，会因小事发生口角，或因无意冲撞而动手打人。

（2）残酷性。有的大学生在打架斗殴时，容易走向极端，往往欲将对方置于死地而后快，因而手段残忍，使自己前途尽毁。

（3）报复性。个别大学生爱面子，心胸较狭窄，自尊心过强，心存怨恨，在遇到冲突发生纠纷时，往往会以极端的报复性手段给对方以惩戒。

（4）聚众性。大学生因缺乏集体生活经验和法律知识等，喜欢拉帮结派，讲哥们儿义气，在人身伤害事件中多表现为纠集众人成帮结伙地进行互殴。

（5）校外人员参与。一是校外人员在与学生交往过程中的冲突；二是校外人员寻衅滋事。

三、高校校内外人身伤害事件的防范与应对

1. 高校校内外人身伤害事件的防范

（1）提高安全防范意识，做到防患于未然。大学生除了专业学习外，还需学习国家法律法规，了解真实的人身伤害案件，了解学校及周边环境，提高安全意识，学会保护人身安全的相关知识和技能，发现有人身伤害的苗头和隐患，要有效规避，及时报告老师及相关保卫部门。

（2）正确处理人际关系，学会交流沟通。遵循人际规则，做到严于律己、宽以待人、相互尊重、理解包容。学会积极赞扬别人，学会换位思考，理智处理人际关系。同时，在交往中如果意见不统一时，学会委婉地提意见，尽量避免争论，发生矛盾误会时，要勇于承认错误。

（3）加强修养，提高素质，正确应对不良情绪。高校学生要加强自身修养，提高综合素质，严格要求自己，决不能沾染流氓恶习而使自己成为滋事者。当出现不良情绪时，要采用正确的应对方法，避免因自身心态没有调整好而做出令自己后悔的举动。

（4）珍惜生命，谨慎交友，主动规避危险。不与来路不明的陌生人交往，避免夜间单独外出或前往较为偏僻的场所，不去治安环境复杂的场所，聚餐时尽量不饮酒或少饮酒，与人发生矛盾冲突后，应理智处理。

（5）保持理智清醒，防止矛盾激化。面临人身伤害时，首先要保障自己和他人的生命安全，要用智慧化解危机，不要硬碰硬，慎重处置，既不要畏惧退缩，也不要随便动手。

（6）选修恋爱课程，学会爱与被爱。大学开设的选修恋爱课，涉及的内容一般包括如何处理异性交往关系、大学生恋爱观、大学生恋爱心理问题、大学生性道德与自我保护等多方面内容。学习这门课程，对大学生的恋爱有重要的指导作用。

2. 高校校内外人身伤害事件的应对

如果遇到校内打架斗殴事件，现场可采用以下方法处置：

（1）不起哄、不围观，更不能火上加油，防止事态扩大。

（2）站在公正的立场上做双方的调解工作。

（3）如果有人员受伤，首要的工作是抢救伤员。

（4）若劝阻无效，应立即向学校老师或保卫部门报告。

（5）保护现场，防止他人带走与事件有关的可作为证据的遗留物。

（6）做好协查工作。

在应对这类事件时，可本着"生命至上、沉着冷静、依靠集体、运用法律"的原则，做好以下几点。

（1）及时向公安机关、保卫部门报案。

（2）采取正面劝告的方法，避免纠缠而将自己置于险境。

（3）如果对方仍有进一步的伤害举动，则要仔细审视双方实力，如果自己有把握制服犯罪分子，应积极反击，防止其对自己造成伤害。

（4）如果已无力抵抗，则应设法麻痹对方，逃离现场，尤其是面对持械歹徒，能躲则

躲，能避就避。

（5）如果无法躲避和逃离现场，要沉着应对、积极反击，充分发动群众，并利用身边物品保护自己。

（6）要配合调查案件，勇于提供线索和证据，以保护受害人的合法权益，使犯罪嫌疑人受到惩处。

课后作业

请在课后完成以下练习题。

1. 校内外人身伤害事件的常见原因有哪些？

2. 阅读以下案件，并做相应回答。

2006年5月1日上午10时许，长沙医学院临床四班大一学生李某娟正与同学曾某燕在楼顶闲聊，随后，李某娟挥舞菜刀，在曾某燕身上连砍62刀，李某娟匆忙逃回宿舍，后因事情败露跳窗逃走，在途中被警方擒获。经法医鉴定，曾某燕双手神经被砍断，左手大拇指被砍断，脸上有三道刀痕，其中嘴角有一道长约2厘米的刀口，右眼视力严重受损，泪腺被砍断，头部、肩部伤势严重，构成6级伤残。10月23日，湖南长沙市中级人民法院认定，李某娟因担心自己偷打他人电话的事实被暴露，为阻止同学曾某燕调取通话费详单，持刀故意剥夺他人生命，其行为已构成故意杀人罪。"我也不知道自己怎么就下得了手，当时头脑里一片空白。"李某娟双手掩面，不愿再回忆那不堪回首的一幕。法院据此判处李某娟无期徒刑，剥夺政治权利终身。

请分析该起案件发生的原因，如果你在现场，你会如何应对？

（案例来源：百度文库，有改动）

任务二　防范性侵害

学习目标

1. 知道性侵害及其主要形式，知道防范和应对性侵害行为的主要措施和方法；

2. 了解相关的法律法规，了解性侵害发生的时间和主要场所；

授课视频二维码

3. 培养临场观察分析能力和应变处置能力；

4. 正确对待性侵害事件，养成珍惜生命、关爱健康的生活态度，树立自我保护意识。

近年来，大学生的性权利受到侵害的情况时有发生，性侵害的对象既有女生，也有男生。正值青春年少的大学生们政治坚定，作风正派，奋发读书；同时，或精神空虚，寻求刺激，或意志薄弱，难拒诱惑，或认识不清，无自卫能力。知道在紧急关头运用恰当的方法来保护自己，在受到伤害以后运用法律手段与违法犯罪行为作斗争，在面临性侵害时正确维护自己的合法权益，是大学生们建设社会主义和谐社会，保护自身性权利，防范性侵害的重要前提。

案例分析

2019年，中国计划生育协会、清华大学与LoveMatters共同发起了"中国性与生殖健康大数据研究计划"，其中包含"中国涉性犯罪司法文书大数据分析"。在该研究中，三方从最高人民法院裁判文书网收录的59 436 092篇裁判文书（其中包括7 335 208篇刑事文书）中，通过大数据的方法筛选出51 447份样本。最终呈现为《中国性侵司法案件大数据报告》。

大数据报告中，通过对强奸案的分析发现：

2014年至2017年，全国各级人民法院审理的强奸案数量呈逐年增长态势，2017年审结的强奸案数量几乎为2014年的2倍；

通过对猥亵、侮辱案的分析发现：

2014年至2017年，全国各级人民法院审理的猥亵、侮辱案数量呈逐年增长态势，2017年数量为2014年的2.5倍；

同时，研究方中国计划生育协会、清华大学与LoveMatters联合专家意见，提出三条建议：

构筑严密的性侵犯罪的刑事法律体系，不断补充和完善有关刑事法律条款，依法严厉打击性侵犯罪。

加强对性侵犯罪案件中被害人的权益保障，通过司法—社会的援助体系保障被害人的合法权益，建立有效监护和救助体系。

营造对受害者支持性的社会环境。发挥媒体作用，弘扬正气、谴责犯罪、消除对受害者的污名化；发挥社会组织作用，对受害者社会生活和心理健康提供辅导和支持。

（案例来源：今日焦点，2020年4月24日，有改动）

简析：

2023年6月1日，最高人民检察院发布《未成年人检察工作白皮书（2022）》（简称《白皮书》）。数据显示，侵害未成年人犯罪案件总量有所下降，但性侵案件仍呈上升趋势。据中国计划生育协会发布的《2019—2020年全国大学生性与生殖健康调查报告》显示，大学生在遭遇性侵后选择向公安机关报案的只有3.88%，大多数受害人在伤害发生后往往选择忍气吞声。因此，学习防范性侵害相关知识变得尤为重要。

法律法规

我国法律法规中《中华人民共和国宪法》(2018年修正)、《中华人民共和国刑法》(2020年修正)、《中华人民共和国治安管理处罚法》(2012年)、《中华人民共和国民法典》(2020年)、《中华人民共和国妇女权益保障法》(2005年) 等法律法规和政策文件相关条款保障了我国公民在面对性侵害时的合法权益。

专题三任务二
法律法规

《中华人民共和国宪法》

第三十八条　中华人民共和国公民的人格尊严不受侵犯。禁止用任何方法对公民进行侮辱、诽谤和诬告陷害。

《中华人民共和国刑法》

第二百三十七条　以暴力、胁迫或者其他方法强制猥亵妇女或者侮辱妇女的，处五年以下有期徒刑或者拘役。聚众或者在公共场所当众犯前款罪的，处五年以上有期徒刑。猥亵儿童的，依照前两款的规定从重处罚。

《中华人民共和国民法典》

第九百九十五条　人格权受到侵害的，受害人有权依照本法和其他法律的规定请求行为人承担民事责任。依照前款规定提出的停止侵害、排除妨碍、消除危险、消除影响、恢复名誉请求权，不适用诉讼时效的规定。

第一千零一十条　违背他人意愿，以言语、行为等方式对他人实施性骚扰的，受害人有权依法请求行为人承担民事责任。机关、企业、学校等单位应当采取合理的预防、受理投诉、调查处置等措施，防止和制止利用职权、从属关系等实施性骚扰。

《中华人民共和国治安管理处罚法》

第四十四条　猥亵他人的，或者在公共场所故意裸露身体，情节恶劣的，处五日以上十日以下拘留；猥亵智力残疾人、精神病人、不满十四周岁的人或者有其他严重情节的，处十日以上十五日以下拘留。

《中华人民共和国妇女权益保障法》

第四十二条　妇女的名誉权、荣誉权、隐私权、肖像权等人格权受法律保护。禁止用侮辱、诽谤等方式损害妇女的人格尊严。禁止通过大众传播媒介或者其他方式贬低损害妇女人格。未经本人同意，不得以营利为目的，通过广告、商标、展览橱窗、报纸、期刊、图书、音像制品、电子出版物、网络等形式使用妇女肖像。

讨论思考

你认为在高校中可能遇到的性侵害事件有哪些形式？一般会在怎样的情况下发生性侵害事件？请谈谈你的看法。

一、性侵害的定义

性侵害泛指违反他人意愿，对其做出与性有关的行为。施害者出于性目的，未经允许便对受害者进行各种非意愿的性接触和被强迫的性行为。大学生性侵害主要是指以大学生为目标，以暴力、胁迫或其他手段，违背其意志，占有或玩弄大学生的行为。性侵害不仅会使被害人的身心受到创伤，而且还会使被害人的人格尊严受到污辱，从而引发大学生精神心理上的问题，严重的会导致自残、自杀等后果。

二、大学性侵害的主要形式

1. 暴力式侵害

这主要指采取暴力手段，使用凶器威胁、殴打等暴力方式对大学生进行性侵害的行为。暴力式侵害的主体可能是社会上的犯罪分子或校园内部人员，有以强奸为目的混入女生宿舍或校园内偏僻处伺机作案的，也有以抢劫、盗窃为目的，见有机可乘或因受害人处置不当而发展为强奸受害者的，还有因恋爱破裂或单相思，走向极端，发展为暴力强奸的。这类事件侵害者还可能会剥夺被侵害人的生命。

2. 胁迫式侵害

这主要指作案主体利用自己的权势、地位、职务等，利用受害人有求于己的处境，或是抓住受害人的个人隐私、某些错误等把柄，采用利诱、威胁、恐吓，如曝光隐私、毁坏名誉等手段，对大学生实行精神控制，使其不能反抗而就范的性侵害行为。

3. 流氓滋扰式侵害

这主要指社会上的流氓结伙闯入校园，寻衅滋事，或是校内某些品行不端正人员在变态心理的驱使下，对大学生进行的骚扰活动。这种侵害方式，主要为用下流语言调戏，推拉撞摸占便宜，作下流动作等，多发生在夜间大学生孤立无援的情况下，这种性侵害在处置不当的情况下，有可能发展为暴力强奸或轮奸。

4. 社交型侵害

这主要指侵害人与受害者存在社会交往，利用机会或创造机会把正常的社交引向性犯罪。现实生活中大学生社交型侵害的侵害人常常是受害者的同学、朋友。大学生可能被侵害主要有以下情形：

（1）兼职。大学生们通常会联系招聘广告、托熟人、找关系等不正规渠道寻找工作，如果加上急于求成的心理，他们就很容易放松警惕，贸然参加兼职。不法分子就在取得其信任和崇拜后，对女大学生进行侵害。

（2）交友。大学生们容易对朋辈的心灵慰藉放下防御，也能很快与同学建立纯真无邪的友谊。有些大学生在选择恋爱对象时，不考察对方的人品等因素，上当受骗后往往默默承受。同时，随着网络技术的迅猛发展，上网聊天、结识网友已成为时尚，不法分子也常利用网络诱惑大学生。

📽 课内活动

你觉得下面哪些大学生容易受到性侵害攻击，请作出选择，并向同学们分享你的观点。

1. 经常出入社会公共场所，装扮入时、行为不羁的大学生；
2. 性格懦弱、胆小怕事的大学生；
3. 作风轻浮、胡乱交友的大学生；
4. 独处于教室、寝室、实验室、运动场或其他隐蔽场所的大学生；

5. 怀有隐私、容易被他人要挟的大学生；

6. 贪图钱财、贪图享受、缺乏观察识别能力的大学生；

7. 意志薄弱、难拒性诱惑以及精神空虚、无视法纪的大学生；

8. 会见网友时随便喝对方提供的饮料，跟随对方去陌生地方的大学生；

9. 夜晚长时间、独自在室外活动的大学生；

10. 去不熟悉的地方让陌生人带路的大学生。

三、大学生预防与应对性侵害的措施

1. 预防性侵害的措施

（1）端正价值取向。大学生要加强自身修养，提高自身素质，树立正确三观，做到不为世俗所影响，不为腐朽思想所腐蚀，防止授人以柄，要弘扬勤俭节约精神，用正确的态度面对遇到的困难和挑战。

（2）强化防范性侵害意识。大学生需加强防范性侵害知识技能的学习，强化防范性侵害意识，提高自我保护的警觉性。对朋友或同伴肮脏下流的笑话、淫秽暧昧的语言、挑逗暗示的动作及时表达强烈的排斥态度，主动远离这些朋友或同伴，主动避开性侵害容易发生的时间、环境和场所。

（3）注重场合仪表言行。大学生对自己的生活、居住环境要加倍关注，不将自己置于一种潜在的危险环境中。日常着装大方得体、朴实无华，不做容易引发加害人误解的动作，不说容易引起误会的挑逗性言语，通过树林、桥梁、涵洞等处时要保持警惕。

（4）谨慎交友。大学生在与朋友交往过程中要注意对方交往的目的，留意对方日常言行中表现出来的人品、道德修养。一旦察觉对方有过分亲昵、挑逗等言行时，要及时果断地终止来往；在与朋友交往中注意观察，不要轻信花言巧语，不要单独跟新朋友去陌生的地方；控制感情，不要在交往中表现轻浮；控制约会环境，不到偏僻人少的地方；不过量饮酒；不接受超过一般的馈赠。

2. 发生性侵害时的防卫措施

（1）头脑清醒，控制情绪。大学生在遭受性侵害之际，最重要的是保持头脑清醒，控制情绪，只有沉着、冷静，才能明白性侵害者的意图而与其周旋，从而找出摆脱困境的方法。本能的反抗或逃避，会助长犯罪分子的攻击性，导致性侵害的发生。

（2）明确意愿，态度坚决。大学生遇到别人要对自己实施性侵害时，应恰当且坚定地表明自己的态度，最大可能阻止性侵害行为的发生。明确表示，能够有效防止熟人之间的性侵害行为发生，也能够使一些陌生的性侵害者丧失信心，放弃性侵害的企图。

（3）沉着理智，机智反抗。遭到性侵害时，大学生要沉着地了解性侵害者的弱点和周围环境，采取恰当的措施进行反抗，尽可能结合自己平时生活中积累的经验和知识，予以防范。如尽量用赞扬的话语将侵害人的优点挖掘出来，唤起侵害人人性中善良的一面，使其行为向好的方面转化，避免性侵害行为的发生。

（4）采用暴力，正当防卫。女大学生在遭受性侵害时，可采取一些暴力防卫措施，特别是对犯罪分子的身体薄弱部位进行有效的攻击（如脸部、腹部、下身等处），使性侵害人的身体产生伤痛，从而使其终止侵害行为，为逃脱或获救创造条件。

（5）抓紧时机，迅速脱身。犯罪心理学表明，性犯罪主体在实施犯罪过程中，心理有一个从冲动到后悔再到恐惧的变化过程，一旦侵害行为得逞，激情消退，侵害人会产生后悔、自责心理。所以女大学生在这时要抓住一切有利时机，为自己脱身创造条件。

3. 发生性侵害后的应对措施

（1）尽快与性侵者脱离接触，保持头脑清醒，控制情绪。如果持续受到安全威胁，应立即报警。

（2）尽快联系可靠、能支持自己的亲人或朋友。

（3）在就医和报警前，请勿漱口、刷牙、洗澡、清洗阴道或直肠、洗衣服。如果涉及直肠，尽量不排便。

（4）前往二级或以上公立医院的急诊，告知医生情况。由医生对受害者的情况进行评估，特别是对身体各部分的损伤进行评估。就医行为与评估后形成的报告是重要证据。在取得允许后，医生会对受害者的衣物附着物和身体上的体液、细胞进行采样。采样得到的验材通过 DNA 比对，是锁定犯罪嫌疑人的重要证据。医生还会询问有关问题，有可能给予药物进行避孕处理或预防感染处理。

（5）性侵发生后的任何时间，均可以直接去派出所或打电话报警。越早和警方建立联系，越有利于将凶手绳之以法。

（6）部分大学生发生性侵害后，往往表现为意志消沉，精神萎靡，心理负担加重，整天生活在被侵害的阴影中，久而久之，会产生厌世情绪，有些甚至会抱着破罐子破摔的心理，走上自甘堕落的道路。还有自尊心较强的被侵害者会由悲愤产生强烈的报复心理。大学生要在吸取教训的同时及时调整心态，尽快从阴影中走出来。请记住，性侵绝不是受害者的过错。

🖐 课后作业

请在课后完成以下练习题。

1. 什么样的行为称为性侵害，主要有哪几种形式？
2. 阅读以下资料，回答问题。

京华时报讯（记者武红利）近日，湖南省衡阳市蒸湘区呆鹰岭镇一女大学生见网友后失联，其同学报警。次日上午，记者自当地警方处获悉，涉事女大学生尸体在一家宾馆被发现，初步检验曾遭受性侵，并因窒息死亡。犯罪嫌疑人廖某某被抓获。

2016 年 10 月 3 日，有网友发帖称，一名女大学生在衡阳市蒸湘区呆鹰岭镇失联。失联女生系湖南交通工程学院一名在校生，刚刚满 18 岁。该校一名学生接受媒体采访时表示，3 日凌晨，该女生在接听了一通电话后离开宿舍，彻夜未归，电话也无人接听。当晚9 点左右，该女生的同学到呆鹰岭派出所报警。

记者自湖南省衡阳市蒸湘区警方处获悉，接到报警后，派出所民警与师生一起在学校周边的旅店、网吧、出租房寻找。4 日凌晨 0 点 30 分，民警在学校附近的某宾馆 3 楼 325 房间发现失联女生已遇害。经初步检验，死者受到性侵，颈部有扼痕及指甲印痕，系窒息死亡。

经查，当晚住在事发房间的廖某某（男，24 岁，衡阳县人）有重大作案嫌疑，廖某某系遇难女生网友。衡阳警方随后就该案成立了专案组。

4 日上午 11 点左右，在嫌疑人廖某某租住的呆鹰岭镇鸡市村砍公组一民房内，办案民警发现其踪迹。随后，民警尾随廖某某进入楼道，最终将其抓获。审讯中，廖某某对杀害女大学生一事供认不讳。

（案例来源：中国新闻网，2016 年 10 月 6 日，有改动）

请针对上述案件进行分析，受害人怎样做才能避免身陷危险？

任务三　防范和打击恐怖主义

学习目标

1. 了解恐怖事件带来的危害和伤害，知道大学生对于反恐的义务和责任；

2. 了解恐怖组织的特点，知道如何识别恐怖分子；

授课视频二维码

3. 坚持法治思维，敢于斗争、善于斗争，有坚决捍卫国家政治安全、全力维护社会安定的意识。

恐怖主义是影响世界和平与发展的重要因素，是全人类共同的敌人。大学校园是国家培养精英人才的重要场所，很容易被列为恐怖分子的重要目标。大学依法防范和打击恐怖主义已成为现实需要。积极通过教育方式，推进去极端化，消除滋生恐怖主义的土壤，有效遏制了恐怖活动多发频发势头，也有力维护了全国各族人民的生命财产安全，保障我国良好的社会治安现状和人民生活安宁祥和的局面。大学生作为国家未来的中坚力量，需要学习反恐知识，随时保持高度警惕，防范恐怖主义势力冲击校园，进一步提升反恐能力，为共同维护美好的校园生活和国家安全而努力。

案例分析

央视网消息：日前，国家安全部新闻办对外披露了一起典型案件。该案涉案人员肃某是一名退休干部，他主动与境外敌对分子勾结，谋划实施恐怖活动，妄图通过暴力行动推翻国家政权。该案还在犯罪策划阶段就被国家安全机关一举破获。

肃某，在云南某学校工作，多次在网上发表反动文章。2016 年，肃某通过网络结识了身在境外的某敌对组织骨干成员。随后，肃某和该敌对分子商定，先从境外采购武器，再在国内招募所谓"敢死队"，肃某将他们的行动命名为"中国班加西工程"，并开始了积极的准备工作。他建立了多个微信群进行指挥协调，指使人员赴云南考察边境路线，赴境外与敌对分子见面，商议武器和资金事宜。计划于2017年春节期间在云南昆明袭击派出所，并抢夺驻军弹药库，实施断水、断电及纵火行动。肃某的这些准备工作进入了国家安全机关工作视线，在暴力行动实施前，他们被全部抓捕归案。

（案例来源：央广网，2020年4月16日，有改动）

简析：

此案是一起境内人员与境外敌对分子勾结，妄图暴力颠覆我国国家政权的典型案件。如果国家安全机关没有在案发前识别肃某的险恶用心，必然会造成多人的人身伤害，该案的侦查破获，有力打击了不法分子的险恶用心，有力维护了国家政治安全，保护了公民的人身安全。2019年4月，四川省成都市中级人民法院对此案依法进行宣判，认定肃某犯颠覆国家政权罪。肃某当庭表示认罪悔罪。

🚓 法律法规

中华人民共和国反恐怖主义法
第一章　总则

（2015年12月27日第十二届全国人民代表大会常务委员会第十八次会议通过）

专题三任务三
法律法规

第二条　国家反对一切形式的恐怖主义，依法取缔恐怖活动组织，对任何组织、策划、准备实施、实施恐怖活动，宣扬恐怖主义，煽动实施恐怖活动，组织、领导、参加恐怖活动组织，为恐怖活动提供帮助的，依法追究法律责任。

国家不向任何恐怖活动组织和人员作出妥协，不向任何恐怖活动人员提供庇护或者给予难民地位。

第三条　本法所称恐怖主义，是指通过暴力、破坏、恐吓等手段，制造社会恐慌、危害公共安全、侵犯人身财产，或者胁迫国家机关、国际组织，以实现其政治、意识形态等目的的主张和行为。

本法所称恐怖活动，是指恐怖主义性质的下列行为：

（一）组织、策划、准备实施、实施造成或者意图造成人员伤亡、重大财产损失、公共设施损坏、社会秩序混乱等严重社会危害的活动的；

（二）宣扬恐怖主义，煽动实施恐怖活动，或者非法持有宣扬恐怖主义的物品，强制他人在公共场所穿戴宣扬恐怖主义的服饰、标志的；

（三）组织、领导、参加恐怖活动组织的；

（四）为恐怖活动组织、恐怖活动人员、实施恐怖活动或者恐怖活动培训提供信息、资金、物资、劳务、技术、场所等支持、协助、便利的；

（五）其他恐怖活动。

本法所称恐怖活动组织，是指三人以上为实施恐怖活动而组成的犯罪组织。

本法所称恐怖活动人员，是指实施恐怖活动的人和恐怖活动组织的成员。

本法所称恐怖事件，是指正在发生或者已经发生的造成或者可能造成重大社会危害的恐怖活动。

第四条 国家将反恐怖主义纳入国家安全战略，综合施策，标本兼治，加强反恐怖主义的能力建设，运用政治、经济、法律、文化、教育、外交、军事等手段，开展反恐怖主义工作。

国家反对一切形式的以歪曲宗教教义或者其他方法煽动仇恨、煽动歧视、鼓吹暴力等极端主义，消除恐怖主义的思想基础。

第九条 任何单位和个人都有协助、配合有关部门开展反恐怖主义工作的义务，发现恐怖活动嫌疑或者恐怖活动嫌疑人员的，应当及时向公安机关或者有关部门报告。

第十条 对举报恐怖活动或者协助防范、制止恐怖活动有突出贡献的单位和个人，以及在反恐怖主义工作中作出其他突出贡献的单位和个人，按照国家有关规定给予表彰、奖励。

😊 讨论思考

怎样才能辨别出恐怖分子？大学生在反恐中要做些什么？平时应该怎样识别和抵制恐怖主义思想？遇见可疑人员怎么办？

一、相关定义

1. 恐怖主义的定义

《中华人民共和国反恐怖主义法》对恐怖主义作出明确定义，即"通过暴力、破坏、恐吓等手段，制造社会恐慌、危害公共安全、侵犯人身财产，或者胁迫国家机关、国际组织，以实现其政治、意识形态等目的的主张和行为"。

2. 恐怖活动的定义

恐怖活动，是指恐怖主义性质的下列行为：

（1）组织、策划、准备实施、实施造成或者意图造成人员伤亡、重大财产损失、公共设施损坏、社会秩序混乱等严重社会危害活动的。

（2）宣扬恐怖主义，煽动实施恐怖活动，或者非法持有宣扬恐怖主义的物品，强制他人在公共场所穿戴宣扬恐怖主义的服饰、标志的。

（3）组织、领导、参加恐怖活动组织的。

（4）为恐怖活动组织、恐怖活动人员、实施恐怖活动或者恐怖活动培训提供信息、资金、物资、劳务、技术、场所等支持、协助、便利的。

（5）其他恐怖活动。

3. 恐怖犯罪的定义

所谓恐怖犯罪，是指使用暴力手段或以强暴手段相威胁，以特定的或不特定的人或物为侵害对象，蓄意危害他人人身、生命、财产安全和社会安全，造成严重后果的攻击型犯罪行为。具有以下特征的暴力案件可认定为严重暴力恐怖案件：

（1）危害国家安全或公共安全。危害国家安全是指危害国家主权独立，领土完整和安全，意图改变国家宪法规定的基本社会制度的行为。危害公共安全是指危害不特定的多数人的生命、健康或者重大公私财产安全。

（2）具有鲜明的反社会性。

（3）呈现出高度的组织性。

（4）造成严重的危害结果。国家安全和公共安全是我国法律所保护的最重要的法益，严重暴力恐怖案件正是对这两个重要法益的侵害。

（5）犯罪手段激烈残忍。

二、正确识别涉恐可疑行为

1. 常见的恐怖袭击手段

常见的恐怖袭击手段主要有以下情形：

（1）爆炸。炸弹爆炸、汽车炸弹爆炸、自杀性人体炸弹爆炸等。

（2）枪击。手枪射击、制式步枪或冲锋枪射击等。

（3）劫持。劫持人、车、船、飞机等。

（4）纵火。

2. 非常规的恐怖袭击手段

非常规的恐怖袭击手段主要有以下情形：

（1）核与辐射恐怖袭击。通过核爆炸或放射性物质的散布、造成环境污染或使人员受到辐射照射。

（2）生物恐怖袭击。利用有害生物或有害生物产品侵害人、农作物、家畜等，如发生在美国"9·11"事件以后的炭疽邮件事件。

（3）化学恐怖袭击。利用有毒、有害化学物质侵害人、城市重要基础设施、食品与饮用水等，如东京地铁沙林毒气袭击事件。

（4）网络恐怖袭击活动。利用网络散布恐怖袭击、组织恐怖活动、攻击电脑程序和信息系统等。

3. 恐怖袭击的特点

（1）多针对无辜群众不加选择地实施袭击，妄图造成最大伤害。

（2）恐怖分子多会在袭击现场展示、散发、呼喊象征恐怖组织或恐怖主义思想的标识或口号。

（3）袭击方式多选择暴力手段，烈度大、破坏性强，极易对人的心理造成恐慌。

（4）常为多人共同作案。

4. 识别恐怖嫌疑人

实施恐怖袭击的嫌疑人主要有以下不同寻常的举止行为：神情恐慌、言行异常；着装、携带物品与其身份明显不符，或与季节不协调；冒称熟人、假献殷勤；在检查过程中，催促检查或态度蛮横、不愿接受检查；频繁进出大型活动场所；反复在警戒区附近出现；疑似公安部门通报的嫌疑人员。

5. 识别涉恐可疑车辆

涉恐可疑车辆主要有以下异常情况：

（1）状态异常。旧车无牌照或遮挡车牌、车窗门锁有撬压损坏痕迹、车体损伤异常、夜间停车长时间着车熄灯。

（2）停留异常。在禁止停车的水、电、气、热等重要设施附近以及繁华路口、转弯处停车。

（3）人员异常。乘车人员较多，神色惊慌、东张西望，见到有人接近刻意躲避。

（4）行驶异常。在非机动车道区域快速行驶，有行驶轨迹左右摇摆、忽快忽慢等异常行驶行为。

（5）物品异常。车内装载物品属于易燃易爆、易挥发、易腐蚀等危险品，有大量管制刀具，物品包装异常等。

课内活动

请在老师的指导下做识别可疑爆炸物（见图3-3）练习。

在不触动可疑物的前提下：

（1）看。由表及里、由近及远、由上到下无一遗漏地观察，识别、判断可疑物品或可疑部位有无暗藏的爆炸装置。

（2）听。在寂静的环境中用耳倾听是否有异常声响。

（3）嗅。如黑火药含有硫黄，会释放出臭鸡蛋（硫化氢）味；自制硝铵炸药的硝酸铵会有明显的氨水味等。

（图片来源：人民日报）

图3-3 识别可疑爆炸物

6. 识别生物恐怖袭击

生物恐怖袭击的方式因生物剂的释放方式不同，表现也不同。出现以下情况时可能发生了生物恐怖袭击：

（1）区域内发现不明粉末或液体，被遗弃的容器和面具，发现大量的昆虫尸体；

（2）微生物恐怖袭击后48~72小时或毒素恐怖袭击几分钟至几小时，出现规模性的人员伤亡；

（3）在现场人员中出现大量相同的临床病例，在一个地理区域出现本来没有或极其罕见的异常疾病；

（4）在非流行区域发生异常流行病；

（5）患者沿着风向分布，同时出现大量动物病例等。

7. 识别化学恐怖袭击

恐怖分子为了达到某种政治目的，还可能利用有毒有害化学物质进行高危害性、规模化恐怖袭击活动。出现以下情况时可能发生了化学恐怖袭击：

（1）异常气味。如大蒜味、辛辣味、苦杏仁味等。

（2）异常现象。如大量昆虫死亡、异常的烟雾、植物的异常变化等。

（3）异常感觉。一般情况下当人受到化学毒剂或化学毒物的侵害后，会出现不同程度的不适感觉，如恶心、胸闷、惊厥、皮疹等。

（4）异常物品。如发现被遗弃的防毒面具、桶、罐和装有液体的塑料袋等。

三、自觉抵制恐怖主义思想

恐怖主义思想是恐怖活动的重要诱因。恐怖分子通过制作、发布音视频，散发非法宣传品等形式，千方百计地向群众传播恐怖主义思想，煽动实施恐怖活动，传授恐怖袭击方法。

1. 恐怖主义思想主要传播途径

（1）含有恐怖组织宣扬暴力、煽动实施恐怖袭击、煽动破坏社会秩序内容的音视频、图片等；

（2）含有恐怖主义思想，鼓吹通过暴力解决问题等内容的传单、小册子等。

（3）宣扬恐怖主义的网络言论、公开言论等。

（4）代表恐怖组织、恐怖主义的标识旗帜等。

（5）宣扬恐怖主义的非法讲经活动等。

2. 正确杜绝恐怖主义思想网络渗透

网络是恐怖主义思想传播的重要途径。正确杜绝恐怖主义思想网络渗透应当做到以下几点：

（1）发现疑似含有恐怖主义思想的宣传品、音视频时要及时停止观看。

（2）不在手机或电脑上下载、保存相关宣传品、音视频。

（3）不散布、不转发、不传看相关宣传品、音视频。

（4）对在网络公共空间传播的含有恐怖主义言论、图片、音视频等，不评论、不讨论。

（5）通过视频网站设立的"暴恐音视频举报专区"链接，或各类手机应用的违法举报入口进行举报。

四、大学生防范恐怖事件的应对措施

1. 筑牢反恐防范安全防线

（1）配合安检。进入机场、火车站、地铁站、汽车站、码头等交通枢纽时，进入城市广场、影剧院、景区景点等人员密集场所时和进入重要会议、体育赛事、展览、演出等活动场所时应配合安检人员做好安全检查。进入前及时了解禁止携带的违禁品和管制物品种类，充分预留安检时间，听从安检人员指挥，提前准备好相关证件，确保快速通过。

（2）配合实名制。在入住宾馆酒店、邮寄物品、运输货物、购买公共交通工具票及使用互联网、金融、电信、机动车租赁等服务时，出示有效身份证件，配合实名制管理。

（3）积极反恐练习，掌握应急技能。平时积极参与学校反恐应急演练，掌握必备的应急知识和技能，了解发生暴恐事件时应当采取的必要行动，加快反应速度，有效躲避危险。

2. 反恐一般应急技能

（1）立即离开事发区域，不要围观、停留，不要贪恋财物，如无法逃避时，应利用地形、遮蔽物遮掩、躲藏。

（2）保持镇静，不惊恐喊叫，避免引起周围人的恐惧，引起更大的混乱和伤亡；

(3) 在确保个人安全的情况下，及时报警、呼救和救助他人；

(4) 逃离现场时应避免拥挤，以免因拥挤、踩踏受伤；

(5) 如遇不明气体或液体，迅速躲避，且用毛巾、衣物等捂住口鼻，做好防护措施。

3. 恐怖爆炸的应对措施

恐怖爆炸物可能放置的地方有：标志性建筑物或其他附近的建筑物内外；重大活动场所，如大型运动会、检阅、演出、朝拜、展览等场所；人口相对聚集的场所，如体育场馆、影剧院、宾馆、运动员村、商场、超市、车站、机场、码头、学校等；行李、包裹、食品、手提包及各种日用品之中；宾馆、饭店、洗浴中心、歌舞厅及易于隐蔽且闲杂人员容易进出的地点；各种交通工具上及易于接近且能够实现其爆炸目的的地点。

发现可疑爆炸物后首先不要触动可疑物，遇到匿名威胁爆炸或扬言爆炸时，需牢记"五字决"：

(1) 信：要"宁可信其有，不可信其无"，不能有侥幸心理；

(2) 快：尽快从"现场"撤离；

(3) 细：细致观察周围的可疑人、事、物；

(4) 报：迅速报警，让警方了解情况；

(5) 记：用照相机或者摄像机等将"现场"记录下来。

4. 恐怖纵火的应对措施

遇到恐怖纵火首先要保持冷静，尽快了解所处的环境位置、起火点、起火原因和火势大小，正确选择逃生方法和路线。要牢记以下应对措施：熟悉环境，暗记出口；扑灭小火，惠及他人；保持镇静，明辨方向，迅速撤离；不入险地，不贪财物；简易防护，捂鼻匍匐；善用通道，莫入电梯；火已及身，切勿惊跑；缓降逃生，滑绳自救；避难场所，固守待援；缓晃轻抛，寻求援助。

5. 恐怖枪击的应对措施

(1) 快速掩蔽。要快速趴下或蹲下，尽可能背靠车体，借机寻找不被穿透的掩蔽物，及时躲避。

(2) 及时报警。通过每节车厢时按下紧急报警按钮进行报警。

(3) 快速撤离。判明情况后，快速从安全出口或紧急出口撤离。

(4) 自救互救。到达安全区后，检查是否受伤，发现受伤及时进行自救互救，等待救援。

(5) 事后协助。向警方提供现场信息，协助警方调查。

6. 被恐怖分子劫持的应对措施

(1) 沉着冷静。不要反抗，相信政府。

(2) 服从命令。不对视，不对话，趴在地上，动作要缓慢。

(3) 隐藏求救。尽可能保留和隐藏自己的通信工具，及时把手机调为静音，适时用短信等方式向警方（110）求救，短信主要内容包含：自己所在位置、人质人数、恐怖分子人数等。

(4) 牢记情况。注意观察恐怖分子人数、头领，便于事后提供证言。

(5) 配合解救。在警察发起突袭的瞬间，尽可能趴在地上，在警察掩护下逃离现场。

课后作业

请在课后完成以下练习题。

1. 什么是恐怖活动？

2. 阅读以下资料，回答问题。

公安部 14 日举行新闻发布会，通报全国公安机关开展反恐怖工作情况。国家反恐办副主任、公安部反恐怖局副局长吴鑫介绍，自 2014 年在全国范围内开展严厉打击暴力恐怖活动专项行动以来，全国共打掉暴恐团伙 1 900 多个，抓获涉案人员 14 000 多名，缴获爆炸装置 2 000 多枚，把绝大多数恐怖活动摧毁在预谋阶段、行动之前，有效打击了恐怖势力的嚣张气焰，有力维护了社会大局的稳定。

"我们仍需保持高度警惕。"刘云峰说，当前，全球恐怖袭击事件频发，对暴恐极端人员的刺激示范效应强烈，包括我国在内的很多国家仍面临着恐怖主义的现实威胁。他表示，今后将进一步提升反恐怖工作能力，扎实抓好反恐怖各项措施落实，不断拓展我国反恐怖斗争良好态势，持续加强反恐国际合作，坚决把暴恐威胁制止在萌芽状态、未发阶段，坚决铲除恐怖主义滋生蔓延土壤，坚决维护国家安全、社会公共安全和人民群众生命财产安全。

(资料来源：中国政府网，2021 年 7 月 14 日，有改动)

作为新时代大学生，你会从哪几方面做好准备，防范和打击恐怖主义？

实践活动

"社会主义核心价值观·关键词——友善"主题班会活动

中国是礼仪之邦，在对待外人、对待亲朋方面都强调以礼待人。友善，是社会主义核心价值观的重要内容，强调公民之间应该互相尊重、互相关心、互相帮助、和睦友好，努力形成社会主义新型人际关系。友善是公民优秀的个人品质，是构建和谐人际关系和社会关系的道德纽带，更是维护健康良好社会秩序的伦理基础。友善是人与人之间真诚相待、谦让和善的精神状态。

请在课后主动学习有关社会主义核心价值观——友善的相关知识，并召开主题班会，进行讨论。

专题四　财产安全

导言

　　大学生的财产安全，主要是指大学生在学校期间所带的现金、存折、购物卡、学习及生活用品等不受侵犯。在"互联网+"时代背景下，学生进入大学阶段，获得了较大的经济支配权。大学生涉世不深，不善于保管自己的钱物，又是集体生活的特殊群体，大学生的财产就成了盗窃、抢劫、诈骗、敲诈勒索等不法分子侵害的重点对象。同时，面对生活中形形色色的诱惑和陷阱，大学生需要具备清晰的财产安全意识，才能避免在财物方面遭受损失，避免因财物问题导致自身陷入困境甚至是行差踏错。本专题主要讲述预防盗窃、防"两抢"、防诈骗等方面的知识，引导大家必须学会、掌握保障自己财产安全的常识，增强财产安全意识。

任务一　防盗窃

学习目标

1. 知道盗窃的原因、预防及应对措施；
2. 了解相关的法律法规，会运用法律来保护自己的权益；
3. 有一定的财产安全防范意识。

授课视频二维码

高校是社会知识和智慧的中心，被人们誉为"求知圣殿"。随着经济的不断发展，当代大学生手中的零用钱越来越多，手机、电脑等设备一应俱全，社会上的不法分子频频把目光盯住高校大学生，预防和打击校园盗窃是每个在校学生的责任和义务。大学生进一步提高安全防范意识，增强防盗意识，了解校园内盗窃犯罪的基本情况、规律和特点，掌握防盗的基本常识，是做好防盗、保证安全的基础。大学生要加强自我安全保护，积极参与学校安全管理，共同营造和维护学校安全稳定的发展环境。

案例分析

2019年12月14日凌晨，广西南宁一所高校的女生宿舍被小偷"光顾"了，宿舍内的7台电脑和4台iPad被洗劫一空。

（案例来源：光明网社会，2019年12月16日）

2014年9月22日凌晨2点，南昌某大学前湖校区11栋、12栋学生公寓楼2~3楼多间女生宿舍集体被盗，数位学生的电脑、手机以及现金惨遭洗劫，损失近5万元。

（案例来源：中国江西网，2014年9月23日）

简析：

随着人们生活水平的提高，在校学生生活费也得以提高，同时一些贵重物品一应俱全。但由于学生的防范意识较差，经常出现钥匙乱放乱丢，进出宿舍不关门窗，现金、手机等随意放在床铺上等情况，这些情况都给了不法分子可乘之机，危害了自身财产安全，造成了不必要的损失。统计资料显示，高校的盗窃案件有80%以上是没有做好防范措施造成的。大多数学生的防范意识较差，对贵重物品和钱财保管不严，缺乏必要的警觉性，这些都为偷盗者打开了方便之门。"细节决定成败。"小细节往往会引发大事件。因此，我们要提高防范意识，增强安全意识。

法律法规

《中华人民共和国刑法》第二百六十四条规定：盗窃公私财物，数额较大的，或者多次盗窃、入户盗窃、携带凶器盗窃、扒窃的，处三年以下有期徒刑、拘役或者管制，并处或者单处罚金；数额巨大或者有其他严重情节的，处三年以上十年以下有期徒刑，并处罚金；数额特别巨大或者有其他特别严重情节的，处十年以上有期徒刑或者无期徒刑，并处罚金或者没收财产。

盗窃罪是指以非法占有为目的，盗窃公私财物数额较大或者多次盗窃、入户盗窃、携带凶器盗窃、扒窃公私财物的行为。

根据《中华人民共和国刑法》分则、有关司法解释的规定，下列行为也以盗窃罪论处：

(1)《中华人民共和国刑法》一百九十三条第三款规定：盗窃信用卡并使用的，以盗窃罪定罪处罚；

(2)《中华人民共和国刑法》第二百六十五条规定：以牟利为目的，盗接他人通信线路、复制他人电信码号或者明知是盗接、复制的电信设备、设施而使用的，以盗窃罪定罪处罚；

(3)《最高人民法院关于审理扰乱电信市场管理秩序案件具体应用法律若干问题的解释》第七条规定：将电信卡非法充值后使用，造成电信资费损失数额较大的，以盗窃罪定罪处罚；

(4)《最高人民法院关于审理扰乱电信市场管理秩序案件具体应用法律若干问题的解释》第八条规定：盗用他人公共信息网络上网账号、密码上网，造成他人电信资费损失数额较大的，以盗窃罪定罪处罚。

☺ 讨论思考

你身边有没有发生过盗窃事件？请与同学们进行分享，并找找事件发生的原因。在面对盗窃事件时我们应该采取哪些措施？如何预防盗窃事件的发生？请谈谈你的看法。

一、高校盗窃案件发生的原因

1. 学生的警惕性、防范意识较差

学生自我防范意识薄弱是造成学校盗窃案件多发的一个重要原因。大学生思想单纯、警惕性低、缺乏社会经验，自我保护意识、自我管理能力差，乱丢乱放自己的财物或显富露财，安全防范意识十分淡薄。例如，某些同学麻痹大意或抱有侥幸心理，将银行卡、钱包、手机、手提包随手乱放，笔记本电脑不用时就摆在桌上，出入教室、宿舍不锁门，钥匙保管不当，对外来人员不闻不问，缺乏应有的警惕性，甚至交友不慎、引狼入室，致使盗窃案件频发。

2. 学生的法律意识不强，缺乏维权意识

网络时代的迅速发展，既扩大了大学生的交往空间、拓展了交往手段、改变了认知和行为方式，同时也使大学生的现实人际关系在某些情况下变得疏离，现实交往能力下降，人际关系冷漠，部分学生有事不关己、明哲保身的想法，面对发生在身边的犯罪行为睁一只眼闭一只眼。另一种情况是，即使有的大学生被盗窃了财物，也会抱着多一事不如少一事的态度，不会主动报警，任由犯罪分子逍遥法外。这些漠视法律、无维权意识的行为都直接纵容了犯罪分子，使他们更加明目张胆，并形成恶性循环，严重影响了学校的安全管理及学生正常的生活学习秩序。

3. 高校治安管理制度不全，管理松懈

部分高校的安全保卫及后勤宿舍管理工作滞后于形势和高校的发展，具体表现在以下三个方面：一是学生宿舍管理制度没有落到实处，部分宿管人员责任心不强，没有严格执行进出公寓登记制度，外来人员进出宿舍畅通无阻，宿舍管理员文化素质低，没有专业的管理知识，缺少思想政治工作经验，无法胜任学生宿舍的管理工作；二是高校保卫处、校卫队人员素质偏低，管理不严，安保人员为外聘人员，没有达到高校安保工作的要求，缺乏安全基本知识，不能满足日益高要求的高校安全工作要求；三是校园总体安全防控体系不完善，防范力量相对薄弱，没有"人防、物防、技防"的相互配合。

二、高校盗窃的形式

1. 内盗

内盗是指盗窃作案分子为大学生内部人员及学校内部管理服务人员在学校内实施的盗窃行为。近年来，高校盗窃案件的发生呈现上升趋势，内盗案件又占发案率的90%。高校内部的盗窃案件基本上发生在大学宿舍里，目标明确，手段隐蔽，不胜防范。作案分子往往熟悉盗窃目标的有关情况，寻找作案的最佳时机，因而易于得手，此类案件隐蔽性强，侦破难度大。

2. 外盗

外盗是相对于内盗而言的，是指盗窃作案分子为校外社会人员在学校内实施的盗窃行为。他们利用学校管理上的漏洞，冒充学校人员或以找人为名进入校园内盗取学校资产或师生财物，这类人员作案时往往会进行"踩点"，锁定作案目标后实施盗窃。他们选择作案的地点随意性较大，有学生宿舍和公共场所，也有针对性地在学生宿舍实施盗窃，还会随意在公共场所实施盗窃。

3. 内外勾结盗窃

内外勾结盗窃即学校内部人员与校外社会人员相互勾结在学校内实施的盗窃行为。这类案件的内部人员社会关系往往比较复杂，与外部人员有一定的利害关系，往往结成团伙，形成盗、运、销一条龙。他们利用内部人员熟悉情况的优势，分工协作，利益共享。该类案件防范难度较大。

课内活动

大学生防偷盗意识问卷调查

请在课内完成大学生防偷盗意识情况调查问卷。参与方法：扫描右侧二维码，回答相关问题。此问卷仅用于教学研究，不涉及个人身份信息收集，请如实填写。谢谢您的配合！

三、高校盗窃的预防与应对

1. 高校盗窃案的规律

作为大学生这个特殊群体，财物被盗也有一定的规律性，只有正确认识其规律性，才能

做好防范工作，保障自己的财物安全。

（1）高校盗窃案的时间规律。从整体学期看，刚开学、临近放假、毕业生离校和放假期间宿舍被盗案件多。这些时期，或因学生财产丰足，不法分子有利可图；或因秩序较乱，不法分子容易乘机浑水摸鱼；或因管理放松，不法分子有机可乘。从四季时间看，夏、秋两季宿舍盗窃多，因天气炎热，学生大都开窗或开门睡觉，易发生"钓鱼"盗窃或乘虚而入盗窃。从一天时间看，上课时、晚自习时、学校举办文体活动时，因宿舍无人，往往也容易发生盗窃。高校盗窃如图4-1所示。

（图片来源：新浪网，2012年10月24日）

图4-1　高校盗窃

（2）高校盗窃案的场所规律。从容易被盗窃的场所看，学校的图书馆、教室、餐厅、运动场、举办活动的地方等学生聚集的场所，当学生去卫生间、参加室外活动、聚精会神看书或打饭时，学习用品、手机、提包等物品容易被盗；从容易被盗的宿舍看，混合型的宿舍楼容易发生盗窃；偏僻孤立的宿舍，不易被人发现，作案后容易逃离，也容易发生盗窃；长期管理混乱、来往人员无登记、监控设备落后的宿舍，也容易被盗。

（3）高校盗窃案的方式规律。一是"顺手牵羊式"。偷盗者在宿舍楼内自由光顾，趁主人不备时，将容易得手的物品盗走。二是乘虚而入。偷盗者趁室内无人，房门无锁，乘机入室行窃。三是撬门扭锁。偷盗者趁宿舍无人之机，利用携带的专门工具，以破坏手段撬开门锁行窃。四是翻窗入室。一些宿舍没有防护栏或防护栏不结实、有易于攀登的窗户和门顶通气窗，偷盗者乘无人时或深夜学生熟睡之机，翻窗入室行窃。五是溜门入室。趁学生上厕所之机或天气炎热开门睡觉时溜门入室行窃。六是金钩"钓鱼"。偷盗者主要是利用住一层的学生不关窗户，趁无人或其熟睡之机，从窗外利用竿子将室内的衣物钓出。七是偷配钥匙。有的是周围的同学、熟人借串门之机偷配钥匙，有的是在活动现场将衣服内的钥匙拿走偷配等，而后再寻机行窃。另外，还有监守自盗、里勾外联等行窃方式。

（4）高校盗窃案的物品规律。大学生的财物，主要是保障大学生个人学习、生活的经费和用品。被盗窃物品常有以下特点：普遍时尚、互相通用，多数是无特殊印记的有价物品或者物体小、价值高、精美实用，便于学生学习、生活、娱乐活动而随身携带的有价物品，具体包括现金（银行卡、购物卡）、手机、iPad、电脑、计算器、照相机、自行车、衣物、首饰等。

2. 高校盗窃案的预防

（1）钱财物品妥保管。大学生平时大额使用现金的机会不多，因此最好将现金存入银行，随用随取。银行卡要同身份证、学生证分开存放，使用手机支付时，要注意遮挡，不要将自己的密码泄露给别人；贵重物品要锁在抽屉、柜子里，不要随意乱放，以防被顺手牵羊者盗走。寒暑假离校时应将贵重物品带走或托给可靠的人保管。

（2）日常警惕不放松。外人进楼到宿舍，要问清验证，闲人在楼内游荡要盘查跟踪。不要让陌生人进宿舍。钥匙、手机不要随意乱放乱丢，存钱取款要留意身后。

（3）遵章守纪保安全。不留宿外来人员，"外来人员"不光指陌生人，也指久未谋面的同学或老乡。年轻人文明礼貌、热情好客很正常，但决不能只讲义气、讲感情，而不讲原则、不讲纪律。如果违反学校学生宿舍的管理规定，随便留宿他人，万一引狼入室，可能受到惨痛的教训。

（4）睡觉外出关门窗。外出办事和中午晚上睡觉时，一定要关好窗户和房门。一个人在宿舍时，即便出去上厕所、上水房洗衣服，几分钟、十几分钟的时间即可回来，也要锁好门，防止被犯罪分子溜门盗窃。

（5）勤查勤问要关心。当遇到陌生人在寝室或教室外徘徊或敲门时，要出来看一看、问一问，进行监视和盘查，不要事不关己高高挂起，要群防群治保平安。

3. 发现被盗后的应对措施

（1）保护现场，及时报案。一旦发生被盗案件以后，不要惊慌失措，应迅速组织在场人员保护好现场，并及时向学校保卫部门报告，不随意翻动室内的任何物品，留专人在现场看守，禁止无关人员进入现场，否则将现场有关的痕迹物证破坏了，不利于调查取证。

（2）发现可疑，及时控制。如果自己发现可疑人员，一定要沉着冷静，应主动上前询问，一旦发现其回答有疑问，要设法将其稳住，必要时组织学生围堵，及时向有关部门报告，防范盗贼狗急跳墙，伤及学生。在当场无法抓获盗贼的情况下，应记住盗贼的特征，以便向公安保卫部门提供有价值的线索和侦查方向。

（3）及时报失，配合调查。在事后清理自己的物品时，如发现信用卡、存折、就餐卡失窃，应立即向发卡银行及有关机构办理挂失手续；若身份证同时遗失，应马上到银行冻结存款，并及时到银行柜台补办挂失手续、补卡手续等。要及时总结经验教训，采取相应措施，避免类似事件再次发生。

🖐 课后作业

请在课后完成以下练习题。

1. 高校盗窃事件发生的原因有哪些？

2. 阅读以下案件，并做相应回答。

　　某高校学生王某报警称，其在食堂吃饭时，放在凳子上的笔记本电脑被盗。经查找后，抓获嫌疑人李某，经询问，李某对在高校餐厅内盗窃财物的犯罪事实供认不讳。李某称，自己无意间发现学校食堂部分学生在就餐时将背包、钱包、手机等物品随意放在凳子上，且餐厅人多，李某便心生邪念，趁人不注意将一部手机装入随身携带的双肩背包内盗走。后来李某便装扮成学生模样，以类似手段先后多次到各高校食堂内，趁着就餐时间，食堂人多拥挤，盗窃学生手机、钱包、笔记本电脑等物品，涉案价值2万余元。

　　请分析该起盗窃案件发生的原因。如果你是王某，在以后的生活中应该如何预防盗窃？

任务二　防范"两抢"

学习目标

1. 知道"两抢"案件发生的原因、特征和预防、应对措施；
2. 了解相关的法律法规，知道"两抢"案件的应对方法；
3. 有一定的财产安全防范意识。

授课视频二维码

　　学生进入大学阶段，相当于迈进一个小社会，自我独立能力还不强，尤其是自我安全防范意识薄弱，能力欠缺，对人身自我保护方面的认识有一定的误区，较易遭受人身伤害。同时他们拥有一定的经济能力，但社区经验不足，对社会环境的复杂性了解不多，也容易成为侵财案件的目标。通过本任务的学习，要认清当前大学生安全的基本形势，提高自己的安全防范意识，强化防范技能，从而免遭人身损伤和财产损失，同时提高守法的自觉性，对法律心怀敬畏。

案例分析

　　大学城某高校的女生李某，为了减轻家里的负担，暑期找了一份家教的工作，一天工作结束后骑着自行车回校，在路过海涛大道东南方向500米处时，突然蹿出一名手持砍刀和木棍的男子，该男子将她连人带车推倒并抢夺她的挎包。面对拦路抢劫的歹徒，李某奋力护着自己的挎包，与歹徒拉扯争夺挎包，因斗不过，挎包被凶恶的歹徒抢走。

（案例来源：中国新闻网，2009年7月17日，有改动）

　　某高校大二女生小张去爬金榜山，两名男子紧随其后，小张侧身让路，不料男子掏出小瓶子朝她脸上喷辣椒水，抢走了她的相机。得手后，两名男子还在吃饭时吹嘘"搞了一摊"。热心市民小黄听到这番话后，通过手机"厦门百姓"APP向警方发去嫌疑人线索。次日，民警伏击抓获其中一名实施抢劫的男子。

（案例来源：福建活动，2016年8月18日，有改动）

简析：

目前，高校大学生利用暑假时间勤工俭学和外出旅游已经成为一种大的趋势，大学生被骗事件也屡见不鲜。大学生的安全问题受到整个社会的关注。以上案例中大学生因涉世不深、社会经验少、思想单纯、防范意识薄弱而使财产被侵害。因此，大学生更要多关注社会时事，了解新型财产犯罪手法，注意人身和财产安全，提高个人财产安全防范意识。

🚓 法律法规

抢劫罪，是指以非法占有为目的，使用暴力、胁迫或者其他方法，强行劫取公私财物的行为。

《中华人民共和国刑法》第二百六十三条规定：以暴力、胁迫或者其他方法抢劫公私财物的，处三年以上十年以下有期徒刑，并处罚金；有下列情形之一的，处十年以上有期徒刑、无期徒刑或者死刑，并处罚金或者没收财产。

（1）入户抢劫的；

（2）在公共交通工具上抢劫的；

（3）抢劫银行或者其他金融机构的；

（4）多次抢劫或者抢劫数额巨大的；

（5）抢劫致人重伤、死亡的；

（6）冒充军警人员抢劫的；

（7）持枪抢劫的；

（8）抢劫军用物资或者抢险、救灾、救济物资的。

（图片来源：大律师网，2019 年 4 月 26 日）

图 4-2　抢劫

抢劫如图 4-2 所示。

抢夺罪，是指以非法占有为目的，乘人不备，公开夺取数额较大的公私财物的行为。

《中华人民共和国刑法》第二百六十七条规定：抢夺公私财物，数额较大的，或者多次抢夺的，处三年以下有期徒刑、拘役或者管制，并处或者单处罚金；数额巨大或者有其他严重情节的，处三年以上十年以下有期徒刑，并处罚金；数额特别巨大或者有其他特别严重情节的，处十年以上有期徒刑或者无期徒刑，并处罚金或者没收财产。

😊 讨论思考

在上面的案件中，你觉得两名女大学生可以采取哪些措施防范"两抢"事件的发生？请谈谈你的看法。你还知道哪些高校大学生发生的"两抢"事件？请和同学们分享，并找出发生该事件的原因。

一、"两抢"案件发生的原因

1. 社会层面的原因

城市流动人口的增加以及欠缺正确的流动人口管理政策，致使流动人口管理无序、合法权益得不到相应保障。在这样的前提下，部分流动人口对社会产生仇视情绪，可能成为造成"两抢"案件发生的原因。

2. 直接原因

"两抢"案件作案成本低、手段较为原始、销赃容易、成功率高的特点，在一定程度上促使犯罪分子作案。比如，在大街上进行抢劫或抢夺，犯罪人只需骑一辆摩托车或电动车，就可以实施犯罪。在销赃犯罪环节，只需卖到废品回收站即可。

3. 犯罪分子的主观原因

"两抢"案件的犯罪分子中无固定工作、收入较低的占比为1/3，他们急功近利、赚钱心切、好逸恶劳、不思进取，一般都有严重扭曲的金钱观、畸形的消费观、颓废的享乐观，法制观念淡薄，自我约束力差，做事不计后果并且无收入来源。他们生活在城市边缘，极易在好逸恶劳、赚钱心切的心理驱使下诱发反社会的报复行为，实施侵财犯罪。

二、"两抢"案件的特征

1. 作案对象目标性较强

犯罪嫌疑人主要以路边单身行走的身着名牌并携带贵重物品的大学生为作案对象，很多大学生喜欢边走路边看手机或者听音乐，很难发觉有人靠近或跟踪自己，这也给犯罪分子提供了可乘之机。

2. 作案时间比较规律

"两抢"案件中犯罪分子实施犯罪一般在大学生开学时，很多大学生携带不少现金，很容易引起不法分子的注意。夜深人静时，一些大学生独自返校，而犯罪分子人多势众，易于得手且能作在案后迅速逃逸。拦路抢劫如图4-3所示。

（图片来源：北青网，2022年6月22日）

图4-3 拦路抢劫

3. 作案地点较隐蔽

"两抢"案件一般发生在校园内较为偏僻、阴暗、人少及夜间无路灯的地带，如教学实验楼附近或无路灯的人行道，正在兴建的建筑物内，或校园周边地形复杂、夜间无路灯的地段。因为这些地方易于藏身、得手后易于逃脱。

4. 团伙作案突出

"两抢"案件具有一定的预谋性，往往为团伙作案。犯罪分子为了在极短的时间内得手并迅速逃离现场，事先往往会踩点，精心选择逃跑路线，想好应付公安机关侦查、审讯的办法。团伙内部分工明确，互相配合，作案人可从容逃脱。

5. 方式多样

"两抢"团伙作案方式多样，通常有以下几种：拦路抢劫、敲诈勒索、持械作案、飞车作案、恐吓作案、暴力作案、诱骗作案。犯罪分子通常会抓住部分大学生胆小怕事的心理，对被侵害对象进行暴力威胁或言语恫吓，实施胁迫型抢劫；或者利用大学生的单纯幼稚，设计诱骗他们上当，实施诱骗型抢劫；有的犯罪分子还会采用殴打、捆绑等行为实施暴力型抢劫；或者利用大学生热情好客等特点，冒充其老乡或朋友，骗得他们的信任，寻找机会用药物将大学生麻醉，实施麻醉型抢劫等。

> **课内活动**
>
> 下面哪些方法可以预防"两抢"案件的发生？请做出选择，并分享你的观点。
> A. 结伴而行　　　　B. 与陌生人到人少的地方去　　　C. 少带贵重物品
> D. 不乘坐"黑车"　　E. 在校外租房　　　　F. 遇到有人尾随，立即向人多的地方跑
> G. 晚归或彻夜不归　H. 晚上外出到提款机取钱　I. 随身携带的包和贵重物品要看好

三、大学生"两抢"案件的预防

1. 不违规违纪，提高警觉

大学生应遵守学校的纪律规定，不擅自在外租房、按时就寝不晚归等。当携带贵重物品行走时，要边走边察看行走沿线的地形地貌，留意可疑人员，特别要注意与可疑陌生人保持必要的安全距离，包能斜挎的就不要侧背，手提包要握牢。骑车时，包在车筐里要把包带缠绕在车把上，如发现有人尾随或窥视，不要紧张或露出胆怯神情，可以大胆回头多盯对方几眼，或通过哼唱歌曲缓解内心的恐惧，立即改变原定路线，向有人、有灯光的地方奔跑。

2. 不单独外出，结伴而行

尽量不要在午休、夜深人静时单独外出，不要孤身一人行走或在僻静、人稀、地形复杂、照明条件不好、治安状况差的路段逗留，走大路不走小路。大学生为了保护自身安全，外出务必结伴同行，尤其是女生，如必须经过治安状况差的路段时，要左顾右盼，可随身携带一些防卫工具，快速通过。

3. 不带过多现金，财不外露

现金是犯罪分子抢劫的最主要目标，广大学生务必高度警惕和注意。外出时不携带过多的现金和贵重物品，只携带零用钱，尽量不携带银行卡，更不要携带无用的贵重物品，既减少负担，又降低风险。携带贵重物品特别是进出银行等金融场所时，要注意观察周围有无异常情况，注意避让尾随者。

4. 不前往偏僻处，快速通过

高校"两抢"案件的高发地就是偏僻的小道和校外行人稀少的公园等。因此，大学生为避免受到犯罪分子的侵害，尽量不要选择在灯暗、人少、位置偏僻的道路行走，宁可多绕一段路，也绝不将自己置于险境。

5. 不轻信，警惕陌生人

在与陌生人交往时，一定要提高警惕，陌生人约见时不要轻易赴约，可以与好朋友、同

学结伴前往。不要单独前往陌生、偏远的地方。与陌生人见面时，当对方递来食物、饮料时不要轻易饮用；更不能与陌生人到偏僻处独处，不让陌生人尾随进入大楼防盗门；到宿舍门前必须将开门的钥匙准备好，不要临时在包中翻找钥匙；尤其是女生，无论在宿舍中或暂时离开一会儿，切莫忘记锁门。

四、大学生被抢劫的应对措施

大学生一旦遭遇抢劫，可采取以下应对措施：

1. 沉着冷静不恐慌

大学生无论何时遭遇抢劫或抢夺，首先要保持冷静，克服畏惧、恐慌情绪，冷静分析自己所处的环境，对比双方的力量，针对不同的情况采取不同的对策。

2. 力量悬殊不蛮干

犯罪分子实施抢劫，一般都做好了相应准备，要么人多势众，要么以凶器相逼。只要具备反抗的能力或时机有利，就应及时发动进攻，制服或使作案人丧失继续作案的心理和能力。有的学生由于生性刚烈，往往鲁莽行事，易被犯罪分子伤害。若遇到这种力量悬殊的情况，应该选择放弃财物，保证自身生命安全。

3. 快速撤离不犹豫

一旦遇到抢劫，对比双方力量，在感到无法抗衡时可看准时机向有灯光或人员集中的地方快速奔跑，犯罪分子由于心虚，一般不会穷追不舍，从而可以有效避免抢劫案的发生。

4. 巧妙周旋不畏缩

当已处于作案人的控制之下无法反抗时，可按作案人的要求交出部分财物，采用语言反抗法，理直气壮地对作案人进行说服教育，晓以利害，造成作案人心理上的恐慌，切不可一味求饶。要保持镇定，或与作案人说笑，采用幽默的方式，表明自己已交出全部财物，并无反抗的意图，使作案人放松警惕，看准时机反抗或逃脱控制。

5. 留下印记不放过

一旦遭遇抢劫，要注意观察作案人，尽量准确地记下其特征，如身高、年龄、发型、体态、衣着、胡须、特殊疤痕、语言及行为等，还可趁其不注意在其身上留下暗记，如在其衣服上擦点泥土、血迹；在其口袋中装点有标记的小物件；在作案人得逞后，注意作案人的逃跑方向等，便于为公安机关侦破案件提供线索。

6. 大声呼救不胆怯

无论在什么环境下，遭遇抢劫或抢夺时，应大声呼救，并及时报警。只要把握机会，及时呼救，一些抢劫行为可以得到有效控制。如果是在比较偏僻的地方或者不易反抗的情况下，应当保护人身安全，等相对安全的时候再报警。

五、大学生被抢后的处置办法

一旦被抢，千万不要慌张，要保持镇定，适度调整，使内心趋于平静。不论被抢数额多少，可就近打的，向出租车司机说明情况，追赶作案人，途中拨打110报警，如果能追上，要不断与110联系，说明作案人的体貌特征，所骑车型、颜色，逃跑方向、路线等，即使来不及追赶或追不上，也要注意上述细节，及时报警，以利于警方追捕。如果不能追赶作案人，可联系周围热心的群众，若案发在偏僻路段，要第一时间寻找最近的求助地点，防止遭遇二次抢劫。必须注意的是，大学生在报警时要尽量表述清楚作案人的特征、体态、口音、衣着等基本情况，为公安机关侦查破案提供帮助。

课后作业

请在课后完成以下练习题。

1. 什么是"两抢"案？"两抢"案发生的特征有哪些？

2. 阅读以下案件，并做相应回答。

2014 年 6 月 20 日，在成都郫县（现郫都区）读大学的小张从成都城区搭乘地铁回学校，下午 3 点左右，她从犀浦站下车。

小张原本想搭正规出租车回学校，但在路口站了半天都没看到一辆空车，无奈之下，她坐上了冯某的"黑摩的"。然而，没走出多远，小张就觉得有点不对劲，冯某走的是一条小道，而且越走越偏僻。但冯某说，他走的是一条近道，也可以到学校的。小张并没有多疑。冯某将小张载到郫县犀浦镇石亭村 3 组一处偏僻的荒地后，露出了狰狞的面孔，拔出匕首威胁小张，抢走其挎包内的 800 余元，后采用捆绑、持刀威胁的方式迫使小张用手机联系其母亲，并以小张的人身安全为由要挟对方汇款。小张的母亲被迫将 5 000 元作为赎金汇入冯某指定的银行账户，冯某获款后迅速逃离现场。

（案例来源：成都商报，2014 年 11 月 4 日，有改动）

如果你是小张，面对这种情况，接下来应该怎么做？

任务三　防范诈骗

学习目标

1. 知道诈骗案件发生的原因、特征和预防、应对措施；

2. 了解相关的法律法规，知道诈骗案件的应对方法；

3. 有一定的财产安全防范意识。

授课视频二维码

学生在校期间遭遇诈骗对其成长以及未来发展可能会产生深远影响，因此要引起社会、学校广泛关注。大学校园诈骗事件频发，逐渐演变为校园安全管理重点、难点问题，诈骗案件发生后，大学生的合法权益受到侵害，身心受到沉重打击，轻则会使受害者增添烦恼或陷入经济困境，影响其正常的学习和生活，无法顺利完成学业；重则会使有些受害学生自杀轻生或导致连环的治安及刑事案件发生，其危害性极大。

案例分析

2022 年 9 月 19 日，广东某高校发生一起学生被假冒京东客服诈骗的案件。诈骗分子冒充京东客服人员，告诉学生其网购的物品质量有问题要给予其赔偿，利用学生想收到理赔款的心理，以要做逆向转账流水解冻资金等为由，让学生添加 QQ 群、下载开会宝 APP 共享屏幕，诱导学生将大额现金转账到指定银行账户，并称所有钱款会原路返回，最后学生被骗 100 万元。

（案例来源：搜狐网，2022 年 9 月 29 日，有改动）

2022 年 8 月 21 日上午，家住九江某区的准大学生小明（化名），收到同学"吴某"从 QQ 上发来的一条信息。"吴某"称自己的表姐在医院急需用钱，"吴某"自己的钱不能马上到账，想让小明通过银行卡先行转账缴费，他再还钱。人命关天的事情，小明没有多想就答应了，并将自己的银行卡号发给了"吴某"，随后"吴某"就发来了一张转账 2 300 元成功的截图，并催促小明立即向他提供的银行卡转款。小明没有怀疑，随即转给"吴某"转账 2 300 元。随后，"吴某"又称治疗费用不够，小明先后向其提供的银行卡内转账共计 2 万元。2 小时后，小明发现钱还是没有到账。这时，好友发来消息称自己的 QQ 号被盗了。

（案例来源：九江公安，2022 年 8 月 24 日，有改动）

简析：

如果有人冒充客服联系你，告诉你网购的产品质量有问题，并以理赔、刷流水提升信誉分、做逆向转账流水、资金解冻、转账超时不能使用等为由要求转账的，一定不能相信；购物务必通过正规网站，不要轻信微信推送；有亲朋或熟人通过微信或 QQ 借钱，一定要打电话核实，未经核实不要转账，遭遇诈骗时一定要及时报案，以最大程度地减少财产损失。天下没有免费的馅饼，切勿贪小失大。

法律法规

诈骗罪，是指以非法占有为目的，使用欺骗方法，骗取数额较大的公私财物的行为。

《中华人民共和国刑法》第二百六十六条规定：诈骗公私财物，数额较大的，处三年以下有期徒刑、拘役或者管制，并处或者单处罚金；数额巨大或者有其他严重情节的，处三年以上十年以下有期徒刑，并处罚金；数额特别巨大或者有其他特别严重情节的，处十年以上有期徒刑或者无期徒刑，并处罚金或者没收财产。本法另有规定的，依照规定。

第二百一十条第二款 使用欺骗手段骗取增值税专用发票或者可以用于骗取出口退税、抵扣税款的其他发票的，依照本法第二百六十六条的规定定罪处罚。

第二百六十九条 犯盗窃、诈骗、抢夺罪，为窝藏赃物、抗拒抓捕或者毁灭罪证而当场使用暴力或者以暴力相威胁的，依照本法第二百六十三条的规定定罪处罚。

第二百八十七条 利用计算机实施金融诈骗、盗窃、贪污、挪用公款、窃取国家秘密或者其他犯罪的，依照本法有关规定定罪处罚。

第三百条第三款 组织和利用会道门、邪教组织或者利用迷信奸淫妇女、诈骗财物的，分别依照本法第二百三十六条、第二百六十六条的规定定罪处罚。

☺ 讨论思考

上述两个案件中，你觉得两名大学生可以采取哪些措施防范诈骗案件的发生？请谈谈你的看法。在日常生活中你是否遇到过类似的情况？请和同学们分享，并找出发生该事件的原因。

一、大学生诈骗案发生的原因

1. 思想单纯，分辨能力差

很多在校大学生往往安全意识、防范意识淡薄，对防范诈骗认知不足，很容易将个人信息泄露给陌生人，同时社会阅历少，思想单纯，辨别是非能力弱，易轻信社会人员，因此在校大学生往往作为弱势群体而成为违法犯罪分子行骗的主要对象。

2. 感情用事，疏于防范

帮助别人快乐自己，是正确的。但如果不假思索地"帮"一个不相识或相识不久的人，是很危险的。然而有不少大学生就是凭着这种幼稚、不作分析的同情、怜悯之心，一遇上那些自称走投无路急需帮助的"落难者"，往往就会被对方的"惨象"所感动，被骗子的花言巧语所蒙蔽，继而"慷慨解囊"，自以为做了一件好事，殊不知已落入骗子设下的圈套之中。

3. 有求于人，粗心大意

每个人都免不了有求他人相助的事，但关键是要了解对方的人品和身份。有些学生在有求于人且有人愿意帮忙时，往往急不可待，完全放松了警惕，对于对方提出的要求，常常是唯命是从，很"积极自觉"地满足对方的要求。

4. 贪小便宜，急功近利

贪心是人们最大的心理缺点。很多诈骗分子之所以屡骗屡成，很大程度上也正是利用人们的这种不良心态。很多大学生往往是为诈骗分子开出的"好处""利益"所深深吸引，自以为可以用最小的代价和付出，获得最大的利益和好处，见"利"就上，趋之若鹜，对于诈骗分子的所作所为不加深思和分析，不作深入的调查研究，最后落得个"捡了芝麻，丢了西瓜""贪小便宜，吃大亏"的可悲下场。

二、诈骗的类型及特征

1. 诈骗的类型

（1）兼职刷单诈骗。

这类诈骗分子模仿力非常强，他们冒充客服人员，给被受害人发送链接，并表示只要点击链接，就购买商品成功，之后会退还货款，最后返利提成。受害人在第一次成功刷单之后，尝到了"甜头"，从而进行下一步操作，购买更大金额的商品，当商品数量达到预期值后，客服人员立马切断与受害人的沟通联系，从此杳无音讯。

（2）冒充熟人与情感诈骗。

诈骗人员通过盗用 QQ、微信号等手段冒充受害人的亲朋好友，借口遇到突发事情急需用钱，利用情感来向受害人索要钱财进行诈骗。更甚者会通过虚拟网络形式与对方建立情感关系或发展为恋人进行诈骗。

（3）选择职业或做兼职诈骗。

近年来，中国高校毕业生数量逐年增多，大学生面临着严峻的就业形势，毕业生的就业受到前所未有的挑战。大学生在毕业后能否顺利就业，已成为全社会普遍关注的热点问题。所以，大学生毕业时面临着找工作、应聘等择业问题。在择业过程中，有的大学生缺乏基本的警惕性，忽视了这方面的安全问题，一些不法之徒利用假招聘诱使毕业生上当受骗，致使其失去金钱甚至人身自由。有的大学生在上学期间利用节假日进行兼职，一方面增加工作经验，另一方面减轻家里负担。但是由于他们涉世未深，很容易被骗。

（4）虚假金融网站诈骗。

随着社会生活的日益多样化，诈骗分子利用冒牌网站诱导受害人输入私人信息从而转走钱款，有时反复引导受害人发送二维码或者输入动态口令来达到再次转账的目的。这类新型骗局伪装性不强，但目的明确，攻击性大，受害人一旦输入个人信息，账户钱财会马上被转走。

（5）校园贷诈骗。

校园贷的门槛很低，一是免抵押、低利息，犯罪分子通过互联网平台广撒网，给学生推送广告，诱导学生贷款缴纳相关"保证金""手续费"等，一旦到账立即"拉黑"失联。二是较为极端的类型，要求在校学生提供本人照片、身份证、录制视频以及家属电话等作为贷款的担保和抵押，如果学生无法及时偿还，就会以此为威胁勒索学生的钱财。

2. 诈骗的特征

（1）目标的选择性。

诈骗分子在学校中行骗，一般都会与受害人有较长时间的正面接触，面对面地交谈或者网络交流。只有在多次接触后才会将其作为诈骗目标，通过各种手段进行诈骗。

作案人通常选择求人帮忙、轻率行事的、疏于防范、感情用事的、贪图便宜、财迷心窍的、思想单纯、防范意识较差的、贪图虚荣、遇事不够理智的、贪小便宜、急功近利的人作为诈骗目标。

（2）技术的智能性。

诈骗分子在学校行骗时，一般会利用丰富的知识、技能、经验，经过精心的策划，设置诱饵，使受骗者落入圈套。使用最多的就是利用互联网进行诈骗，一些远程匿名公司及个人通过互联网购物交易渠道向学生提供信用卡账号等信息，让学生直接汇款或复制信用卡账号进行骗钱；诈骗分子在学校行骗，大多都能抓住学生单纯、容易相信别人的心理，且能分清形势，随机应变，达到以假乱真的目的。

（3）方式的多样性。

伪装身份，流窜作案：诈骗分子善于伪装自己的身份，常常假冒老乡、同学、亲戚等关系或其他身份，或利用假身份证、假名片，骗取学生信任。诈骗分子通常采用游击方式作案，得手后立即逃离。

投其所好，引诱上钩：诈骗分子行骗时往往先是套话，利用学生急于达到目的等心理，应其所急，施展诡计而骗取财物。

真实身份，虚假合同：诈骗分子利用学生急于赚钱补贴生活等心理，以为公司兼职为由让学生帮助其推销产品，事后却不兑现酬金而使学生上当受骗。由于没有完备的合同手续，处理起来比较困难，往往得不偿失。

招聘为名，设置骗局：诈骗分子利用学生勤工助学的需求设置骗局，骗取介绍费、押金、报名费等，或是利用大众传播工具等到处做虚假广告，骗取培训费、学杂费等，然后又以各种理由拒绝退款。

借贷为名，骗钱为实：诈骗分子利用人们贪图便宜的心理，以高利为诱饵，使部分老师和学生上当。

骗取信任，寻机作案：诈骗分子利用一切机会与学生拉关系、套近乎，或表现得相见恨晚而故作热情，或表现得大方慷慨以朋友相称，骗取其信任，了解情况，寻机作案。

课内活动

根据上述所学习内容，请分析下面两个问题，并作出正确的选择。

1. 大学生在与人交往中容易上当受骗的原因有哪些？

A. 不加选择地结交朋友

B. 缺乏社会经验和辨别能力

C. 疏于防范是大学生易上当受骗的主要原因

D. 求人办事，成事心切，从而导致上当受骗

2. 发生在高校的诈骗案件中，有哪些针对大学生的常见骗术？

A. 通过上网聊天交友，取得信任后编造谎言进行诈骗

B. 假称自己发生意外，利用同学的同情心寻机诈骗

C. 编造学生在学校受到意外损害，对学生家长及亲属实施诈骗

D. 冒充学校工作人员对学生进行诈骗（开学时较多）

E. 利用手机发送中奖短信进行诈骗

三、大学生诈骗案件的预防

1. 提高防骗意识，学会自我保护

大学生在日常生活中要加强法律法规的学习，掌握一些预防上当受骗的基本知识及技能，善于辨别真假，同时要洁身自好，树立正确的人生观、价值观，时刻加强自身的修养，不贪私利，不图虚荣，自觉抵制金钱与名利的诱惑；在与陌生人的交往过程中，要认真审查对方的来历，保持清醒的头脑，理智处事，观其行、辨真伪，三思而后行；大学生还要积极参加学校组织的法制和安全防范教育活动。

2. 克服主观感觉，避免以貌取人

作为大学生，在各种交往活动中必须牢牢把握交往的原则和尺度，克服一些主观上的感觉，避免以貌取人。不能单凭对方的言谈举止、仪表风度、衣着打扮等而妄下判断，

轻信他人；也不能只认头衔、只认身份、只认名气，而不认品德、不认才学、不辨真假，应更多地进行实质性的考察和分析，只凭感情用事、一味"跟着感觉走"往往容易上当受骗。

3. 警惕网络诈骗，严防上当受骗

（1）作为大学生应该加强个人信息保护。在使用网络的过程中养成良好的个人信息保护习惯，在注册各类 APP 需要提供个人信息时，要谨慎以待，严格辨别，全力保护好个人信息安全。

（2）大学生要树立科学的价值观和消费观，根据个人经济能力合理消费，抵制急功近利心理，通过合理合法渠道实现个人诉求。

（3）大学生要使用比较安全的安付通、支付宝、U 盾等支付工具，网上购买商品时要仔细查看，不要嫌麻烦，首先看看卖家的信用值，再看商品的品质，同时要货比三家，最后一定要用比较安全的支付方式，不要因为怕麻烦而采取银行直接汇款的方式。电信诈骗如图 4-4 所示。

（4）大学生要记住凡是以各种名义要求你先付款的信息都不要轻信，也不要轻易把自己的银行卡借给他人。

（5）大学生要注意妥善保管自己的私人信息，如本人证件号码、账号、密码等，不向他人透露，并尽量避免在网吧等公共场所使用网上电子商务服务。

（6）大学生要拥有健康理性的思维方式，要客观理性地看待网络世界，不要轻信各种诈骗信息，提高安全防范意识，保护个人财产不受侵害。

（图片来源：黄河新闻网，2022 年 9 月 14 日）

图 4-4　电信诈骗

四、大学生被诈骗的应对措施

一般来说，诈骗分子在实施诈骗时，表面显得很镇定，实则比较心虚。因此，大学生在交往过程中一旦发现对方有疑点，就应当果断采取应对措施，切不可轻率行事，以防受骗。

1. 仔细观察，努力辨别

如发现对方存在疑点时，要保持清醒的头脑，认真仔细地观察对方神态表情、举止动作的变化，看对方的言谈、所持的证件以及其他有关材料与其身份是否吻合，以识别其真假。必要时可以找老师或同学商量，听取他人的意见和忠告，或者通过对方提供的电话、资料予以查证核实。

2. 巧妙周旋，有效制止

在发现疑点、无法确定真假而又不愿意轻易拒绝时，要有礼有节，采取一定的谈话、交往策略，注意在交锋中发现对方的破绽，通过与其周旋来印证自己的猜测。必要时，还可以说出一些吓唬人的言辞，使对方心存顾忌，不敢贸然行事。遇到可疑电话和短信及时拨打110 报警或校园报警电话。

五、大学生被诈骗后的处置方法

1. 平静心态，及时报案

大学生如果受骗，要保持积极的心态，从受骗的噩梦中回到现实，吸取教训，及时向有关部门报告，切勿默默承受。

2. 提供线索，配合调查

已经被骗并向有关部门报告的，要注意对作案人员遗留下来的文字资料、身份证件、电话号码等证据予以保留，并积极向学校保卫处和公安机关提供诈骗嫌疑人的体貌特征、与其交往的经过等线索，配合调查，追缴被骗的财物。如有银行、通信方面的疑问，可与各大银行、通信公司固定客服电话取得联系。

3. 总结教训，杜绝再次被骗

大学生被骗后，要总结教训，同时也要提醒周围的人，避免更多的朋友和同学上当受骗，在以后的学习生活中要提高防范意识，杜绝再次上当。

课后作业

请在课后完成以下练习题。

1. 什么是"诈骗"案？"诈骗"案发生的类型及特征有哪些？

2. 阅读以下案件，并做相应回答。

2021年10月，某学院学生小梁收到高中同学的QQ信息，告知有一个可以赚钱的APP，然后就将其拉进一个QQ群，群内有人发送了一条刷单返利的广告，小梁随即点击广告，按指示下载了"云蝶科技"APP，在APP内完成了三次任务后收到了平台返的30元报酬，小梁见状又立即申请了刷单任务，对方开始以需要垫付本金才能返利为由，骗取小梁先后垫付了3笔刷单任务的本金共计5 800元，在进行到第四笔时，小梁收到反诈中心发来的短信，随即发现被骗。网络兼职刷单骗局如图4-5所示。

（图片来源：东莞市公安局，2021年10月14日）

图4-5　网络兼职刷单骗局

如果你是小梁，面对被骗的事实，应该采取哪些措施？

实践活动

"大学生防'两抢'"宣传视频制作

抢劫、抢夺案件的发生，一直是社会关注的治安热点，也是高校治安防范的重点。大学生遭遇"两抢",平静的生活被打乱,愉快的学习生活从此蒙上阴影。因此,大学生要不断提高自我保护意识,减少因"两抢"带来的人身伤害和财产损失,共同营造良好、和谐的社会氛围。

请根据所学内容,在课后制作防"两抢"宣传视频,向全体学生普及法律知识,传输安全知识,强化自我防范、自我保护能力,关心校园治安,积极参与校园治安综合治理和学校安全知识教育工作,加强自身的防范意识,学会用法律武器保护自己的权益。

制作要求:

(1)原创(如图片、视频、声音素材引自其他作者,需在视频明显位置标明);

(2)聚焦防范"两抢"主题,内容积极向上,涉及文字均为简体中文,配音和解说原则上采用普通话,视频主要制作人需负责宣讲;

(3)作品可为纪录短片、DV 短片、视频剪辑、动画或动漫等;

(4)作品为 MP4 格式,分辨率 1 280×720(720P)以上,时长在 8 分钟以内。

(5)宣传视频上传到网络教学平台相关讨论区。

专题五 生活安全

导言

2020 年 8 月国家体育总局、教育部印发《深化体教融合促进青少年健康发展意见的通知》，要求树立和坚持健康第一的教育理念，进一步强化了以"健康第一"理念和实践促进青少年健康高质量发展的战略方向。人最宝贵的是生命，生命对于每个人而言只有一次。生命是如此脆弱，需要精心呵护。无视安全，就是无视生命的存在。大学生在日常生活中会遇到各种各样的问题，具有不可预测性，在面对不可预知的各种危险时，能做的就是掌握各种危险的预防措施和应对技巧，并合理运用。本专题主要介绍大学生日常生活中安全事故方面的内容，包括维护寝室安全、倡导健康生活、拒绝"黄赌毒"等。

健康生活方式系列海报

践行健康生活方式
做自己健康第一责任人

* 合理膳食，注意营养均衡
* 适量运动，遵循科学指导
* 戒烟限酒，远离不良嗜好
* 心理平衡，社会适应良好

国家卫生健康委宣传司 指导
中国健康教育中心 制作

(图片来源：中国健康教育中心，2022 年 10 月 4 日)

任务一 维护寝室安全

学习目标

授课视频二维码

1. 知道学生寝室发生隐患的主要原因和防范措施；
2. 了解相关的法律法规，知道火灾隐患等的应对方法；
3. 有一定的生活安全防范意识。

大学生在校期间确保安全是第一位的，而寝室又是大学生生活和休闲的重要场所。据统计，很多大学生的大部分时间都在寝室中度过，因此寝室安全也是校园安全教育的重中之重。而寝室用电安全是老生常谈的问题。本任务主要分析寝室发生不安全用电事故的原因，探讨安全用电方法，引导大学生提高自我防范、自我救护的能力，从而减少人员伤亡、减小对社会的影响以及避免造成财产损失。

案例分析

2022 年 3 月，湖南长沙某高校某学生，为了给自己做点好吃的，于是在寝室内使用电饭锅等电器做饭，还将视频分享到某短视频平台。消防员"顺网线"来到该名学生所在高校，对涉事学生进行了消防安全教育。

（案例来源：搜狐网，2022 年 7 月 1 日，有改动）

2021 年 11 月 17 日傍晚，江苏省南京传媒学院一宿舍楼突发火灾。宿舍楼顶部浓烟滚滚，消防人员迅速赶到现场控制火情。据南京消防介绍，该起火灾系学生在宿舍给电动平衡车锂电池充电所致。

（案例来源：安庆消防在线，2022 年 3 月 17 日）

简析：

通过以上案例可以看出，尽管学校多次进行寝室安全教育，可寝室安全事故仍然层出不穷，极大部分为寝室用电安全，其中违规电器的使用又是引发大多数事故的"真凶"。究其原因，主要是学生对用电安全不重视，没有发现身边的隐患，没有意识到用电不当所带来的危害。刑法中提出，过失引起火灾，危害公共安全，致人伤、死亡或者使公私财产遭受重大损失的行为，为失火罪，根据失火罪的情节轻重，将有可能会受到法律的制裁。

🚓 法律法规

江西省高级人民法院、省人民检察院和省公安厅联合制定《关于办理失火和消防责任事故案件的若干规定》中规定：

（一）过失引起火灾，具有下列情形之一的，应以《中华人民共和国刑法》第一百一十五条第二款之规定，处三年以上七年以下有期徒刑：

1. 导致死亡 3 人以上；

2. 重伤 10 人或者死亡、重伤 10 人以上；

3. 造成直接财产损失 100 万元以上；

4. 烧毁 30 户以上且直接财产损失总计 50 万元以上；

5. 过火有林地面积为 50 公顷以上或防护林、特种用途林 10 公顷以上；

6. 人员伤亡、烧毁户、直接财产损失虽不足规定数额，但情节严重，使生产、教学、生活受到重大损害的。

（二）过失引起火灾，具有下列情形之一的，应以《中华人民共和国刑法》第一百一十五条第二款规定之"情节较轻"，处三年以下有期徒刑或者拘役：

1. 导致死亡 1 人以上或者重伤 3 人以上；

2. 造成直接财产损失 30 万元以上；

3. 烧毁 15 户以上且直接财产损失总计 25 万元以上；

4. 过火有林地面积为 2 公顷以上。

😊 讨论思考

　　你知道高校日常生活中还会有哪些安全问题产生吗？请和同学们进行分享，并找出发生事件的原因。上面的案件给了你什么启示？应该如何应对？请谈谈你的看法。

一、高校寝室用电事故产生的原因

大学生寝室因用电起火甚至发生火灾，究其原因如下：

1. 学生缺乏用电安全意识

学生对于用电安全方面的知识重视不足，多是被动接受，缺乏主动学习；而针对用电安全，尤其是寝室用电安全的宣传教育力度又严重不足，以至于学生对于基本性和常识性的用电安全缺乏必要的了解。

2. 用电安全意识淡薄

大学生用电安全意识的欠缺更加令人忧心。大部分学生普遍表现的是对安全用电的漠视和不了解。大部分学生在面对火灾时没有及时切断电源，而是急得到处乱窜，不知所措；有的大学生甚至会进行错误的救护，导致人员伤亡。

（1）私搭乱接现象严重。寝室中的插座数量有限，但寝室本身的用电量和用电器数量很大，学生不得不私搭乱接电线、插线板，特别是劣质插线板，极易起火。

（2）违规使用电热器。学生公寓的用电负荷、供电线路一般都是按照普通用电设计的，以照明和日常使用为主，不支持使用电加热器具。特别是有些公寓楼本来就一直在超负荷运行，再加上线路老化等原因，公寓起火风险很高。

（3）灯光照明使用不当。灯具本身是发热电器，特别是床头灯，与床品、书籍、衣服等距离很近，是发生火灾的极大隐患。

3. 节能意识淡薄

有的学生寝室内各类用电器如充电器、笔记本电脑、电蚊香等长时间通电，极易引起线路短路而发生火灾。

📽 课内活动

大学生寝室用电情况与用电意识调查问卷

请在课内完成寝室用电情况与用电意识调查问卷。参与方法：扫描右侧二维码，回答相关问题。此问卷仅用于教学研究，不涉及个人身份信息收集，请如实填写。谢谢您的配合！

二、高校寝室用电事故的预防

1. 学生自身预防

（1）在使用过程中如发现充电器、台灯等有冒烟、冒火花、发出焦糊的异味等情况，应立即关掉电源开关，停止使用。严禁在宿舍里使用劣质电器及非安全电器，如电炉、电锅、电热毯、电熨斗等。

（2）有些充电设备使用时间过长会造成险情，出门时，要自觉检查充电器是否处于安全状态。长时间外出前务必拔掉所有充电器。手机、台灯在充电和使用过程中会散发出热量，注意保持电器所处工作环境的良好通风，不在过高的环境温度下使用，使它们远离纸张等易燃物品。

（3）要避免在雷雨天气使用充电器、电插座等，在这种环境下不仅会损坏电器，还会发生触电危险。在雷雨天气要拔下电源插座。

（4）边充电边打电话等不正确的使用方式，容易导致手机发热而引起爆炸。

2. 学校层面的预防

（1）从思想上高度重视安全防范工作，切实做好学生的安全教育。学校各级管理部门要高度重视安全防范工作，要经常对全校师生进行安全教育，经常性地开设各种专题讲座，对各种常见安全事件发生的原因、后果、防范措施、应急处理方法等进行讲解和示范，有条件的还可以进行安全防范演习。

（2）学校要非常重视学生的安全教育工作。教育引导广大学生加强自身安全，规范用电。学校可组织各种丰富多彩的主题活动，如举办"寝室安全用电知识竞赛""文明宿舍评比"等活动，在学生中渲染氛围，养成良好的生活习惯。

（3）建立健全各种安全规章制度。确保安全工作规范化，在楼梯内增加安全标志。在每一个通道口均张贴"安全出口"的标识，便于学生逃生。教学楼每一层均配备消防设施，并教会学生使用消防设备。

（4）定期排查安全隐患。定期排查安全隐患和不安全因素。学校应成立专门的排查队，定期排查寝室违规使用大功率电器、教学楼和办公场所用电、电线老化、配电容量的情况，做好学生的引导教育工作。

三、高校学生寝室用电事故的应对

1. 触电的现场急救

（1）脱离电源。发现有人触电，应根据事故现场情况尽快使触电者脱离电源。如果开关或插头就在附近，应立即拉断闸刀开关或拔去电源插头。无法切断电源时，可使用绝缘工具或干燥的木棒、木板等不导电物体将带电体挑离触电者。也可站在绝缘垫或干燥的木板上（如木椅等），戴上绝缘手套或用用干燥的衣物等绝缘物包在手上，用一只手将触电者拉离带电体。也可直接抓住触电者干燥而不贴身的衣服拖离带电体，但要注意此时不能碰到金属物体和触电者裸露的身躯。

（2）现场对症救治。触电者脱离带电体后，如果触电者神志不清，但呼吸、心跳尚正常，可就地使其平卧，保持空气畅通，解开衣领以利呼吸，天冷要注意保暖，间隔5秒钟轻呼伤员或轻拍肩部（但禁止摇晃头部）。若触电者呼吸困难或心跳失常，应迅速进行人工呼吸或者心肺复苏，并拨打120急救电话。

2. 电气火灾自救逃生措施

（1）当发生火灾时，要拨打119火警电话向消防部门求援，同时要进行自救。

（2）熟悉宿舍逃生路线，掌握火场逃生方法：先切断电源，然后用不导电的灭火剂灭火，应用二氧化碳、四氯化碳、"1211"干粉等灭火剂，不能用水或泡沫灭火剂。

（3）遇到火灾时，要迅速逃生，不要盲目躲到床底、桌底等不利于被发现的空间。

（4）不要贪恋财物，尽快逃出火场；一旦成功逃出，不要再次返回火场。

（5）在浓烟中避难逃生时要尽量放低身体，用湿毛巾或衣物捂住口鼻。如果身上着火，要就地打滚压灭身上火苗，千万不要奔跑。

（6）被困火场时，不要盲目跳楼，低楼层选择用绳子或把床单撕成条状连接起来，固定在门窗或床铺上，顺势滑下。

🖐 课后作业

请在课后完成以下练习题。

1. 学生寝室用电事故发生原因有哪些？

2. 阅读以下案件，并做相应回答。

2008年11月14日早晨6时10分左右，上海商学院徐汇校区一学生宿舍楼发生火灾，4名女生从6楼宿舍阳台跳下逃生，当场死亡，酿成近年来最为惨烈的校园事故。宿舍火灾初步判断是因为在宿舍里使用"热得快"，导致电器故障并将周围可燃物引燃。这给寝室安全管理特别是防火安全敲响了警钟。火灾大都是因为个别学生使用违规用火用电器而引发，这给其他住宿学生造成了重大影响。学生宿舍是一个集体场所，是一个人口密度极大的聚居地，任何一场火灾都可能造成重大后果，带来无可挽回的财产损失和人身伤害。为了住宿学生的生命财产安全，宿舍内严禁使用违章电器、劣质电器、非安全电器器具、无3C认证产品及其他危害公共安全、不适宜在集体宿舍内使用的大功率电器设备。

这样的悲剧给了我们什么样的启示？在今后的生活中我们应该如何保护自己、远离危险呢？

任务二　倡导健康生活

学习目标

1. 知道目前大学生很多疾病发生的原因和防范措施；
2. 了解健康的生活方式和维护身体健康的基本知识；
3. 学会珍爱生命。

授课视频二维码

大学时期是人生发展的新阶段，但一些数据显示，一些常发生于老年人身上的疾病，在这群未来主人翁的身上也有发生。"脆皮大学生"成为大学生群体自嘲的新标签，登上了媒体热搜。大学生因学习生活不规律，导致体质下降。这也给人们敲响了警钟，养生应从年轻时抓起。大学生要了解疾病发生的常见原因，保持健康的生活方式。

案例分析

正在读大三的21岁学生小何，体型微胖。上高中时，小何就有高血压的症状。上了大学后，父母叮嘱小何要注意身体，不要让血压升高。小何在上大学后迷上了手机游戏，在手机里下载了多款游戏，每天除了上课睡觉，就是在打游戏，常通宵玩游戏，每天的睡眠只有三四个小时。国庆放假期间，前五天小何几乎将所有时间都用来打游戏了。第六天，寝室只有小何一人，他醒来后点了外卖。外卖到了之后小何下床去取，这时突然感觉脑袋一阵眩晕，强忍着拿到了外卖，便再也受不住了，直接倒在床上昏睡过去。中午小何的室友回到宿舍，看到床上昏睡不醒的小何，急忙拨打了120，医生说小何患了急性脑梗，已经去世多时。

（案例根据真实案例改编）

简析：

小何的事让我们感到很惋惜，同时也给我们敲响了警钟。身体是革命的本钱，没有好的身体如何享受自己美好的人生。小何就是由于平时没有养成好的生活习惯，从而导致悲剧发生。因此，作为大学生要不断纠正、改善生活中的不良习惯，这样才能清除那些威胁自己生命健康的定时炸弹。高校应高度重视大学生良好生活习惯的养成教育，做到教育、管理与服务并重，切实推进素质教育进程。

讨论思考

究竟是什么原因导致上述案例中这位大学生突发疾病，甚至死亡呢？请谈谈你的看法，并找出发生事件的原因。

一、大学生健康现状

根据丁香医生、中国青年报联合发布的《2020 中国大学生健康调查报告》，大学生的健康问题日益突出。在这份报告中，不同城市和年级的 12 117 名大学生中 86% 表示在过去一年中遇到了健康问题，23% 的大学生在过去一年中被确诊患有疾病，口腔疾病、急性肠胃炎和皮肤疾病是最常见的疾病。近八成的大学生遭受失眠之苦。此外，很多大学生饮食方面也存在问题，蔬菜、水果摄入不足，食物种类不够丰富。部分男生超重和肥胖率较高，女生体重过轻，多数学生肺活量、运动速度、力量等方面的测试结果也不容乐观。大学生生活状态自评分如图 5-1 所示。

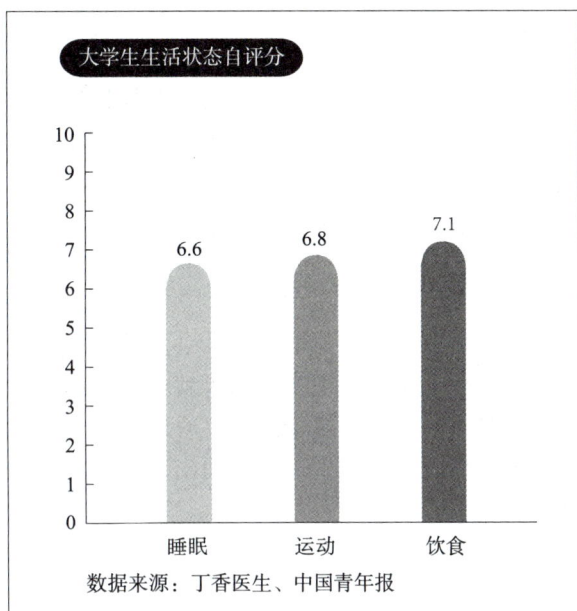

图 5-1 大学生生活状态自评分

二、大学生发生疾病的原因

（一）不良生活习惯

1. 饮食

很多学生经常因睡懒觉而不吃早餐或不按时吃早餐或随便吃口早餐应付了事。早晨身体与大脑都需要营养供应，不正常吃早餐对大学生学习效率与身体健康均会造成不良影响。如果三餐时间不规律，经常饥一顿、饱一顿，或者暴饮暴食，胃的正常工作规律就会被打破，容易出现各种不适。

2. 睡眠

人正常每天应保证 6~8 小时睡眠时间。睡眠过程是身体完成免疫修复的过程，长期睡眠不足则可导致精神、情志及身体免疫机制紊乱。在日常生活中，很多学生该休息的时候不休息，经常熬夜，有些宿舍看电影、开卧谈会到深夜，第二天上午逃课睡觉，长此以往，就会引发健康的恶性循环。

3. 卫生习惯

大学生在群居生活中，应注意个人卫生，个人用具要单独使用。在校期间，很多大学生由于关系亲密，往往混用食具、脚盆、拖鞋、毛巾等，因此可能在不经意间就导致了某些传染性疾病的发生，如足癣、上呼吸道感染、肝炎等。

4. 手机、网络

在当代大学生生活中，手机、网络已经成为不可或缺的一部分。很多学生往往因沉迷于手机而影响正常生活。一些大学生还会受到网络上某些负面思想的影响，产生冲动行为。部分大学生由于长期将自己置于虚拟世界中，导致在现实生活中不会与人相处。

5. 自我保健意识

众所周知，体育锻炼能增强体质，陶冶情操，增添活力。但是随着近年来网络游戏、电子竞技等的兴起，参与文体活动学生的总数明显下降。学生的体能素质长期下降，肥胖学生的比例明显增多，近视眼发病率居高不下，多数大学生心理素质不高、抗挫折能力差，这些都与缺乏体育锻炼有关。

（二）非婚性行为

当代大学生性观念越来越开放，非婚性行为的发生率逐年上升。由于缺乏正确的性知识教育，一些学生发生非婚性行为大都因为轻率或是一时冲动，因此可能会导致精神紧张、怕隐私暴露，甚至某些不良后果。由于大学生缺乏一定的性生活经验，这可能会造成某些身体疾病，还可能会在心理上留下抹不去的阴影，严重影响生活质量。

（三）就业压力

近年来就业压力明显增加，社会竞争越来越激烈，大学生在无形中就会受到影响，在自我价值的实现上越来越现实。为了就业选择跨学科学习、考取各种证书，使学习生活变得很紧张，一些人思想负担过于沉重，心理上容易产生抑郁、焦虑等不良情绪。长期的负面情绪影响，很容易破坏机体生理平衡而出现失眠、月经不调、情志异常等状况，对身心健康发展不利。

（四）社会和家庭环境

大学生正处在由学生角色向职业角色转换的过渡时期，人际关系比中学时代要复杂许多，一些学生从小备受宠爱，难以处理需要自己面对的人际关系；有些大学生已经步入职场，在社会环境中可能遇到的挫折和阻力常会引起他们内心的委屈、逆反，或者因为无法正确评估自己的能力而变得自暴自弃等；在大学期间家庭仍然是学生依赖的港湾，比如在恋爱的选择、就业的抉择或者生活中遇到某些挫折时，一些大学生首先参考的仍然是家庭的意见，因此家庭环境对学生的心理影响比较大。

📽 课内活动

你不睡觉都在刷什么呢？

请根据你的实际情况填写表5-1，了解自己的手机使用习惯。

表5-1　手机使用习惯调查

什么时候上床准备睡觉	□ 20:00—22:00 □ 22:00—24:00 □ 24:00—凌晨2:00 □ 不一定	睡前玩多久手机？	□15分钟　□半小时　□长时间
你睡前玩手机吗？	□会　□不会　□偶尔	睡前刷手机使用哪种APP最多？	□社交类　□音视频类　□购物类 □知识类　□直播类　□游戏类
有困意还会继续玩手机吗？	□会　□不会　□偶尔	睡前刷手机的原因	请写入：

三、大学生保持健康的方式

1. 加强健康知识的普及

《"健康中国 2030"规划纲要》指出，"加大学校健康教育力度""将健康教育纳入国民教育体系，把健康教育作为所有教育阶段素质教育的重要内容"。大学生健康教育的内容主要包括健康生活方式、疾病预防、心理健康、性与生殖健康、安全应急与避险五个方面。调查显示，我国大学生有很丰富的健康知识储备，约八成大学生知道通过调节饮食、规律作息、适当运动来保证自己的健康，也知道肉类、蔬菜、水果的搭配对保持健康的重要性，但是缺乏针对性的专业指导。

2. 养成良好的饮食习惯

良好的饮食习惯是健康的基础，它在满足人们日常生理需求的同时，还有利于自我健康管理和慢性病的预防。当前，我国大学生在饮食方面最大的问题是营养不均衡，表现为蔬菜、水果吃得太少，食物种类不够丰富；除了饮酒以外，部分大学生还存在零食吃得过多的现象。大学生要按照"早餐吃饱、午餐吃好、晚餐吃少"的原则，合理分配食物的摄取量，适时适量，少盐低脂。

3. 保持良好的作息

对于当代大学生而言，良好的作息体现在规律睡眠方面。长期睡眠不足会影响日常的学习与工作效率，还会对心血管、神经、免疫、内分泌等系统产生各种损害，导致严重的健康问题。丰富的社交和手机等电子设备是影响大学生睡眠的主要因素。大学生可以通过合理运动来增强心肺功能，提高机体力量、耐力等，促进消化，控制体重，提升免疫力，缓解抑郁和焦虑，提高身心健康水平。

4. 控制烟酒摄入

目前我国大学生吸烟率超过 80%，饮酒率超过 34.8%。吸烟是引起肺癌的最大危险因素，同时，吸烟与抑郁症的关联也十分密切，吸二手烟会带来同样的危害。长期饮酒会损害肝脏、胃肠道，增加脑卒中的风险，同时还会引起焦虑、抑郁等不良情绪。大学生的身体机能正处于最佳状态，吸烟、饮酒的负面作用还不易显露，从保护身体健康的角度来说，大学生需加强自我管理，自觉抵制各种危害健康的不良行为。

5. 保持心理健康

大学生正处于向社会、向成年人过渡的人生阶段，在学习和生活中遇到的人和事的复杂程度远超人们的想象；大学生心理尚未完全成熟，诸多因素都会对其心理健康产生影响。因此，大学生应树立自觉维护心理健康的意识，掌握正确应对学业、人际关系等问题的方法和调节不良情绪、心理压力所必需的相关技能，提升心理适应能力。

巩固练习

自"清澈而愚蠢""尊嘟假嘟"后，"脆皮大学生"成为大学生群体自嘲的新标签。不少自诩为"脆皮大学生"的年轻人在网上发帖讲述离奇患病经历作为搞笑日常调侃，使这一词条走红网络。"上厕所喜提骨折、打喷嚏至腰椎间盘突出、憋笑至鼻动脉破裂……"这些让人哭笑不得的意外伤害，在社交媒体上疯狂传播，而事件的主人公又多是大学生，因此"脆皮大学生"成为这些稀里糊涂受伤、生病的大学生群体的新外号。

请根据上文分析，大学生的健康状况存在怎样的问题？大学生应该如何改变不良习惯？

(资料来源：红网时刻，2023年10月12日)

知识拓展

1. 健康的标准

1989年，WHO提出了21世纪健康新概念：健康不仅仅是没有疾病，而且包括躯体健康、心理健康、社会适应良好和道德健康。

健康的十条标准：

(1) 精力充沛，能从容不迫地应付日常生活和工作的压力而不感到过分紧张。

(2) 处世乐观，态度积极，乐于承担责任，事无巨细不挑剔。

(3) 善于休息，睡眠良好。

(4) 应变能力强，能适应环境的各种变化。

(5) 能够抵抗一般性感冒和传染病。

(6) 体重得当，身材均匀，站立时头、肩、臂位置协调。

(7) 眼睛明亮，反应敏锐，眼睑不发炎。

(8) 牙齿清洁，无空洞，无痛感，齿龈颜色正常，不出血。

(9) 头发有光泽，无头屑。

(10) 肌肉、皮肤富有弹性，走路轻松有力。

随着时代的发展和社会的进步，WHO于1999年又提出了身体健康的"五快"和心理健康的"三良好"原则。"五快"是指吃得快、睡得快、便得快、走得快、说得快。"三良好"是指良好的个性、良好的处世技巧、良好的人际关系。

2. 大学生的健康标准

根据WHO对健康的界定，大学生的健康主要包括以下四个方面：

(1) 生理健康。生理健康就是人体生理机能的健康状态，主要表现为发育正常、身材匀称，各组织器官功能良好，能够精力旺盛地从事日常活动，处世乐观，应变能力强，免疫力良好，能抵抗一般性感冒和传染病。

(2) 心理健康。心理健康是指心理的各个方面及活动过程处于一种良好或正常的状态，具体表现为持之以恒的学习动力、客观正确的自我意识、乐观向上的积极情绪、战胜挫折的坚强意志、健全优良的人格品质、和谐健康的人际关系、反应适度的行为方式等。

(3) 社会适应良好。社会适应良好是指通过自我生理、心理和行为上的各种适应性调节，保持个人与环境、社会及个人在人际交往中的平衡与协调。

(4) 道德健康。道德是人们共同生活及其行为的准则和规范。《公民道德建设实施纲要》提出了"爱国守法、明礼诚信、团结友善、勤俭自强、敬业奉献"二十字的公民道德基本规范。道德健康表现为具有辨别真伪、善恶、荣辱的是非观念，能按社会规范准则约束自己的行为。

3. 影响健康的主要因素

WHO 认为影响人类健康的主要因素有四类，按照其对健康的影响权重分别是：生物遗传因素（占 15%）、自然和社会环境因素（占 17%）、医疗与卫生服务因素（占 8%）、行为和生活方式因素（占 60%）。由此可见，个体的行为和生活方式对健康的影响最大。

课后作业

请在课后完成以下练习题。

1. 影响大学生健康的不良生活习惯有哪些？

2. 阅读以下案件，并做相应回答。

大学生小郭近期感觉浑身没劲儿，并且症状日渐严重，他马上去看医生，到医院抽血化验发现是重度贫血，血红蛋白的数值还不到正常人的一半，血小板也很低，医生警告他有出血风险，要尽快做骨穿明确诊断。他听从医生建议，到医院做了骨髓穿刺检查。骨穿结果出来竟是急性淋巴细胞白血病。经医生询问，小郭不得不说出实情，原来小郭长期熬夜，造成内分泌分泌激素过程持续紊乱，造血细胞代谢失常，突变基因不能修复，长期持续的积累，最终引起白血病的发生。

（案例来源：深圳晚报，2020 年 4 月 20 日，有改动）

小郭的事例给了你哪些启示？

任务三 拒绝"黄赌毒"

学习目标

1. 知道"黄赌毒"的危害；

2. 了解相关的法律法规，知道如何远离诱惑；

3. 有一定的安全防范意识。

授课视频二维码

"黄赌毒"作为社会发展进程中沉渣泛起的一大毒瘤，严重毒化社会，损害社会的肌体，是在时代发展的进程中严重背离社会主义法治和精神文明的社会现象。当前，社会环境较为复杂，大学生面临着各种诱惑，如色情、赌博、毒品等，它们成为当今社会中的定时炸弹，随时会危害大学生的身心健康，让他们落入深渊。本任务主要分析"黄赌毒"的危害，大学生陷入"黄赌毒"的原因，探讨大学生如何远离诱惑，引导大学生提高认识，对"黄赌毒"保持高度警惕，拒绝任何人以任何方式引诱或者强迫自己从事与"黄赌毒"相关的非法活动。

案例分析

20岁的林芳是四川某大学的学生，因为家境优越，一直在校外租房住。林芳认为大学生活很无聊，想找自己喜欢的事情做，于是林芳成了一名女主播。为了提高自己的粉丝数量，她受邀加入了霓虹醉这个网络直播平台，开始从事涉黄直播。2018年10月，因涉嫌制作、复制、贩卖、传播淫秽物品而被警方逮捕。

（案例来源：网易，2018年10月19日，有改动）

2017年，河北某大学的女大学生刘某，通过微信群结识杨某，聊天中，杨某告诉她做"微商"成本低，来钱快，好奇的刘某随之成为在朋友圈卖大麻的特殊"微商"。3月10日，在北京市朝阳区某酒店进行交易时被警方抓获。法院以贩卖毒品罪判处刘某拘役5个月。

（案例来源：深圳禁毒，2019年5月24日，有改动）

福建某学院大二学生小彬（化名），通过网络借贷平台，借款30万元左右，用于在网络上购买彩票赌球。得知儿子再次通过网络借贷平台借款，恨铁不成钢的父亲将儿子打成骨折，儿子报警求助。

（案例来源：大律师网，2018年1月18日）

简析：

由以上案例可知，"黄赌毒"就如同一个"拆迁工"，当我们开始接触"黄赌毒"的时候，这个"拆迁工"便已经在我们幸福的生活当中画上了一个大大的拆字。随着时间的推移我们的幸福生活也随之摇摇欲坠。"黄赌毒"就如同一把利刃，随着时间的推移，不管是亲情、友情还是爱情，都会被这把利刃下切割得支离破碎。

法律法规

"黄赌毒"是指涉及色情、赌博、买卖或者吸食毒品的违法犯罪现象。在中国，黄赌毒是法律严令禁止的活动，是政府主要打击的对象。黄赌毒的刑罚从拘留至死刑不等。

专题五任务三
法律法规

《中华人民和共和国治安管理处罚法》

第六十六条 卖淫、嫖娼的，处十日以上十五日以下拘留，可以并处五千元以下罚款；情节较轻的，处五日以下拘留或者五百元以下罚款。

第六十七条 引诱、容留、介绍他人卖淫的，处十日以上十五日以下拘留，可以并处五千元以下罚款；情节较轻的，处五日以下拘留或者五百元以下罚款。

第七十条 以营利为目的，为赌博提供条件的，或者参与赌博赌资较大的，处五日以下拘留或者五百元以下罚款；情节严重的，处十日以上十五日以下拘留，并处五百元以上三千元以下罚款。

第七十三条 教唆、引诱、欺骗他人吸食、注射毒品的，处十日以上十五日以下拘留，并处五百元以上二千元以下罚款。

《中华人民共和国刑法》

第一百九十一条　明知是毒品犯罪、黑社会性质的组织犯罪、走私犯罪的违法所得及其产生的收益，为掩饰、隐瞒其来源和性质，有下列行为之一的，没收实施以上犯罪的违法所得及其产生的收益，处五年以下有期徒刑或者拘役，并处或者单处洗钱数额百分之五以上百分之二十以下罚金；情节严重的，处五年以上十年以下有期徒刑，并处洗钱数额百分之五以上百分之二十以下罚金：

（一）提供资金账户的；

（二）协助将财产转换为现金或者金融票据的；

（三）通过转账或者其他结算方式协助资金转移的；

（四）协助将资金汇往境外的；

（五）以其他方法掩饰、隐瞒犯罪的违法所得及其收益的性质和来源的。

第三百零三条　以营利为目的，聚众赌博或者以赌博为业的，处三年以下有期徒刑、拘役或者管制，并处罚金。开设赌场的，处三年以下有期徒刑、拘役或者管制，并处罚金；情节严重的，处三年以上十年以下有期徒刑，并处罚金。

第三百六十四条　传播淫秽的书刊、影片、音像、图片或者其他淫秽物品，情节严重的，处二年以下有期徒刑、拘役或者管制。

☺ 讨论思考

你对"黄赌毒"的危害知道多少？请和同学们进行分享。从上面的案件中，你获得了什么样的启示？应该如何应对？请谈谈你的看法。

一、"黄赌毒"概述

"黄色污染"，即指淫秽制品，具体是指描写性行为或露骨宣扬色情的录像带、录音带、影片、幻灯片、照片、书籍、报刊等，以及印有这类图片的玩具、用品和淫药淫具。淫秽制品具有扩散快、毒害大、遗毒深的特点。现今，网络已成为最大的色情供应渠道，网络色情绝大部分都是从现实社会中来，而后通过数字化传输到网络中。与传统色情内容相比，网络色情有高度匿名性、传播速度快、范围广、保存性强等特点。

赌博是利用赌具，用财物作注争输赢，以占有他人利益为目的的社会丑恶现象，也是一种国家法律禁止的违法犯罪行为，是严重的社会公害。赌博是一种容易上瘾的非法活动，大学生如果长期沉溺于赌博无法自拔，就会产生厌学心理，进而荒废学业。近年来，网络赌博活动的发展日趋激烈，大学生赌博轻者输掉学费、背负债务，重者抢劫偷盗、自杀轻生。如何防范大学生参与网络赌博，成为高校教育管理的一项重要工作。

毒品是指鸦片、海洛因、冰毒、吗啡、大麻、可卡因以及国家规定管制的其他能够使人形成瘾癖的麻醉药品和精神药品。当前，境内和境外毒品问题、传统和新型毒品危害、网上和网下毒品犯罪相互交织，对大学生生命安全和身体健康、对社会稳定造成严重危害。

二、"黄赌毒"的危害

1. 色情的危害

(1) 色情文化被称为"精神海洛因",大学生长期沉迷于此将荒废正常学业。

(2) 长期受到色情信息侵害的大学生,身体功能容易紊乱,心灵容易扭曲。一些自制力差、意志薄弱的大学生禁不住诱惑,甚至会铤而走险,走向性犯罪的深渊。远离色情信息如图5-2所示。

图 5-2 远离色情信息

(3) 一些有组织的色情提供者会诱骗大学生提供各种有偿性服务,对于学生的人身安全甚至生命造成直接的威胁。而一些犯罪分子则诱惑大学生与之进行"网恋""网婚",待时机成熟时约请见面,实施犯罪。

2. 赌博的危害

赌博的危害主要有以下几个方面:

(1) 荒废学业。赌博影响大学生的正常作息,导致其精神萎靡不振。另外,沉迷于赌博的大学生经常因熬夜赌博而旷课,即便去上课,注意力也难以集中。长此以往,必定难以完成学习任务,导致学业荒废。

(2) 助长不劳而获的习气。赌博的大学生都有不劳而获的妄想,赌博赢了的不会满足,输了的总是想着把输的捞回来,在这样极端且错误的想法下,赌博往往会无休止的继续下去,久而久之会使他们的人生观、价值观发生扭曲,助长不良恶习。

(3) 严重影响身心健康。通宵达旦地赌博,会对大学生身体健康造成极大的危害。此外,赌博时人的精神高度紧张,赢钱极度兴奋,输钱则心烦意乱,情绪反差极大。长此以往,极易产生心理疾病,长期厮混于赌场中,还容易使人产生好逸恶劳、尔虞我诈、投机侥幸等不良心理品质。

(4) 破坏人际关系。一旦赌博,就会千方百计地在想要赢对方的钱,即使是至亲挚友对局,也必定暗下戈矛,如同仇敌。另外,大学生赌徒的赌资多是向亲朋好友借的,且多数是还不上的。现实中,因赌博与家人、朋友反目成仇的案例数不胜数。

(5) 引发犯罪。赌博是一种群体性的违法犯罪活动,在赌场上,很容易因情绪不稳定而引发一些犯罪行为。另外,有些人因缺少赌资而参与偷、抢等犯罪活动,最终入狱。

3. 毒品的危害

(1) 危害身体机能。毒品剂量过大或吸毒时间过长,会对身体产生极大的危害,通常伴有机体的功能失调和组织病理变化。吸毒者的常见症状有:嗜睡、反应迟钝、运动失调、产生幻觉、妄想、定向障碍等。

(2) 产生戒断反应。通常在突然终止用药或减少用药剂量后发生。对于吸食毒品的患者来说,戒断反应不仅会使其身体极度难受,而且会产生极度焦虑、烦躁等情绪,导致患者不得不复吸来缓解痛苦。许多吸毒者在没有经济来源购毒、吸毒的情况下,或死于严重的身体戒断反应所引起的各种并发症,或由于痛苦难忍而选择自杀。

（3）导致精神障碍与心理变态。吸毒所致最突出的精神障碍是幻觉和思维障碍，表现为吸毒者的行为围绕毒品转，甚至为了吸毒而丧失人性。

（4）极易感染疾病。静脉注射毒品给滥用者带来感染性并发症，最常见的有化脓性感染和肝炎，以及令人恐惧的艾滋病。另外，长期吸毒会损害人的神经系统、免疫系统，极易感染各种疾病。

课内活动

再识毒品

在保卫处老师的带领下通过视频和实物认识毒品及其危害。

一、鸦片

鸦片，俗称"大烟"。鸦片是从罂粟的未成熟蒴果中，经割破果皮将流出的浆汁干燥后得到的深棕色膏状物。吸食鸦片会对人体产生极大的损害，吸食者会变得面色蜡黄、神情呆滞、骨瘦如柴，甚至丧失劳动能力。

二、吗啡

吗啡，是从鸦片中提炼出来的白色结晶粉末。它的毒性是鸦片的 8~10 倍。它是一种具有很强镇痛作用的生物碱。过多吸食成瘾，将严重危害人的身心健康。

三、海洛因

氯胺酮，白色结晶性粉末，无臭，易溶于水，由于英文名称以 K 打头，也被称为"K 粉"。吸食氯胺酮主要是在歌舞娱乐场所，将氯胺酮粉面溶于啤酒、饮料中或用吸管鼻吸，产生兴奋麻醉感觉。有很强的依赖性，服用后会产生意识与感觉的分离状态，导致神经中毒反应、幻觉和精神分裂症状等现象。

四、大麻

大麻，别名火麻，大麻的叶、花、茎含有大麻酚、大麻二酚和四氢大麻酚。吸食大麻会使人脑功能失调、记忆力减退。长期服用会产生依赖性，一旦停用，便会出现失眠、食欲减退、呕吐、颤抖等症状。另外，由于大麻中焦油含量高，所以致癌率也高。

五、冰毒

"冰"毒，化学名称为甲基苯丙胺，一种合成兴奋剂。吸食冰毒将对人的中枢神经系统产生极强的刺激作用，长期使用会导致大脑机能损坏。吸食者常发生精神分裂而自杀、自残。

六、摇头丸

摇头丸，以 MDMA、MDA 等苯丙胺类兴奋剂为主要成分，滥用者服用后可出现长时间难以控制随音乐剧烈摆动头部的现象。

七、可卡因

可卡因，又名古柯碱。可卡因是与海洛因齐名的、目前严重危害人类健康的另一种极其危险的毒品。小剂量的可卡因能导致心律减缓；剂量增大后则心律增快，呼吸急促，可出现呕吐、震颤、痉挛、惊厥等现象；如果大剂量使用，则可导致死亡。

大学生安全教育

三、大学生陷入"黄赌毒"的原因

1. 大学生自身方面的原因

首先，大学生心理承受能力差，遇到挫折往往会产生不良心态，陷入消极情绪中。这些学生或因为家庭不幸，或因为学习上遇到挫折，由于心理承受能力差，就心灰意冷、一蹶不振，甚至自暴自弃，一旦被坏人唆使，他们就会偏离正常轨道，一步步滑向违法犯罪的泥潭。

其次，部分大学生从小养成的恶习，也是导致他们违法的祸根。大学生违法有一个逐渐演变的过程，例如，从小养成好吃懒做、好享乐、好挥霍金钱等恶习，当他们的要求得不到满足时，就发展到通过偷、赌等行为来满足自己的要求。

最后，部分大学生法律意识淡薄，缺乏正确的人生观、价值观、世界观，可能会因为贪图享受、好逸恶劳、交友不慎而误入歧途。

2. 家庭方面的原因

家庭是人生的第一个驿站，家长是孩子的第一任老师，家庭作为社会的细胞，它的和谐稳定与否对家庭成员的心理、个性、行为、人生观乃至世界观的形成起着重大的作用。一些大学生之所以陷入违法犯罪的泥潭，除自身的思想品德、文化修养等社会方面的原因外，家庭教育不当也是一个非常重要的客观因素。正所谓"近墨者黑"，家长的不良行为会给大学生造成精神污染，有的父母本身就有吸毒或赌博行为，在他们"榜样"的作用下，孩子可能紧步后尘，滑向深渊。

3. 学校方面的原因

学校德育工作的基本任务，是对学生进行政治、思想、道德、法制教育。有关专家调查表明，有的违法青少年是法盲，不知法、不懂法，道德观念、法律意识淡薄是他们的共同点。这与学校德育工作不足不无关系。某些学校德育工作不健全、德育措施不完备，使学生没有牢固树立正确的观念，自身免疫力低下，易受不良思想侵蚀，这是部分学生走上违法道路的原因之一。

4. 社会方面的原因

随着经济的发展，文化也出现了空前的繁荣，各种娱乐场所如雨后春笋涌现出来，并在精神文明建设中发挥着积极的作用，但是也存在着许许多多令人担忧的问题。如今，随着网络及移动终端的发展，许多大学生沉溺于网络，网上不健康的内容影响着大学生的健康成长，引诱他们走上偷、赌的违法之路。从大量的大学生违法犯罪案例中可以看出，受不良文化影响并导致违法犯罪的现象触目惊心。

四、大学生拒绝"黄赌毒"

家庭、学校、社会是大学生必须生活的三大环境，优化家庭环境、学校环境、社会环境，构建家庭、学校、社会三位一体的教育体系，对大学生远离"黄赌毒"具有重要意义。大学生自身应树立良好的价值观，时刻保持警惕，抵制诱惑，拒绝"黄赌毒"。

1. 远离"黄色"诱惑

（1）培养自己对所学专业的热爱，努力学习专业知识。大学生要牢固树立正确的人生观、价值观和世界观，善于在学习中思考，端正自己的思想，明确自己的责任，要如饥似渴、孜孜不倦地学习，为人生之路奠定坚实的知识基础。

（2）丰富自己的业余生活，培养广泛的兴趣，多参加社会实践，用其他爱好和休闲娱乐方式转移注意力，冲淡网络的诱惑。大学生还要多参加体育锻炼，这不仅有利于身体健康，也有益于心理健康及预防网络黄色诱惑。

（3）与亲友、老师、同学建立良好的人际关系。在现实生活中获得大家的理解与支持，和他人相处，要克服凡事追求完美的个性。给自己和他人留些空间，要多用欣赏的眼光看世界，学会去爱，使自己拥有博大的胸怀，从而获得别人的尊重与信任。

（4）明确上网目的，限制上网时间。网络内容丰富，信息海量，缺少明确目标，则极易被网络负面影响牵着鼻子走，导致成瘾。

（5）培养自己的意志、品质，增强自我约束能力，要加强对不良情绪的调节，保持健康的情绪。

（6）抛弃传统认知，勇敢走进心理咨询室。当人们身体不适时，都会大大方方地去医院看病；当心理不适时，也可以求助心理医生。通过心理咨询，心理医生与网络黄色诱惑成瘾者之间能够建立良好的医患关系，从精神上给予成瘾者理解和支持，帮助其树立治愈的信心；同时，心理医生会根据成瘾者的痴迷程度，用准确、生动、专业的语言引导其认识网络黄色诱惑成瘾的形成原因及危害，实施心理矫治。

2. 抵制和拒绝参与赌博

（1）充分认识赌博的危害，始终认清赌博是违法犯罪行为，参与赌博就是犯罪的开始，要分清娱乐和赌博的界限。远离赌博如图 5-3 所示。

（2）自觉遵守校纪校规，养成遵纪守法的良好习惯。

（3）要分清是非，不要顾及老乡、同学、朋友情面而参与赌博，遇到他人相劝，要想法推脱。

（4）培养自己高尚的情操，多参加健康有益向上的文体活动，不断充实自己的业余生活，对他人参与要劝解，必要时向老师或学校报告。

（图片来源：法治潮阳，2022 年 10 月 13 日）

图 5-3　远离赌博

3. 预防和抵制毒品

（1）树立正确的人生观，不盲目追求享受，寻求刺激，赶时髦。

（2）接受毒品基本知识和禁毒法律法规教育，了解毒品的危害，懂得"吸毒一口，掉入虎口"的道理。

（3）一旦遇到无法排解的事端，首先要设法寻找正确的途径解决，不能沉溺其中自弃，更不能借毒解愁。

（4）不结交有吸毒、贩毒行为的人。如发现亲朋好友中有吸、贩毒行为的人，一要劝阻，二要远离，三要报告保卫处或公安机关。如在自己在不知情的情况下，被引诱、欺骗吸毒一次，要珍惜自己的生命，不再吸，并报告保卫处或公安机关。

（5）随时保持警觉戒备意识，对诱惑提高警惕，采取坚决拒绝的态度，不轻信谎言。谨慎进入娱乐场所，决不吸食摇头丸、K粉等兴奋剂；不接受陌生人提供的香烟和饮料等。

课后作业

请在课后完成以下练习题。

1. 黄赌毒对大学生的危害有哪些？应该如何预防？

2. 阅读以下案件，并做相应回答。

案例一：小王是南昌某学校的学生，有一天他在网上浏览信息时，无意间发现了一个色情网站，于是偷偷从该网站下载了几部色情电影观看。后来，小王想模仿一下色情电影中的情节。他以"潇洒人生"为网名注册了一个QQ号，添加了许多女性网友。2017年9月，他约附近另一所学校的女网友小琴到公园游玩。在一个草木茂密的地方，他在小琴不愿意的情况下对她做出性侵犯行为。受害者小琴在母亲的陪同下到公安机关报案，小王很快被抓获。

案例二：有些吸毒者不再仅仅是满足自己的毒瘾，而是成为一种心照不宣的时尚，一个用来划分是否"同类"的标准。一个叫紫凝（化名）的女大学生主动出来披露吸毒内幕：现在大学里的"富二代"们已经不再流行请客吃饭，而是请客吸毒。"给你吸，是看得起你！给你吸，才能打进他们的圈子。"

请分析上面两个案例并谈谈你的看法。在遇到类似情况时，你应该怎么做？

实践活动

"健康人生、绿色无毒"禁毒作品征集活动

为增强学生的禁毒意识，丰富学生的课余生活，学校以"健康人生、绿色无毒"的主题开展此次活动。通过本次活动，让学生们了解毒品的危害，学会抵制毒品的侵害，为之后的美好生活奠定基础。

作品征集内容要求：

（1）书法、绘画、手抄报作品要求。

围绕"健康人生、绿色无毒"为主题进行制作，手绘和电脑制作两种方式均可，图片采用JPG格式。内容要求原创，色彩鲜艳，排版清晰。

（2）短视（音）频作品要求：时长30秒~1分钟，文件大小不超过300M，作品为MP4格式，视频清晰度：720P高清及以上。

专题六　食品安全

导言

　　食品安全问题关系着整个国家的稳定、社会的发展，也关乎大学生的身心健康和生命安全。近年来，食品安全问题频发，大学生对食品安全关注不多，特别是一些已曝光的不安全食品，仍有部分学生不顾自身安危，继续食用。另外，当代大学生维权意识不强，对自身食品安全缺乏应有的法律保护意识，缺乏食品安全维权意识，高校食品安全问题成为社会的热点。因此，要强化大学生的食品安全知识，培养大学生的食品安全意识，重视对大学生维权方法的培养，引导大学生在科学的理论指导下形成食品安全理念，全面地了解相应的法律法规。通过多种途径开设安全选修课或举办社会实践活动，使大学生在日常生活中养成科学的饮食习惯，是高校食品安全教育的首要工作。

（图片来源：欧柯奇，2020 年 4 月 7 日）

任务一　认识食品安全

学习目标

授课视频二维码

1. 知道食品安全意识培养的重要性；
2. 掌握饮食卫生知识和常见的饮食卫生误区；
3. 有一定的食品安全鉴别能力。

食品安全是保障社会和谐发展的重要条件。校园食品安全问题又是一个不容忽视的社会问题。大学生食品安全意识薄弱、食品安全知识匮乏、饮食消费观念和消费行为等存在不足，这些问题直接影响大学生的身体健康及和谐校园建设。作为社会中消费频率较高的群体之一，大学生更应该树立正确的认识，深入学习食品安全知识，建立食品安全意识，培养鉴别能力，远离食品安全隐患，有效规范饮食作息。

案例分析

2020 年 10 月 5 日，黑龙江鸡西一起家庭聚餐中 9 人因食用酸汤子而中毒，后 9 人全部死亡。"酸汤子"是一种传统的酵米面食物，本次事件中的酸汤子因受到椰毒假单胞菌污染而产生了微生物毒素"米酵菌酸"，这种毒素非常危险，致死率很高。另外值得一提的是，此次事件中网上信息出现两次误导，一是误以为引发中毒的元凶是黄曲霉素，后被证实为米酵菌酸；二是由于涉事酸汤子在冰箱冷冻了一年，大众和部分媒体误以为冷冻是这次事件中的危险因素，实际上微生物及其毒素的产生与冷冻无关，而是由于自身的发酵时间或室温存储时间过长。这起事件让大众认识了"酵米面食品"的危险性，国家卫健委也发布提醒，呼吁大家不要制作和食用长时间发酵的酵米面食品。

（案例来源：知乎，2022 年 6 月 29 日，有改动）

简析：

报道中特别提出，此前认定这起事件是因为黄曲霉毒素超标中毒，实为米酵菌酸引起的中毒，呼吁大家不要食用含米酵菌酸的食品。2020 年 10 月 8 日国家食品安全风险评估中心在官网上发布《关注"中秋国庆节"期间食源性疾病预防酵米面食物中毒的预防》，建议制备酵面米食品时要保持卫生；食品储藏要注意通风、防潮、防尘；银耳食用前准备工作的要求以及发生中毒后的应急操作及就医要求。

法律法规

《中华人民共和国食品安全法》于 2009 年 2 月 28 日第十一届全国人民代表大会常务委员会第七次会议通过，2021 年 4 月 29 日第十三届全国人民代表大会常务委员会第二十八次会议第二次修正。

第二条　在中华人民共和国境内从事下列活动，应当遵守本法：

（一）食品生产和加工（以下称食品生产），食品销售和餐饮服务（以下称食品经营）；

（二）食品添加剂的生产经营；

（三）用于食品的包装材料、容器、洗涤剂、消毒剂和用于食品生产经营的工具、设备（以下称食品相关产品）的生产经营；

（四）食品生产经营者使用食品添加剂、食品相关产品；

（五）食品的贮存和运输；

（六）对食品、食品添加剂、食品相关产品的安全管理。

专题六任务一
法律法规

供食用的源于农业的初级产品（以下称食用农产品）的质量安全管理，遵守《中华人民共和国农产品质量安全法》的规定。但是，食用农产品的市场销售、有关质量安全标准的制定、有关安全信息的公布和本法对农业投入品作出规定的，应当遵守本法的规定。

第四条　食品生产经营者对其生产经营食品的安全负责。

食品生产经营者应当依照法律、法规和食品安全标准从事生产经营活动，保证食品安全，诚信自律，对社会和公众负责，接受社会监督，承担社会责任。

☺ 讨论思考

相信大家对"病从口入"这个词已经很熟悉，病从口入可理解为由于吃了不干净的、被致病物质污染的食物而生病，也可理解为食品选得不正确，吃得不合适。你是怎么理解的？请谈谈你的看法。

一、大学生食品安全意识培养的重要性

1. 大学生食品安全意识存在的问题

（1）不了解我国的食品安全相关法律法规，只有在需要时才在网上查资料或刷视频，对食品安全知识缺乏正确科学的认知。

（2）就餐饮食环境复杂，多数选择在食堂就餐或外出进餐，就餐时不考虑所摄入的食物是否卫生，对于自身的健康也缺乏保护意识。饮食单纯考虑口味，不考虑科学的膳食结构，只选择个人偏好的食物，不关注餐馆、餐具的卫生。

（3）热衷于网购零食小吃，常因价格便宜、图片好看、精美包装等来选择食品，仅凭简单的网评或食品图片判断食品，不考虑营养价值、食品配料、生产环境、运输过程等其他细节，存在较为严重的食品安全隐患。

（4）大学生还不具备维权意识。很多大学生在买到一些不安全食品以后会尝试主动与商家沟通交流，并且提出补偿措施，但是在沟通无效以后，往往不会继续维护自身权益，也不会主动向当地的监管部门举报投诉。

2. 大学生食品安全意识培养的重要性

培养大学生的食品安全意识，有利于最大程度地保障大学生的身体健康，使其以健康的状态积极投入学习生活中，展现当代大学生的活力；有利于强化大学生的食品安全意识，有

效帮助其改变不良的生活习惯，形成积极向上的生活态度，将更多精力投入现实生活和学习中，促进其人格健全发展；有利于帮助大学生养成营养健康饮食的生活态度，帮助其调整饮食作息，三餐定时定量、荤素搭配，丰富其饮食生活，强健体魄，使他们以更加积极的生活态度投入日常的学习中。

二、食品安全的定义与常识

1. 食品安全的定义

广义的食品安全包括持续提高人类的生活水平，不断改善环境生态质量，使人类社会可以持续、长久地存在与发展，包含卫生安全、质量安全、数量安全、营养安全、生物安全、可持续性安全六大安全要素。

《中华人民共和国食品安全法》第十章附则第一百五十条规定：食品安全，指食品无毒、无害，符合应当有的营养要求，对人体健康不造成任何急性、亚急性或者慢性危害。这里说明的食品安全更多指的是食品卫生安全。食品卫生安全是食品安全的基础。

食品质量安全食品产品品质的优劣程度，食品要符合产品标准规定的应有的营养要求和相应的色、香、味、形等感官性状及包括口感、滋味、气味等内部质量。

食品数量安全是指食品数量需满足人民的基本需要，从数量的角度，要求人们既能买得到、又能买得起需要的基本食品。

食品营养安全是指在人类的日常生活中要有足够、平衡的，并且含有人体发育必需的营养元素供给，以达到完善的食品安全。食品必须要有营养，如蛋白质、脂肪、维生素、矿物质、纤维素等各种人体生理需要的营养素要达到国家相应的产品标准，食品的营养成分指标要平衡、结构要合理，要能促进人体的健康。

食品生物安全指的是现代生物技术的研究、开发、应用以及转基因生物的转移，可能会对生物多样性、生态环境和人体健康及生命安全产生潜在的不利影响，特别是各类转基因活生物释放到环境中可能对生物多样性构成潜在风险与威胁。

食品可持续性安全是从发展角度要求食品的获取需要注重生态环境的良好保护和资源利用的可持续性。

2. 食品安全的标准

《中华人民共和国食品安全法实施条例》第四条规定食品生产经营者应当依照法律、法规和食品安全标准从事生产经营活动，建立健全食品安全管理制度，采取有效管理措施，保证食品安全。食品生产经营者对其生产经营的食品安全负责，对社会和公众负责，承担社会责任。食品安全标准判断内容如下：

（1）食品相关产品的致病性微生物、农药残留、兽药残留、重金属、污染物质以及其他危害人体健康物质的限量规定。

（2）食品添加剂的品种、使用范围、用量。

（3）专供婴幼儿的主辅食品的营养成分要求。

（4）对于营养有关的标签、标识、说明书的要求。

（5）与食品安全有关的质量要求。

（6）食品检验方法与规程。

（7）其他需要制定为食品安全标准的内容。

（8）食品中所有的添加剂必须详细列出。

（9）食品中禁止使用的非法添加的化学物质。

截至目前，我国已制定公布 303 部食品安全国家标准，覆盖 6 000 余项食品安全指标。

3. 常见的食品标志与使用

（1）绿色食品标志。

绿色食品并非指颜色是绿色的食品，而是中国对无污染的、安全的、优质的、营养类食品的总称。AA 级绿色食品标志与字体为绿色，底色为白色，A 级绿色食品标志与字体为白色，底色为绿色，如图 6-1 所示。

图 6-1 绿色食品标志

（2）有机食品标志。

有机食品通常是指根据国际有机农业生产要求和相应标准生产、加工，并经具有资质的独立认证机构认证的一切农副产品。有机食品必须满足以下必备条件：

①有机食品在生产和加工过程中必须严格遵循有机食品生产、采集、加工、包装、储藏、运输标准，禁止使用化学合成的农药、化肥、激素、抗生素、食品添加剂等，禁止使用基因工程技术及该技术的产物及其衍生物。

②有机食品生产和加工过程中必须建立严格的质量管理体系、生产过程控制体系和追踪体系，因此一般需要有转换期；

③有机食品必须通过合法的有机食品认证机构的认证。

《有机（天然）食品证书》是许可使用有机（天然）食品标志的一个法定证明文件，有效期为一年。

（3）无公害食品标志。

所谓无公害食品，是指无污染、无毒害、安全优质的食品，要求产地环境、生产过程和产品质量符合国家有关标准和规范，经认证合格获得认证证书并允许使用无公害农产品标志的优质农产品及其加工制品。

（4）保健食品标志。

保健食品是指已取得国家食品药品监督管理局颁发的保健食品批文、具有保健功能的产品。它的包装标签上都有一个小蓝帽的标志，也被称为"带有小蓝帽的食品"。

（5）农产品地理标志。

农产品地理标志是指标示农产品来源于特定地域，产品品质和相关特征主要取决于自然生态环境和历史人文因素，并以地域名称冠名的特有农产品标志。食品标志如图 6-2 所示。

有机食品标志　　无公害食品标志　　保健食品标志　　农产品地理标志

（图片来源：百度百科）

图6-2　食品标志

📽 课内活动

观看中央电视台2022年3·15晚会曝光的"土坑"酸菜事件，结合食品安全知识，围绕"食品安全是一项系统性工程"的论点，讨论"土坑"酸菜存在哪些不规范、不安全的问题，并选出小组代表向大家分享讨论结果。

最近，老坛酸菜被推上了风口浪尖，这源于一个"土坑"。老坛酸菜包号称是"老坛工艺，足时发酵"。根据央视记者实地探访得知，老坛酸菜包里的酸菜是从外面收购来的"土坑"酸菜。在同福村附近一片农田里找到了腌制酸菜的地方，一袋袋酸菜被随意堆放在地上，经过机器清洗、切碎、拌料、包装、杀菌，就做成了老坛酸菜包。所谓的老坛酸菜，只是地地道道的土坑酸菜。每年初春，正是芥菜成熟的时候，在菜地的旁边，有一个大坑，工人将从地里拉过来的芥菜倒到土坑里。央视记者注意到，这些芥菜并不清洗，有些甚至带着枯萎发黄的叶子。放置好后，加水、盐等，用薄膜包上，盖上土直接腌制。工人或者穿着拖鞋，或者光着脚，在酸菜上踩来踩去。有的甚至一边抽烟一边干活，抽完的烟头直接扔到酸菜上。此事立即引发全国关注，"老坛酸菜"的卫生安全问题成为公众关心的焦点，多家知名方便面企业卷入其中。"康师傅"发布声明称已立即中止湖南插旗菜业的供应商资格，并称从未使用过其他涉事公司产品。

（案例来源：新华网，2022年3月16日）

三、树立大食物安全观

1. 大食物观

大食物观是"向耕地草原森林海洋、向植物动物微生物要热量、要蛋白，全方位多途径开发食物资源"的一种观念，是推动农业供给侧结构性改革的重要内容。

大食物观提出食物结构的变化：要向主粮要食物，也要向"副"食要食物，要保证营养多元、全面、均衡；提出食物安全的变化：既要保证吃的东西足够丰富，也要保证吃到嘴里的所有东西都是安全的、有营养的；提出农业的可持续发展、生态保护和农业现代化均衡发展。"大食物观"是"绿水青山就是金山银山""长江大保护"等新时代生态文明思想的延续。将山水林田湖草作为一个紧密相连的生命共同体，向山水林田湖草要食物，但不是无度索取，全方位多用途开发食物资源，做到食物开发与生态环境保护并重。

2. 大食物安全观

大食物安全观是指能满足人们日益多元的食物消费需要，围绕人民群众全方位、全周期的健康需求，结合居民膳食结构的合理程度，确保人民群众在物质上和经济上都能够获得足够、健康、营养和安全的食物；确保从供给安全、营养安全、质量安全、生物安全和发展安全角度的全产业链安全可控；同时，积极构建更加健康、更加生态、更可持续的食物消费观和生产观。树立大食物观，构建食物安全保障体系，既要保障"米袋子"安全，也要保障"油瓶子""菜篮子""肉盘子""奶罐子"安全。粮食安全是食物安全的基础，没有粮食安全就谈不上食物安全，要在保障粮食供给安全的前提下，保障其他食物的供给安全。

课后作业

请在课后完成以下练习题。

1. 什么是食品安全？为什么要重视食品安全？

2. 阅读以下资料，回答问题。

根据艾媒数据中国粮食产业市场现状及发展前景分析报告，2018 年中国农业科技进步贡献率达到 58.3%（见图 6-3），良种实现全覆盖，旱涝保收、高产稳产的高标准农田达到 6.4 亿亩，粮食作物耕种收综合机械化率已经超过 80%。我国农业进入主要依靠科技装备驱动的新阶段，科技助力粮食增产。

（资料来源：艾媒数据）

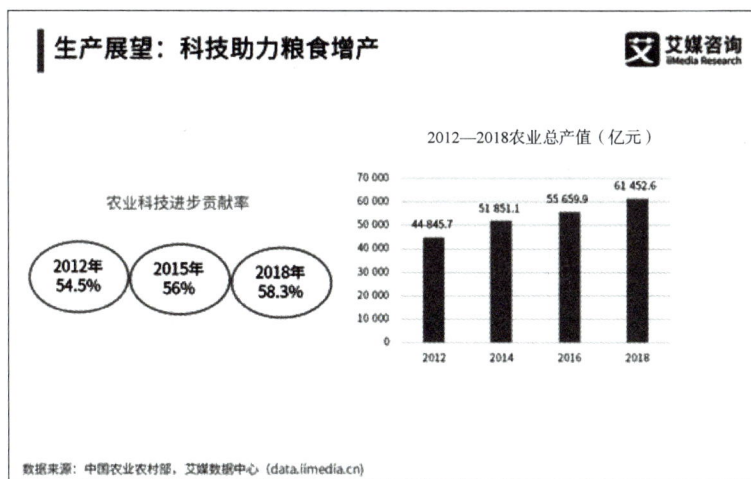

图 6-3　2012—2018 年农业科技进步贡献率

在国务院新闻办公室举行的新闻发布会上，农业农村部总农艺师、发展规划司司长曾衍德在回答科技日报记者提问时表示：2022 年全国农业科技进步贡献率达到 62.4%，农业科技自立自强迈出坚实的一步。农业科技创新有三个突出亮点。亮点一是重大科技创新步伐加快，核心种源和新品种培育、底盘技术、丘陵农机等领域都取得了阶段性突破；亮点二是战略科技力量培育加速，打造了一支农业科技创新的"国家队"；亮点三是农业科技服务能力加强，近百万农技人员下沉一线精准服务，为重要农产品减损失、提单产，提供了有力的技术支撑。

（资料来源：中国发展网）

对比 2018 年和 2022 年农业科技进步贡献率的变化，找出大食物观与农业发展之间的关系。

任务二　警惕食物中毒

学习目标

1. 知道食物中毒的特征及应急处置方法；
2. 掌握常见劣质食品的危害；
3. 提高预防食物中毒的自我防护意识。

授课视频二维码

食物中毒是指摄入了含有有毒有害物质的食品或者把有毒有害物质当作食品摄入后出现的急性亚急性疾病。大学校园人群密集，是食物中毒等食源性疾病的多发地，发生食物中毒事故的危害极大，轻者会出现急性、亚急性食源性疾患，如恶心、呕吐、腹痛、腹泻等，重者可引起痉挛、脱水、休克甚至死亡。预防学生群体性中毒是高校日常工作中的重中之重。大学生个人也应该学习预防食物中毒的知识，提高食品安全意识，保证自己的身体健康。

案例分析

中国广播网报道，2010 年 9 月 16 日凌晨两点半开始，河南某大学一名学生出现了肚疼、腹泻的症状并去校医院就诊，此后陆陆续续有多位学生的身体出现不良反应。据了解，这些学生都是昨晚（9 月 15 日）在河南某大学第一餐厅就餐。事件发生后，郑州市委、市政府及高新区管委会等有关领导第一时间赶到学校和医院，现场指挥协调，组织救治工作。公安、卫生、食药部门积极介入，相关餐厅已停业接受调查。9 月 16 日下午 1 点左右，经检查与调查，排除了人为投毒的可能。"应该是进货渠道战线太长，一些物品可能在运输储藏中发生霉变，从而造成这次事件。"高新区公安分局李民警介绍。

（案例来源：百度百科，有改动）

简析：

事实上，河南某大学第一餐厅在当年的三次检查中均存在不同程度的问题，记者从"从业人员健康证抽查情况"中看到，一楼基本餐厅抽查 9 人，6 人无健康证；二楼风味餐厅抽查 18 人，7 人无健康证……饮食中心经理和第一餐厅主任第一时间被停职。

法律法规

中华人民共和国国家标准
食物中毒诊断标准及技术处理总则
GB 14938—94

专题六任务二
法律法规

3　术语

3.1　食物中毒

指摄入了含有生物性、化学性有毒有害物质的食品或者把有毒有害物质当作食品摄入后出现的非传染性（不属于传染病）的急性、亚急性疾病。

3.2　中毒食品

含有有毒有害物质并引起食物中毒的食品。

4　诊断标准总则

4.1　食物中毒诊断标准总则

食物中毒诊断标准主要以流行病学调查资料及病人的潜伏期和中毒的特有表现为依据，实验室诊断是为了确定中毒的病因而进行的。

4.1.1　中毒病人在相近的时间内均食用过某种共同的中毒食品，未食用者不中毒停止食用中毒食品后，发病很快停止。

4.1.2　潜伏期较短，发病急剧，病程亦较短。

4.1.3　所有中毒病人的临床表现基本相似。

4.1.4　一般无人与人之间的直接传染。

4.1.5　食物中毒的确定应尽可能有实验室诊断资料，但由于采样不及时或已用药或其他技术、学术上的原因而未能取得实验室诊断资料时，可判定为原因不明食物中毒，必要时可由三名副主任医师以上的食品卫生专家进行评定。

5　技术处理总则

5.1　对病人采取紧急处理，并及时报告当地食品卫生监督检验所。

5.1.1　停止食用中毒食品。

5.1.2　采取病人标本，以备送检。

5.1.3　对病人的急救治疗主要包括：

a. 急救：催吐、洗胃、清肠；

b. 对症治疗；

c. 特殊治疗。

5.2　对中毒食品控制处理

5.2.1　保护现场，封存中毒食品或疑似中毒食品。

5.2.2　追回已售出的中毒食品或疑似中毒食品。

5.2.3　对中毒食品进行无害化处理或销毁。

5.3　对中毒场所采取的消毒处理

根据不同的中毒食品，对中毒场所采取相应的消毒处理。

一、食物中毒的定义与特点

1. 定义

根据《中华人民共和国国家标准 食物中毒诊断标准及技术处理总则》中术语的规定，食物中毒是指摄入了含有生物性、化学性有毒有害物质的食品或者把有毒有害物质当作食品摄入后出现的非传染性（不属于传染病）的急性、亚急性疾病。

2. 特点

（1）食物中毒发病潜伏期短，来势急剧，呈暴发性，短时间内可能有多数人发病，发病曲线呈突然上升趋势。一般进食后数分钟至数小时内均有可能出现症状。如果是轻度的食物中毒，患者少量进食有毒的食物或食物变质程度较轻，有可能会在1天以后出现中毒反应。如果是严重的食物中毒，通常发病较快，10分钟左右即可出现反应，此时情况最为危急，需及时到医院急诊进行救治。

（2）食物中毒发病与食物有关，病人食用同一污染食物史，发病范畴局限在食用该类有毒食物的人群。

（3）中毒病人一般具有相同或相似的临床表现，常出现恶心、呕吐、腹痛、腹泻等消化道症状。

（4）中毒病人对健康人不具传染性，即人与人之间不直接传染。

食物中毒的流行病学特点如下：

（1）发病的季节性特点：食物中毒发生的季节性与食物中毒的种类有关，细菌性食物中毒主要发生在夏秋季，化学性食物中毒全年均可发生。比如春季来临，随着各地野生动植物生长活跃、人们踏青出游增加，部分地区常出现自采自制食物中毒事件。

（2）发病的地区性特点：绝大多数食物中毒的发生有明显的地区性，如副溶血性弧菌食物中毒及河豚中毒多见于沿海地区，肉毒中毒主要发生在新疆等地区。比如云南、湖南、贵州、四川等地常发生药膳药酒引起的乌头中毒事件，是因为此类地区民间有用乌头制备药膳食品和泡制药酒来治疗风湿疼痛相关疾病的传统。由于普通炖煮加工方式难以破坏乌头碱的毒性，特别是乌头碱易溶于酒精，药膳药酒一旦处理不当，极易导致中毒。

（3）引起食物中毒食品种类分布特点：动物性食物引起的食物中毒较为常见，其中肉及肉制品引起的食物中毒居首位。我国沿海地区有生食鱼蟹的习惯，另外东部部分地区喜食河鲀、贝类，常见烹调方式不能完全去除河鲀毒素，从而导致河鲀、贝类毒素中毒事件发生。

（4）导致食物中毒原因的分布特点：引起食物中毒的原因在不同年份均略有不同，以微生物引起最为常见。

（5）食物中毒发生场所的分布特点：食物中毒发生的场所多见于集体食堂、饮食服务单位和家庭。

📽 课内活动

请判断表 6-1 中十项饮食习惯，哪些因素会导致食物中毒？请与小组同学共同完成，向大家分享你们的结论。

表 6-1　饮食习惯与做法分析

序号	饮食习惯与做法	会导致食物中毒及原因
1	食物生熟不分放冰箱	
2	饭菜冷了再放冰箱	
3	所有食物都放冰箱	
4	冰箱温度越低越好	
5	食品不密封储存	
6	冷藏可以杀菌	
7	成人和宝宝都可以吃蜂蜜	
8	甘蔗去掉发霉部分就能吃	
9	自制葡萄酒更甜更好喝	
10	四季豆不能炒太久，生生脆脆才好吃	

二、食物中毒的分类与症状

1. 细菌性食物中毒

细菌性食物中毒是指人们摄入被细菌或细菌毒素所污染的食品而引起的急性中毒性疾病。引起食物中毒的原因很多，其中最主要、最常见的原因就是食物被细菌污染。发生细菌性食物中毒的主要原因就是储存方式不当或在较高温度下存放较长时间。常见食物被细菌污染的主要原因有：禽畜在宰杀前就是病禽、病畜；刀具、砧板及用具不洁，生熟交叉感染；卫生状况差，蚊蝇滋生；食品从业人员带菌污染食物等。

一般情况下，胃肠型食物中毒最为常见。其典型症状有腹痛、腹泻、恶心、呕吐等，病情较为严重的患者可能会有吐胆汁、黏液便、血便症状出现。部分神经型食物中毒表现为头晕、头痛、眩晕、四肢乏力、神志不清、视力模糊、复视、眼肌瘫痪、呼吸困难、咽肌麻痹等。

2. 真菌毒素中毒

真菌毒素中毒是指人们摄入被真菌及其毒素污染的食品而引起的急性中毒性疾病。真菌毒素是真菌在食品或饲料里生长所产生的代谢产物。真菌毒素中毒往往有比较明显的季节性和地区性。真菌毒素对人和动物都有极大危害。用一般的烹调方法加热处理不能破坏食品中已有的真菌毒素。防止真菌毒素病害，首先要防止食物和饲料霉变。

早期的真菌中毒常见症状有恶心、呕吐、上腹部不适、腹胀、腹痛等。严重的情况下患者还会有肝、肾、神经系统、血液系统功能的损害，甚至会危及生命。最重的患者会有肝、肾、心、肺、脑等多脏器功能的严重损害，比如黄曲霉素及青霉菌中毒。

3. 动物性食物中毒

食入动物性中毒食品引起的食物中毒即为动物性食物中毒，动物性食物中毒食品主要有两种：

（1）将天然含有有毒成分的动物或动物的某一部分当作食品，误食引起中毒反应。

（2）在一定条件下产生了大量有毒成分的可食动物性食物引起中毒。

常见的动物性中毒有鱼胆中毒、动物肝脏中毒、动物甲状腺中毒等。

大众所吃的草鱼、鲤鱼、青鱼和鲢鱼等常见淡水鱼的胆均有毒，毒性物质是胆汁毒素。一般认为，鱼胆汁毒素能引起脑、心、肾、肝等脏器的损害，严重的鱼胆中毒可致中毒者死亡。所以，在烹饪前须将鱼胆全部清除掉；动物肝脏通常富含维生素 A，大量摄入可引起维生素 A 中毒，这是由于维生素 A 的代谢产物或衍生物在体内堆积所致。动物肝脏引起的中毒潜伏期大致在半小时至 9 小时内，表现为恶心呕吐、腹痛腹泻、皮肤灼热、眼结膜充血等。因此，应尽量减少动物肝脏的摄入量；动物甲状腺中毒主要是猪、牛、羊甲状腺中毒，中毒是由于吃了未摘除甲状腺的喉头气管，或颈口肉所致，食用甲状腺 3 克以上可引起中毒。预防中毒应在牲畜宰杀时，摘除甲状腺并集中处理；在吃颈口肉时，应仔细检查气管两侧的腺体是否已摘除，以免食用中毒。

4. 植物性食物中毒

误食有毒植物或有毒植物种子，因烹调加工方法不当，没有把有毒物质去掉而引起的中毒都是植物性食物中毒。植物中的有毒物质多种多样，毒性强弱差别较大，临床表现各异。植物性食物中毒季节性、地区性比较明显，多数没有特效疗法。最常见的植物性食物中毒有菜豆中毒、毒蘑菇中毒、木薯中毒；可引起死亡的有毒蘑菇、马铃薯、曼陀罗、银杏、苦杏仁、桐油等。植物性中毒多数没有特效疗法，对一些能引起死亡的严重的植物性中毒，尽早排除毒物对中毒者的预后非常重要。

5. 化学性食物中毒

化学性食物中毒是指除了微生物和放射性食物中毒外各种食物中毒。例如农药、硝酸盐、亚硝酸盐、有害元素砷、汞、铅、锡等。化学性食物中毒一般原因有：误食被有毒害的化学物质污染的食品而引起的食物中毒；食用因添加非食品级的或伪造的或禁止使用的食品添加剂、营养强化剂的食品，以及超量使用食品添加剂而导致的食物中毒；食用因贮藏等原因造成营养素发生化学变化的食品，如油脂酸败，造成中毒。

化学性食物中毒分急性和慢性两种，急性食物中毒，发病症状明显和严重，甚至会因抢救无效而死亡，如剧毒农药中毒、亚硝酸盐和甲醇中毒等。慢性中毒发病慢，往往是某种有毒化学品的摄入蓄积至一定水平而导致机体组织发生慢性病变或癌变等。例如，水果蔬菜中残留的农药、食品中的添加剂、食品包装中残留的有害化学物质等都会引起慢性中毒。

三、预防食物中毒的措施

（1）出门回家、饭前便后以及在接触一些不洁物品后应立即洗手。

（2）不吃街边摆摊售卖的没有卫生保障的小吃，夏天尽量不要吃隔夜的食物，隔餐的食物在吃之前要加热煮透，存放在冰箱里的食物要尽快吃完。加工烹调好的食品，应当尽量缩短存放时间，最好做到现烧现吃。

（3）购买食品要注意保质日期，不买过期食品、不买病死的禽类，保证所购买的食材新鲜。

（4）尽量把蔬菜泡洗半小时以上，多次清洗，瓜果应洗净削皮，不吃变质食品。

（5）搞好室内外环境卫生，保持室内通风、空气清新。保持厨房和厨具清洁卫生，及时清除垃圾和积水，消灭苍蝇、蚊子、蟑螂和老鼠等。

（6）不食用有毒的食物。

（7）注意饮水卫生，不喝生水或喝一些没有卫生保障的饮料。

（8）培养良好的卫生饮食习惯，处理生熟两种食品的刀具和砧板分开使用，注意锻炼身体，提高免疫力。

（9）尽量少吃腌制的蔬菜。蔬菜按一洗二浸三烫四炒的顺序操作处理。

（10）彻底加热食品，特别是肉、奶、蛋及其制品，四季豆、豆浆等应烧熟煮透。经冷藏保存的熟食和剩余食品及外购的熟肉制品食用前应彻底加热。食物中心温度须达到70摄氏度，并至少保持2分钟。

不要忽视食物中毒给身体所带来的危害，在生活中食用卫生和新鲜的食材，尽量减少食物中毒的概率，如果出现食物中毒的情况，要及时就医，不要拖延，以防病情加重。

四、食物中毒的急救措施

出现食物中毒　可立即采取以下措施：

（1）催吐。对中毒不久而无明显呕吐者，可先用手指、筷子等刺激其舌根部催吐，或让中毒者大量饮用温开水并反复自行催吐，以减少毒素的吸收。如在呕吐物中发现血性液体，则提示可能出现了消化道或咽部出血，应暂时停止催吐。

（2）导泻。如果病人吃下去的中毒食物时间较长（如超过2小时），而且精神较好，可服用泻药，促使有毒食物排出体外。用大黄、番泻叶煎服或用开水冲服，都能达到导泻的目的。

（3）解毒。如果是因吃了变质的鱼、虾、蟹等引起的食物中毒，可取食醋100毫升，加水200毫升，稀释后一次服下。此外，还可用紫苏30克、生甘草10克一次煎服。若是误食了变质的防腐剂或饮料，最好的急救方法是用鲜牛奶或其他含蛋白质的饮料灌服。

（4）保留食物样本。由于确定中毒物质对治疗来说至关重要，因此，在发生食物中毒后，要保存导致中毒的食物样本，以提供给医院进行检测。如果身边没有食物样本，也可保留患者的呕吐物和排泄物，以方便医生确诊和救治。

（5）到医院就医。只有洗胃才能彻底将身体含有毒素的食物排出体外，减少毒物吸收所产生的副作用，因此遇到食物中毒要及时到医院在医生指导下进行治疗，使身体早日恢复健康。

课后作业

请在课后完成以下练习题。

1. 什么是食物中毒？简述食物中毒的分类与症状。

2. 阅读以下资料，回答问题。

案例一：1988 年 1—3 月，某市发生甲肝流行，后经调查证明是人们生吃受甲肝病毒污染的毛蚶，此后政府下令取缔毛蚶上市，斩断了致病因子的传播链，此后上海再也没有发生类似疫情。

案例二：2020 年，韩国京畿道安山市的一家幼儿园发生了大规模食物中毒事件，出现腹痛、呕吐、腹泻等食物中毒症状的师生共 106 人，其中有 15 人病情恶化，已经出现了疑似溶血性尿毒综合征，也就是所谓的"汉堡病"的症状。15 个孩子所得的"汉堡病"，主要元凶就是大肠杆菌，可引发尿毒症、血小板减少症等。

案例三：2022 年 9 月 17 日晚某市某国际学校当晚菜谱为青椒茭白肚丝、芋头炒肉片、炒白菜和香菇木耳蛋花汤。其中肚丝为中午剩余且放在无冷藏设备的熟食间内（当时气温较高），直至下午 4 时才与已煮熟的茭白炒成菜供学生食用。大部分学生集中在食用后 8~10 小时腹痛、腹泻、呕吐。采集 17 日晚供应的留样，检出副溶血性弧菌。

请判断以上案例属于哪种类型的食物中毒，并与同学们分享你的答案。

任务三　保持健康饮食习惯

学习目标

1. 认识不良饮食习惯对身体健康的影响；
2. 知道营养与健康的关系；
3. 养成健康的饮食习惯。

授课视频二维码

随着我国社会的发展、饮食水平的提高，强大的食品生产能力为人们提供了越来越丰富的饮食；同时，医疗健康事业整体的发展思路从"以治病为中心"向"以人民健康为中心"转变，使得人们对健康及食物营养的关注度也越来越高。大学生作为一个特殊的饮食消费群体，普遍缺乏科学的营养健康知识及合理的饮食消费观，存在饮食消费行为不合理的现象。要引导大学生掌握营养与健康的关系，了解自身饮食习惯的问题，保持健康饮食习惯关乎大学生综合素质的提高及我国社会的发展。

案例分析

人民网北京7月12日电（记者孙红丽）国家卫健委12日发布《2021年我国卫生健康事业发展统计公报》（以下简称《公报》）。《公报》显示，居民人均预期寿命由2020年的77.93岁提高到2021年的78.2岁（见图6-4）。

（案例来源：人民网，2022年7月12日）

简析：

中共中央宣传部于2022年9月7日下午举行"中国这十年"系列主题新闻发布会，发布会上，国家卫生健康委员会副主任李斌介绍：我国人均预期寿命从74.8岁增长到78.2岁，这是一个历史性的跃升！人均预期寿命这一指标是衡量一个国家居民健康水平的重要数据，人均预期寿命的提升也反映出我国社会的发展进步、居民生活水平的提高。除了国家政策方面，经济的快速发展和社会的进步也使人们越来越注重生活品质，不管什么年龄层的人群，都更加注重食品安全和健康饮食。人们的营养摄入水平得到提升，摄入的维生素、蛋白质更加全面，日子越过越好，人均寿命也越来越高。

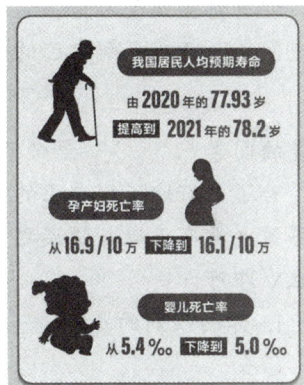

（图片来源：新华社，宋博）

图6-4　我国居民人均预期寿命及孕产妇死亡率

法律法规

中华人民共和国反食品浪费法（节选）

（2021年4月29日第十三届全国人民代表大会常务委员会第二十八次会议通过）

专题六任务三
法律法规

第二条　本法所称食品，是指《中华人民共和国食品安全法》规定的食品，包括各种供人食用或者饮用的食物。

本法所称食品浪费，是指对可安全食用或者饮用的食品未能按照其功能目的合理利用，包括废弃、因不合理利用导致食品数量减少或者质量下降等。

第三条　国家厉行节约，反对浪费。

国家坚持多措并举、精准施策、科学管理、社会共治的原则，采取技术上可行、经济上合理的措施防止和减少食品浪费。

国家倡导文明、健康、节约资源、保护环境的消费方式，提倡简约适度、绿色低碳的生活方式。

第九条　学校应当对用餐人员数量、结构进行监测、分析和评估，加强学校食堂餐饮服务管理；选择校外供餐单位的，应当建立健全引进和退出机制，择优选择。

学校食堂、校外供餐单位应当加强精细化管理，按需供餐，改进供餐方式，科学营养配餐，丰富不同规格配餐和口味选择，定期听取用餐人员意见，保证菜品、主食质量。

第十四条　个人应当树立文明、健康、理性、绿色的消费理念，外出就餐时根据个人健康状况、饮食习惯和用餐需求合理点餐、取餐。

家庭及成员在家庭生活中，应当培养形成科学健康、物尽其用、防止浪费的良好习惯，按照日常生活实际需要采购、储存和制作食品。

☺ 讨论思考

你有哪些饮食习惯，这些习惯对营养摄入有帮助还是对身体健康有害？请填写以下调查问卷，正确了解自己的饮食习惯。

关于大学生饮食习惯的问卷调查

亲爱的同学：

为了更好地了解自己的饮食习惯，请填写这张调查问卷。本调查表不用填写姓名，各种答案也没有正确与错误之分，只需要按照自己的实际情况在符合自己情况的答案上面打上√即可。

1. 你的性别的是？
○女　　　　　　　　○男

2. 你的年级？
○大一　　　　　　　○大二　　　　　　　○大三

3. 你正餐的食用情况如何？

	每天定时吃	经常吃	偶尔吃	基本不吃
早餐	○	○	○	○
中餐	○	○	○	○
晚餐	○	○	○	○
夜宵	○	○	○	○

4. 你的饮食态度是？
○能吃饱就行，不在乎饭菜的质量　　　○讲究营养，科学搭配
○好吃就行　　　　　　　　　　　　　○看心情吧，心情好就多吃点

5. 你觉得吃早餐重要吗？
○重要　　　　　　　　　　　　　　　○不重要

6. 早餐你一般会选择吃什么？
○中式类：白米粥、鸡蛋、豆浆等
○西式类：牛奶、面包等
○不一定，看心情

7. 午餐和晚餐你会吃肉吗？
○午餐会，晚餐不会　　　　　　　　　○晚餐会，午餐不会
○午餐、晚餐都会　　　　　　　　　　○午餐、晚餐都不会

8. 你平常有吃方便食品（如泡面、饼干、罐装八宝粥等）来替代正餐的情况吗？
   ○总是　　　　　○经常　　　　　○偶尔　　　　　○从不

9. 日常生活你最多的就餐地点是？
   ○学校食堂　　　○学校小餐饮　　○外面　　　　　○点外卖

10. 你经常喝的饮品类型是？（多选题）
    ☞碳酸饮料　　　☞果汁类　　　　☞奶茶类
    ☞乳酸菌饮料　　☞奶制品　　　　☞茶饮　　　　　☞水

11. 零食的食用频率如何？
    ○每天都吃甚至代替主食　　　　　○每天都吃但不多吃
    ○时常吃而且会吃很多　　　　　　○偶尔会吃但不多吃
    ○从来不吃

12. 你每周吃水果的频率如何？
    ○每天都吃　　　○经常吃　　　　○偶尔吃　　　　○基本不吃

13. 你吃蔬菜的频率如何？
    ○每天吃　　　　○经常吃　　　　○偶尔吃　　　　○从不吃

14. 如果为自己挑食偏食打分，你认为自己是几分？（最高4分）
    ○0　　　　　　○1　　　　　　○2　　　　　　○3　　　　　　○4

15. 对于平时的饮食你更注重：
    ○卫生状况　　　○口味　　　　　○价格　　　　　○便捷　　　　　○其他

16. 在日常就餐中，你会根据营养价值去挑选食物吗？
    ○一直都会　　　○经常会　　　　○很少会　　　　○完全不会

17. 你吃饭的速度如何？
    ○非常快　　　　○偏快　　　　　○一般速度　　　○偏慢

18. 你是否存在暴饮暴食的情况？
    ○每天　　　　　○经常　　　　　○偶尔　　　　　○从不

19. 你认为良好的饮食习惯是什么？（多选题）
    ☞定时定量吃正餐　☞荤素搭配　　　☞粗细搭配　　　☞细嚼慢咽
    ☞轻油少盐　　　☞多吃蔬果　　　☞多喝水　　　　☞少吃垃圾食品

20. 什么情况下会使你某一餐不吃？（多选题）
    ☞上课时间来不及　☞节食减肥　　　☞没有胃口　　　☞临时有活动或工作
    ☞食堂太多人　　☞省钱　　　　　☞其他

21. 你认为有哪些原因容易导致大学生产生不良的饮食习惯？（多选题）
    ☞为了节省时间　☞为了减肥　　　☞为了省钱　　　☞不良的生活习惯
    ☞缺少家人的督促　☞对饮食健康的漠视　☞频繁的社交活动
    ☞追求潮流，越是不能吃的东西，越要去尝试
    ☞对健康的饮食习惯的重要性不是很了解，缺乏基本的医学保护常识
    ☞其他

22. 你觉得自己的饮食健康习惯有哪些需要改进的地方？

_____

_____

一、大学生饮食习惯存在的问题及危害

1. 不吃早餐

如今，大学生不吃早餐的情况愈加严重。研究表明，不吃早餐导致的能量和营养素摄入不足，很难从午餐和晚餐中得到充分补充。不吃早餐可能带来以下六大健康问题：

（1）低血糖。如果不吃早餐补充血糖，机体会动用储存的肌糖原和肝糖原，对肌肉和肝脏会产生负担，可能会出现疲倦、晕厥等现象，严重损害大脑和心脏。

（2）消化道疾病。人经过一夜睡眠，早晨肠内食物已消化殆尽，急需补充。如果早餐吃不好，午饭摄入量必然大增，因此会造成胃肠道负担过重，导致胃溃疡、胃炎、消化不良等疾病。

（3）心脑血管疾病。长期不吃早餐，容易使低密度脂蛋白沉积于血管内壁，导致动脉硬化的发生。

（4）胆固醇增高。不吃早饭的人比吃早餐者胆固醇高33%，而所有胆固醇高的人群，血管中都有脂肪纹，它是动脉粥样硬化的早期迹象。

（5）胆结石。人在空腹时，体内胆汁中胆固醇的浓度特别高。在正常吃早餐的情况下，胆囊收缩，胆固醇随着胆汁排出。如果不吃早餐，胆囊不收缩，长期下去就容易产生胆结石。

（6）糖尿病。胰岛素有降血糖作用，如果早晨不进食，机体分泌的胰岛素将无"用武之地"。长此以往容易发生胰岛素抵抗，导致糖尿病。

2. 偏爱零食、洋快餐和油炸食品

大学生中喜欢吃零食、洋快餐、油炸食品的人不在少数，尤其是女生更加偏爱这类食品。这类食品多数味道浓厚，过于香甜或咸鲜，脂肪和糖盐的含量较高，同时还是低膳食纤维、低维生素、低矿物质的食品，且这类食品常要经高温烹调，可能产生大量有强烈致癌作用的丙烯酰胺、苯丙芘等毒性物质。从营养的角度看，这类食品所提供的能量、营养素不如正餐均衡、全面，既影响大学生进食正餐的胃口，又容易造成钙、铁、锌、碘、维生素等多种营养素的缺乏，是典型的"能量炸弹"。

3. 饮食无规律

有相当一部分大学生一日三餐进餐时间和进餐间隔无规律，甚至三餐的食量分配也无任何规律，随意性非常大，常常暴饮暴食、半夜就餐。长期饮食不规律、吃饭时间太晚、摄食不足或饮食过度，最直接的影响是损害脾胃功能，导致消化系统紊乱，比如，胃老化的黏膜得不到及时更新，容易得胃病；吃完饭就睡觉会造成血脂高，血流速度明显降低，血管壁加厚，很容易患动脉硬化；饮食不规律，吃饭时间太晚，会刺激胰岛素持续大量分泌，致使分泌胰岛素的B细胞负担过重，B细胞功能衰竭，就会诱发糖尿病；还有饮食不规律，饿的时

候容易吃得多，会使血液中的糖、脂肪、氨基酸含量增加，并转化为脂肪，长此以往，很容易发胖。

4. 用饮料、果汁代替日常饮水

中国食品科学技术学会邀请有关专家撰写的《关于饮料的消费提示》明确提出，果蔬汁类饮料不能替代水果和蔬菜，并强调，饮料不可过度饮用，更不可用饮料替代日常饮水，尤其是处于生长发育阶段的儿童和青少年。

长期饮用含有糖分和添加剂的饮料，容易导致糖分摄入过多，产生饱腹感，从而降低食欲，导致营养失衡，影响身体发育，诱发糖尿病、高血压等疾病，并使体重超标；长期饮用含有碳酸的饮料，会影响人体钙元素的吸收，不利于人体骨骼发育，诱发缺铁性贫血等症状。此外，健康的人体多呈弱碱性，不保证正常的饮水量，血液中的酸性物质过多不利于血液循环，会导致人体免疫力下降。

📽 课内活动

关于大学生饮食习惯的问卷调查

为了更好地了解自己的饮食习惯，请在课内完成大学生饮食习惯调查问卷。参与方法：扫描右侧二维码，回答相关问题。此问卷仅用于教学研究，不涉及个人身份信息收集，请如实填写。谢谢您的配合！

二、大学生均衡营养需求

1. 食物的合理搭配

合理搭配食物，才能营养均衡。合理的饮食要选择多样化的食物，使所含营养素齐全，比例适当，以满足人体需要。合理搭配包括粗细搭配、荤素搭配、酸碱搭配等。

（1）粗细搭配。粗粮、细粮合理搭配、混合食用可提高食物的风味，有助于各种营养成分的互补，还能提高食品的营养价值和利用程度。

（2）荤素搭配。肉类、鱼、奶、蛋等食品富含优质蛋白质，各种新鲜蔬菜和水果富含多种维生素和无机盐。两者搭配能烹调制成品种繁多、味美鲜香的菜肴，不仅富于营养，而且能增强食欲，有利于消化吸收。

（3）酸碱搭配。人体内环境基本是中性的，略偏碱性。在新陈代谢过程中产生的大量酸性物质，都被血液中的缓冲物质所中和，不至于使人体内部环境呈酸性。但有时人体内部酸碱平衡失调，即使不生病也会造成紊乱。酸性食物与碱性食物搭配食用，目的在于保持人体血液的酸碱平衡，使之经常处于微碱性状态（pH值7.4左右），两者必须平衡，方可益补得当，以利于代谢的正常进行。

（4）主副食搭配。主食可以提供主要的热能及蛋白质，副食可以补充优质蛋白质、无机盐和维生素等。主食是以指含碳水化合物为主的粮食作物食品。

（5）适应季节变化搭配。夏季食物应清淡爽口，适当增加盐分和酸味食品，以提高食欲，补充因出汗而导致的盐分丢失；冬季食物可适当增加油脂含量，以增加热能。

2. 食物营养金字塔

为指导人们合理营养，中国营养学会提出了食物指南，并形象地称为"4+1营养金字塔"（见图6-5）。"4+1"指每日膳食中应当包括"粮、豆类""蔬菜、水果""奶和奶制品""禽、肉、鱼、蛋"四类食物，以这四类食物作为基础，适当增加"盐、油、糖"。

（图片来源：39健康网）

图6-5　健康饮食金字塔

"金字塔"的第一层是最重要的粮谷类食物，这类食物构成塔基，应占饮食中的很大比重。每日粮豆类食物摄取量为250~400克，粮食与豆类之比为10∶1。

"金字塔"的第二层是蔬菜和水果，它们在金字塔中占据了相当重要的地位。每日蔬菜和水果摄入量为250~450克，蔬菜与水果之比为8∶1。

"金字塔"的第三层是奶和奶制品，以补充优质蛋白和钙。每日摄取量为300克。

"金字塔"的第四层为动物性食品，主要提供蛋白质、脂肪、B族维生素和无机盐。禽、肉、鱼、蛋等动物性食品每日摄入量为100~200克。

"金字塔"塔尖为适量的油、盐、糖。

"4+1营养金字塔"中建议的每人每日各类食物适宜摄入量范围适用于一般健康成人，一日三餐热量分配应为：早餐占30%，午餐占40%，晚餐占30%，以保证一天的热平衡。在实际应用时要根据个人年龄、性别、身高、体重、劳动强度、季节等情况适当调整。同时，大学生们来自五湖四海，各地的饮食习惯及物产不尽相同，在实际选用食物时，只有因地制宜充分利用当地资源才能有效地应用营养金字塔。

三、常见的饮食卫生误区

（1）喜好热闹聚餐。大学生通常会因为节假日、获奖、男女朋友互相邀请等原因，到餐馆"撮一顿"改善生活。一项针对460位大学生的随机调查结果显示，29.31%的受访者聚会频率达到每周两次以上。这种聚餐往往油重、肉类摄入量大，不利于健康。

（2）抹布清洗不及时。实验显示，使用一周后的全新抹布，滋生的细菌数会让你大吃一惊；餐馆或大排档使用的抹布，情况会更差。寝室中使用的抹布应当及时清洗，每隔三四天应该用开水煮沸消毒一下，以免给健康带来危害。

（3）用卫生纸、毛巾擦干餐具或水果。人们往往认为自来水是生水、不卫生，因此在用自来水冲洗餐具或水果之后，常常再用毛巾或卫生纸擦干。这样做看似讲卫生，实则相反。用毛巾上常常会存活许多病菌，用毛巾擦干餐具或水果的过程会再次污染餐具和水果；卫生纸因消毒不彻底或在存放的过程中被污染而含有大量细菌，在擦拭的过程中也会给食品带来更多的污染可能。

（4）用热水冲洗餐厅中的碗筷。在大学生们看来，用开水烫过的碗筷更干净，因为开水能烫死碗筷里残留的细菌，起到消毒的作用。央视一套的"生活圈"节目曾对此进行了测试。结果表明，用100摄氏度的开水烫过的餐盘，菌落总数仅比淋洗前下降了不到30%；而用50摄氏度的热水洗过的餐盘，菌落总数仅仅降低了不到10%。显然，用开水烫餐具所达到的杀菌效果并不明显。

（5）把水果烂掉的部分剜掉再吃。部分大学生为了节省，吃水果时，习惯把水果烂掉的部分削掉再吃，以为这样就比较卫生了。然而，微生物学专家认为，即使把水果上面已经烂掉的部分削去，剩余的部分也已通过果汁传入了细菌的代谢物，甚至其内部已有微生物开始繁殖，其中的霉菌可导致人体细胞突变而致癌。因此，水果只要已经烂了一部分，就不宜再吃了，还是扔掉为好。

（6）直接食用冷冻的食物。大学生们因为条件所限，常常认为食物只要冰冻了，就没有细菌，而直接食用冷冻食品，比如，食用团购的冷冻即食香肠等。这种理解是非常错误的，有的细菌专门在低温下生活和繁衍，如使人发生严重腹泻和失水的嗜盐菌，而且有一些细菌在零下几十摄氏度也可以存活，所以冷冻的食物也不一定非常安全。

课后作业

请在课后完成以下练习题。

1. 简述大学生饮食习惯存在的问题及危害。

2. 阅读以下资料，并做相应回答。

人人都想要健康，健康身体的重要基础是规律饮食。营养专家眼里每餐之间的间隔时间应该相对固定。早餐和午餐的间隔时间为4~6小时，午餐和晚餐的间隔时间为6小时左右，扣除睡眠时间，晚餐到第二天早餐的时间是5~6小时。"4~6小时"的间隔期符合人体消化吸收食物的时间需要。

（案例来源：人民网，2021年11月15日，有改动）

请查阅相关资料，列出你觉得科学的进食时间表。

实践活动

你心目中的食堂菜谱——调查问卷制作设计征集

校膳食管理委员会计划近期配合膳食科确定食堂菜谱。为了更好地完成此项工作，膳食管理委员会需提前收集学生们对菜谱的需求，现向全校征集"你心目中的食堂菜谱——调查问卷"。

请以班级为单位，设计、制作调查问卷。

要求：原创；问卷变量需包括：性别、年龄、籍贯、饮食习惯等内容；需说明调查的目的、内容。题量不超过 30 个问题。

专题七　心理安全

导言

　　大学时期是大学生人生发展的重要阶段，他们渴望成才，追求卓越，从不成熟到成熟，又迅速向成人过渡。在成长之路上，他们或多或少都会遇到来自学业、人际关系、性格、就业规划、恋爱、家庭关系等方面的压力。在这个特殊的生理和心理发展阶段，过渡期心理发展的不平衡，常常会使其内心产生种种矛盾和不良的情绪体验。另外，随着社会的发展，激烈的社会竞争也增加了大学生的压力，加剧了他们内心的矛盾。如何提高自身能力、排除心理困扰、减轻心理压力、保持健康心态，是大学生们需要解决的问题。高校心理安全教育，通过科学分析大学生常见的心理健康需求，改善和优化大学生的认知结构，引导其正确认识自己的情绪和情感，学会调整情绪的方法，改善大学生的精神生活，使其保持积极乐观的心态，提高自我认识、自我管理、自我教育的能力，积极保持心理安全。

(图片来源：51PPT 模板网，2014 年 8 月 26 日)

任务一　认识自卑

学习目标

授课视频二维码

1. 知道自卑情绪的解释，了解自卑情绪的正、负面作用；
2. 能够从多角度看待问题，全面辩证地看待和评价自己；
3. 能够扬长避短，探索适合自己的生活形态，在积极的心态下创造性地生活。

大学阶段绝大多数学生人格发展已趋于完善，如果大学阶段成长顺利，建立起积极的自我概念，自尊和自信都会处于较高的水平，如果不能适应学业、社交、恋爱和职业发展等新的社会挑战，就可能产生各种不良情绪。本任务将引导大学生了解自卑情绪的释义，了解自卑情绪的正、负面作用并学会多角度看得问题，全面辩证地看待和评价自己，正确归因，运用积极的自我暗示，学会悦纳自己、扬长避短，探索适合自己的生活形态，在积极的心态下创造性地生活、享受分享的快乐，增强面对问题的承受能力。本任务是这一阶段心理健康教育的起点。

案例分析

梁钶与续媞特在大学相识相交相处了四年，毕业后两人断了联系。梁钶从小家境贫寒，有着由内而外的自卑感，大学期间不敢与人交往。为了供他读书，他妹妹没有上学。大学里，梁钶边上学边兼职，为了维持生活，他会去垃圾桶捡一些有用的东西。时间一长，同学们开始嫌弃梁钶。很长一段时间，梁钶都十分自闭，看见周围的同学都是成群结队的，心里难免有些失落。一个晴朗的下午，他正在图书馆看书，突然有一个女孩来到他的面前说："我们能做朋友吗？"从此以后两人就成了好朋友，女孩续媞特得知他捡垃圾的原因后，对他竖起了大拇指，说："这样做是多么伟大呀，应当受到鼓励！"对梁钶来说，这是他交的第一个朋友，也是大学唯一的朋友。2018年，梁钶来到吉林寻亲节目寻求帮助，一定要找到续媞特，在无数观众的注视下，即使再三克制压抑，梁钶也忍不住淌下热泪："我还没有对她说一声谢谢……"

（案例来源：腾讯网，2022年2月3日，有改动）

简析：

2008年，续媞特如同一束光照耀在梁钶的心里，续媞特对梁钶的行为表示鼓励，这无疑给他提供了巨大的帮助，让梁钶走出了阴影。这份温暖与善良，令他永生难忘，一生感谢，始终不愿意放弃寻找她。

讨论思考

你在学校的人际关系如何？你有自卑的时候吗？原因是什么，你又是怎样做的？请谈谈你的看法。

一、自卑情绪的定义与主要表现

1. 定义

自卑是一种不能自助和软弱的复杂情感。阿尔弗雷德·阿德勒在《自卑与超越》一书中对自卑情绪下了一个定义：首先，自卑情结指以一个人认为自己或自己的环境不如别人的自卑观念为核心的潜意识欲望、情感所组成的一种复杂心理。其次，自卑情结指一个人由于不能或不愿进行奋斗而形成的文饰作用。自卑情结是由婴幼儿时期的无能状态和对别人的依赖而引起的，当人的自尊需要得不到满足，又不能恰如其分、实事求是地分析自己时，就容易产生自卑心理。一个人形成自卑心理后，往往从怀疑自己的能力到不能表现自己的能力，从怯于与人交往到孤独地自我封闭。自卑对人有普遍意义，是驱使人优越的力量，又是反复失败的结果。自卑情感，可通过调整认识、增强信心和给予支持而消除。

2. 主要表现

自卑是一种自我否认，可以说是一种性格上的缺陷。表现为对自己的能力、品质评价过低，同时可伴有一些特殊的情绪体现，例如敏感、害羞、不安、内疚、忧郁、失望、失衡、情绪化等。

（1）敏感。自卑者在性格上会表现为过分敏感，自尊心强，过分看重别人对自己的评价，任何负面的评价都会导致内心激烈的冲突，甚至扭曲别人的评价。别人不经意的一句话，都会在其内心引起波澜，胡乱猜疑。

（2）失衡。自卑者常有在社会的方方面面都体验不到自身价值，甚至还会遭到强势群体的厌弃等经历。这使他们心态失衡，陷入恶性的心理体验之中，走不出这个心理阴影，就很难摆脱现实的困境。

（3）情绪化。自卑者表面上好像逆来顺受，实际上过分压抑恰恰积聚了随时爆发的能量。当受到不公正的待遇时，往往产生过激言行，会为了小事大动干戈，拳脚相向。当他们无力应对危机时，还会自残。

二、自卑的来源

自卑感来源于自我情感，当人在形式上对某种具体特性（如相貌、身份、气质、特长、地位等）进行自我评价时，其价值本质上是对自身劳动能力及其发展前途的自我评价。当评价形成的中值价值率小于社会的中值价值率（或比较对象的中值价值率）时，人就会产生自卑感；而当自己的中值价值率大于社会的中值价值率（或比较对象的中值价值率）时，人就会产生自豪感。自卑与自豪如图7-1所示。

自卑产生的原因各有不同，具体有以下几点：

（1）自我认识不足。每个人总是以他人为镜来认识自己，如果他人对自己的评价过低，特别是较有权威的人的评价，就会影响对自己的认识，从而过低评价自己，产生自卑心理。

（2）家庭经济因素。部分学生由于出身贫寒，生活困难，与别的同学相比，觉得自己家庭经济条件实在太差而感到自卑。

（3）社会文化因素。每个人都处在特定的社会文化环境中，文化对自卑心理影响很重要。

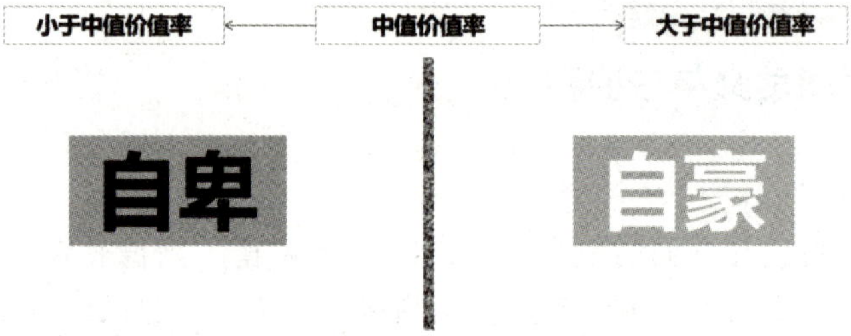

图 7-1 自卑与自豪

（4）与成长经历有关。人的一生不能说漫长也不能说太短，但真正对人产生深刻影响的关键时期就那么几个，其中童年经历的影响尤为深长。心理科学的研究已证实，不少心理问题都可在早期生活中找到症结，自卑作为一种消极的心态也不例外。

（5）性格特点。气质抑郁、性格内向者大都对事物的感受性强，对事物带来的消极后果有放大趋向，而且不容易将其消极体验及时宣泄和排解出来。因而外界因素对他们心理的影响往往要比对其他气质、性格类型者的影响大，产生自卑的可能性也相应增大。

课内活动

你的自卑感来源于哪里？

请跟随老师的指导在课内完成自测并评分。（已加入线上课程的同学请在线上相关章节完成问卷填写）

1. 你被朋友和小伙伴起过绰号、挖苦过吗？（　　）

A. 常有　　　　　　　　B. 没有　　　　　　　　C. 偶尔有

2. 体育运动后，有"反正自己不行"的想法吗？（　　）

A. 常有　　　　　　　　B. 没有　　　　　　　　C. 偶尔有

3. 你的身高与周围的人相比如何？（　　）

A. 相当低　　　　　　　B. 差不多　　　　　　　C. 高

4. 你有过在某件事上绝不亚于他人的自信吗？（　　）

A. 有一两次　　　　　　B. 没有　　　　　　　　C. 我一直都非常自信

5. 老师批过的考卷发下来了，朋友要看怎么办？（　　）

A. 把打分的地方折起来让他们看不到　　B. 让他们去看　　C. 将考卷全部藏起来

6. 如果能够有来生，你认为以下三种选择哪个好？（　　）

A. 做女人可够受的，做男人好　　B. 想做个女人　　C. 什么都行，男女都一样

7. 早晨，你照镜子后的第一个念头是什么？（　　）

A. 再漂亮点就好了　　B. 想精心打扮一下　　C. 别无它想，毫不介意，满不在乎

8. 你受周围人的欢迎和爱戴吗？（　　）

A. 受欢迎和爱戴　　　　B. 不受欢迎和爱戴　　　C. 不太清楚

9. 你是否想过五年、十年以后会有什么使自己极不安的事？（　　）

A. 常有　　　　　　　　B. 没有　　　　　　　　C. 偶尔有

10. 看到你最近拍摄的照片有何想法? (　　)

A. 不称心　　　　B. 拍得很好　　　　C. 还算可以

11. 被小伙子称作"不知趣的人"或者"蠢东西"时, 你怎么办? (　　)

A. 我也回敬他: "笨蛋! 没教养的!"　　B. 心中感到不好受而流泪　　C. 不在乎

12. 如果碰巧听到朋友正在说你所喜欢的男生 (女生) 的坏话, 你怎么办? (　　)

A. 断然反驳说: "根本没有那种事!"　　B. 担心会不会是真的

C. 不管闲事, 认为别人是别人, 我是我

13. 碰到寂寞和讨厌之事怎么办? (　　)

A. 陷入深深的烦恼中　　　　　　B. 吃喝玩乐时就忘却了

C. 向朋友和父母诉说

14. 如果你某门功课不管怎样努力, 结果都输给你的竞争对手时, 你怎么办? (　　)

A. 尽管如此还是继续挑战, 今后加劲干　　B. 感到不行只好认输

C. 从其他学科上竞争取胜

15. 知道比你漂亮 (帅气) 的姑娘 (小伙子), 正迷恋追求你心仪的对象时, 你怎么办? (　　)

A. 灰心丧气　　B. 向那位姑娘 (小伙子) 挑战　　C. 毫不在乎, 一如往常

评分与解析:

评分表如表7-1所示。

表7-1　评分表

题号	A	B	C	题号	A	B	C	题号	A	B	C
1	5	1	3	6	5	1	3	11	3	5	1
2	5	1	3	7	5	3	1	12	1	5	3
3	5	3	1	8	1	5	3	13	5	1	3
4	3	5	1	9	5	1	3	14	3	5	1
5	3	1	5	10	5	1	3	15	5	3	1
总分:											

类型 A（15~29 分）: 环境变化造成的自卑

你没有自卑感, 无论实际情况如何发展, 你都保持着乐观的心态, 并且很自信。你对自己的能力和外貌充满信心, 并且为之骄傲, 极少有自卑感。如果你抱有自卑感, 也是环境变化的缘故, 譬如当你进入有许多优秀学生的班级或有许多明星人物的场合, 等等。

类型 B（30~44 分）: 理想过高造成的自卑

你有过分追求、理想太大的缺点。你不满足于现状, 想出人头地, 导致你去追求不切实际的幻想。也可以说, 你过于与周围的人计较长短胜负, 过于追求虚荣, 反倒陷入自卑感中不能自拔。

类型 C（45~60 分）: 过早断定造成的自卑

你在做事前就过早断定自己没有这个能力, 自认为不如别人, 主要是你不了解其他人的真实状况, 不清楚事情的本来面目, 弄清楚后你就会恍然大悟: "怎么, 竟是这样的呀!"随后就坦然自若。你的自卑感主要是由你的无知导致的, 自认为不行就心灰意冷。

类型 D（61~75 分）：性格懦弱造成的自卑

经常用消极悲观的眼光看待事物，这与你的自卑感有关。缺点在于你对自身的才能和外貌缺乏自信，只是看到事情不利的一面，做事前就认为自己不行。懦弱的性格是你产生自卑感的原因。不管是与人交往还是工作、学习，懦弱都会让你苦不堪言。

三、自卑的作用

自卑有正面和负面作用。阿尔弗雷德·阿德勒分析说，事实上，每个人都会感到自卑。当一个人感到自卑时会推动他去成就某些事业。在某人获得一项成就时就能体验到一种短暂的成功感，但是与别人获得的成就相比，又使他产生自卑感，这样就又激起他去争取更大的成就，由此反复永无止境。当然严重的自卑感蔓延、扩散，会产生错误的心理定势，引发出人际关系障碍和许多行为上的困扰。这种病态心理如果不能够得到及时而正确的治疗，可能会危害终身。

1. 自卑的阻遏作用

自卑的阻遏力的形成过程是：自卑引起心理压力和紧张，激起逃避或退缩反应，抑制自信，导致焦虑，形成内在阻遏力。直接表现为否定、逃避或退缩。

2. 自卑的补偿作用

不同类型的人选择逃离自卑感的方式不同。其中一类人会不断改进自己，让自己变得越来越优秀，以正视曾经让自己不敢面对的问题。因此，自卑感不是什么可怕的事情，反而是促进人类进步的助推手。阿德勒分析，越是接近正常的人，他们在实现自己优越感的过程中越富有弹性。当他们在某方面受挫时，总会另辟蹊径实现自己的优越感。

四、克服自卑的方法

克服自卑的方法有很多，主要是自卑者需要学会从多角度看待问题，全面辩证地看待和评价自己，正确归因，运用积极的自我暗示，激发自信心，发现自己的长处，肯定自己的价值，学会悦纳自己。

1. 认知法

通过全面、客观地认识别人和自己，辩证地看待别人和自己，坦然地接受别人或自己的弱点和优点。这个方法中，最重要的是自己跟自己比。

2. 目标法

自卑感多数是源于受到挫折，对自己的能力产生怀疑。为培养或恢复自信心，要循序渐进地锻炼自己的能力，期望值不要过高，多参加力所能及的活动，通过小成功确立自信，逐步用自信心取代自卑感。

3. 补偿法

通过努力奋斗，以某方面的成就来补偿自身的缺陷。勤能补拙、扬长补短，找到正确的补偿目标，就能克服自身的缺陷或者从另一方面得到补偿。

4. 领悟法

通过主动求助于心理咨询老师，进行心理咨询和心理分析治疗，找出导致自卑的深层原因，最终从自卑的阴影中解脱出来。

5. 暗示法

个人通过积极的自我暗示、自我鼓励，始终坚信"我能行""我也能够做好"，从而达到自助的目标。

6. 训练法

有自卑心理的人常常在性格上表现出不当之处，如内向、不与人交往、敏感多疑等，可以求助心理咨询老师，进行成功性格的训练。

课后作业

请在课后完成以下练习题。

游戏：一个特别的我

人只有正确评价自己和他人，树立正确的自我情感，才能正确认识自己在社会中的地位和作用，才能正确处理与他人的利益关系，才能迅速有效地发展自己的劳动能力。

请按下面的要求填写内容，你怎么看待同学们对你的第一印象和看法呢？

> 每个人在这个世界上都是独一无二的，你能用一个符号、物体或者其他你能想到的事物来代表你自己吗？请画在下面吧。

找班上五位同学，请他们用一句话或一个词说出对你的第一印象和看法。

任务二　对抗抑郁

学习目标

1. 知道抑郁情绪和抑郁症的解释和差别；
2. 学会正确应对和管理抑郁情绪；

授课视频二维码

3. 正确看待抑郁症，了解抑郁症的表现，如果出现心理问题敢于求助心理咨询。

2020 年心理健康蓝皮书《中国国民心理健康发展报告（2019—2020）》分析发现，大学生中 18.5%有抑郁倾向，4.2%有抑郁高风险倾向。抑郁是自杀的高危因素之一，随着抑郁水平的升高，自杀意念的出现比例显著上升。为帮助学生抵抗抑郁，高校在新生心理健康筛查和访谈的基础上，需要针对存在抑郁隐患的学生提供良好的心理咨询尝试体验，帮助学生在出现心理问题时敢于求助心理咨询。同时，高校应提升学生的抑郁问题识别能力、增强心理健康支持能力，从多角度为抑郁问题严重的学生提供主动支持。

案例分析

一年前小周和舍友发生矛盾，从那之后，小周变得不愿与人交流，出现了持续性的低落情绪，从前感兴趣的事现在也不愿意去做，总是闷闷不乐，做什么事情都提不起兴趣。上课时小周也没有办法集中注意力，成绩一落千丈，晚上入睡困难，夜里多梦，睡眠质量差。小周自觉委屈、胃胀，越来越觉得活着没意思，有时会声嘶力竭地哭泣，有时还会撕扯自己的头发，甚至拿美工刀割伤自己的手腕。

随后，小周到医院就诊，医院诊断为抑郁发作，服药后有所好转。不久后，小周病情复发，出现情绪低落的情况，时常哭泣流泪，在给家人打电话的过程中，家人发现其病情加重，联系某心理咨询师为小周进行心理咨询辅导。心理咨询师通过小周的成长事件了解了小周发病的过程，通过量表测试，深入细致地分析了小周的精神心理特征，为小周进行深度精准的治疗。通过思维模式引导、量表测试、心理治疗和沙盘咨询等方式，让小周与自我和解，获得自信和成长。与此同时，因心理问题带来的生理不适也随之消失，其生活质量大大提高。

（案例来源：腾讯网，2021 年 4 月 10 日，有改动）

简析：

这则案例表现出小周本身思维模式的不成熟、偏激和矛盾，她的思维模式对她看待外界事物和处理问题的方式都有很大的影响，同时也影响了她的心理健康。在接受心理咨询师的治疗后，小周看待事情更加客观，遇到问题会客观综合地进行评价和处理。

法律法规

2012 年 10 月 26 日第十一届全国人民代表大会常务委员会第二十九次会议通过的《中华人民共和国精神卫生法》最新版本根据 2018 年 4 月 27 日第十三届全国人民代表大会常务委员会第二次会议《关于修改〈中华人民共和国国境卫生检疫法〉等六部法律的决定》修正，自公布之日起施行。

专题七任务二
法律法规

第四条 精神障碍患者的人格尊严、人身和财产安全不受侵犯。

精神障碍患者的教育、劳动、医疗以及从国家和社会获得物质帮助等方面的合法权益受法律保护。

有关单位和个人应当对精神障碍患者的姓名、肖像、住址、工作单位、病历资料以及其他可能推断出其身份的信息予以保密；但是，依法履行职责需要公开的除外。

第五条 全社会应当尊重、理解、关爱精神障碍患者。

任何组织或者个人不得歧视、侮辱、虐待精神障碍患者，不得非法限制精神障碍患者的人身自由。

新闻报道和文学艺术作品等不得含有歧视、侮辱精神障碍患者的内容。

第十六条　各级各类学校应当对学生进行精神卫生知识教育；配备或者聘请心理健康教育教师、辅导人员，并可以设立心理健康辅导室，对学生进行心理健康教育。学前教育机构应当对幼儿开展符合其特点的心理健康教育。

发生自然灾害、意外伤害、公共安全事件等可能影响学生心理健康的事件，学校应当及时组织专业人员对学生进行心理援助。

教师应当学习和了解相关的精神卫生知识，关注学生心理健康状况，正确引导、激励学生。地方各级人民政府教育行政部门和学校应当重视教师心理健康。

学校和教师应当与学生父母或者其他监护人、近亲属沟通学生心理健康情况。

☺ 讨论思考

请共同观看电影《当幸福来敲门》，你能从中看到励志、治愈、能量吗？如果你现在正处于逆境中，这部影片能激励你砥砺前行吗？请谈谈你的看法。

一、区别抑郁情绪和抑郁症

1. 抑郁情绪

抑郁情绪是人类的正常情绪之一，每个人都有喜怒哀乐。当我们学习面临困难、工作不顺利、感情遭遇挫折、被朋友误解、自己和亲人遭遇疾病打击时，肯定会有烦躁、焦虑、抑郁的情绪，这是一种合理的情绪体验。这种抑郁情绪具有时限性，只要不再有新的环境刺激，一段时间后会自然缓解，经过自我调适，抑郁情绪在短时间内就可以平复。

2. 抑郁状态

抑郁状态是一种常见的心境障碍，是指没有明确奋斗目标，精神颓废的状态。心中极其压抑，时常感到十分烦躁不安。抑郁状态的严重程度比抑郁情绪深，除事出有因的抑郁之外，还可能伴随一些没有任何具体原因的"内源性抑郁"，同时还会伴随一些其他的不良感受，如失眠、食欲差、消瘦、性欲减退、精力缺乏、疲劳、失去活力、缺乏动力、大脑迟钝、自责、自我评价低、挫败感，甚至悲观厌世。抑郁状态是一种疾病状态，但距离抑郁症还有一段距离。

3. 抑郁症

抑郁症是现在最常见的一种心理疾病，是世界第四大疾病，以连续且长期的心情低落为主要的临床特征。临床可见情绪长时间的低落消沉，自卑、痛苦、悲观、厌世、消极、逃避，甚至有自杀倾向和行为。患者伴有躯体化症状，胸闷、气短，有明显的焦虑感，更严重者会出现幻听、被害妄想症、多重人格等精神分裂症状。抑郁症可以表现为单次或反复多次的抑郁发作，以下是抑郁发作的主要表现：

（1）心境低落。主要表现为显著而持久的情感低落，抑郁悲观。轻者闷闷不乐、无愉快感、兴趣减退，重者痛不欲生、悲观绝望、度日如年、生不如死。典型患者的抑郁心境有晨重夜轻的节律变化。在心境低落的基础上，患者会出现自我评价降低，产生无用感、无望感、无助感和无价值感，常伴有自责自罪，严重者出现罪恶妄想和疑病妄想，部分患者可出现幻觉。

（2）思维迟缓。患者思维联想速度缓慢，反应迟钝，思路闭塞，自觉"脑子好像是生了锈的机器""脑子像涂了一层糨糊一样"。临床上可见主动言语减少，语速明显减慢，声音低沉，对答困难，严重者无法顺利进行交流。

（3）意志活动减退。患者意志活动呈显著持久的抑制。临床表现行为缓慢，生活被动、疏懒，不想做事，不愿和周围人接触交往，常独坐一旁，或整日卧床，闭门独居、回避社交。严重时连吃、喝等生理需要和个人卫生都不顾，蓬头垢面、不修边幅，甚至发展为不语、不动、不食，称为"抑郁性木僵"。伴有焦虑的患者，可有坐立不安、手指抓握、搓手顿足或踱来踱去等症状。严重的患者常伴有消极自杀的观念或行为。

（4）认知功能损害。研究认为抑郁症患者存在认知功能损害。主要表现为近事记忆力下降、注意力障碍、反应时间延长、警觉性增高、抽象思维能力差、学习困难、语言流畅性差以及空间知觉、眼手协调和思维灵活性等能力减退。

（5）躯体症状。主要有睡眠障碍、乏力、食欲减退、体重下降、便秘、身体任何部位的疼痛、性欲减退、阳痿、闭经等。躯体不适的表现可涉及各脏器，如恶心、呕吐、心慌、胸闷、出汗等。还表现为早醒，一般比平时早醒2～3小时，醒后不能再入睡。有的表现为入睡困难，睡眠不深；少数患者表现为睡眠过多。

（6）"微笑抑郁症"。这是一种特殊类型的抑郁。多发生在那些身份高、学识高、事业有成的成功人士中，患者尽管内心深处感到极度痛苦、压抑、忧愁和悲哀，外在表现却若无其事，面带"微笑"。这种"微笑"不是发自内心深处的真实感受，而是出于"工作的需要""面子的需要"，他们不愿向人倾诉负性情绪，内心深处痛苦、压抑、忧愁和悲哀。

4. 区别正常的抑郁情绪与抑郁症

抑郁症已成为人类第二大"杀手"。抑郁症最鲜明的特征是"三低"，即情绪低落、思维迟缓、意志减退。但抑郁情绪并不一定就是抑郁症。我们可以从以下几个方面加以区别：

（1）严重程度的不同。正常生活中的抑郁情绪是基于一定的客观事物，事出有因，来得快去得也快。病理性抑郁可能并没有一些外在的客观应激性事件，莫名地就是开心不起来了；或者虽有负面的生活事件，但事件程度不足以真正解释病理性抑郁征象。

（2）是否具备自我调节的能力和时限性。健康的心理状态对情绪体验具备自我调节的能力，通过自我调适，充分发挥自我心理防卫功能，能够恢复心理平稳，正常的情绪通常是短期的。抑郁症患者缺乏心理调适功能，情绪低落是显著而持久的，持续时间一般超过两周。

（3）是否反复。抑郁症还有一个特点，即反复发作。一般来说，当你遭遇不幸时，时间是最好的创伤弥合剂，深重的痛苦会逐渐淡化。但是，抑郁症相反，它不会随时间流逝而自然好转，即使治愈后，也会复发。

（4）病程是否有一定的变化规律。典型抑郁症有节律性症状特征，表现为晨重夜轻的变化规律。许多患者每天清晨时心境特别恶劣，痛苦不堪。下午3—4点以后，患者的心境会逐渐好转，次日清晨又陷入病态忧郁的难熬时光。抑郁症患者往往会有内心的无能、无助、无望的"三无"体验。无能：认为自己无能、无用；无助：没有人可以帮助到自己；无望：认为未来没有希望。

生活压力测试

观察图 7-2，图中的圆圈是静止的还是转动的？

请选择你的答案。

A. 圆圈转动很快，波涛汹涌

B. 有一定转速，但不是很快

C. 圆圈是静止的

答案解释如下：

A. 说明你最近压力很大，需要放松，最好出去休假几天。

B. 说明你遇到了一些麻烦，有一定压力，但可以自己克服，平常心对待。

C. 你的自我调节能力很强，你活得很放松很舒适，基本没什么生活压力。

请和同学们分享你的感受。

图 7-2　生活压力测试图

二、缓解抑郁情绪的方法

抑郁情绪如果得不到有效释放和缓解，长期积攒很容易引发轻度抑郁症。要想缓解它就要认识自己所处的环境，停止对自身及周围世界的埋怨，把一些不顺心的事物当作正常现象，努力去适应它。可以通过以下方法来缓解抑郁情绪：

（1）学会自我称赞，自我欣赏，坦然对待不良刺激，以保持情绪稳定，心境良好。这是缓解轻度抑郁的关键之处。

（2）制定切实可行的日常活动表，每天结束后填写回顾、分析日记。这样做既能摆脱不愿活动和不想做事的处境，又能带来活动后的满足，逐步消除懒怠与内疚。

（3）瞄准那些自然消极的想法，并把它们记下来，别让它们占据你的大脑。

（4）用更为客观的想法取代扭曲的认知，彻底驳斥那些让你瞧不起自己、自我寻找烦恼的谬论。一旦开始这样做，你就会感到精神振奋，自尊心增强，无价值感就会烟消云散。

（5）通过日常食疗，补充血清素，可达到控制抑郁情绪的效果。提高血清素含量水平可以抑制负面情绪的产生。例如香蕉、香蕉皮萃取物、杏仁、黑巧克力、全麦面包等都富含血清素。

大学生正处于身心发展的重要时期，日常应随时随地加强心理的自我调节，以确保身心全面健康发展，预防抑郁。具体方法如下：

1. 合理宣泄

情绪有的可以升华，有的也不一定要升华，在适当的场合下，合理地宣泄一下自己的情绪，同样可以起到心理调节的作用。合理宣泄情绪，要注意情感宣泄的对象、地点、场合、方式等，切不可任意宣泄，无端迁怒于他人或其他事物，造成不良后果。

2. 语言暗示

语言是人们用来彼此交流思想和情感的工具，科学地运用语言暗示，可以解决一些思想问题。通过语言可以对自己进行心理暗示，让自己达到某种心理状态。心理学研究表明，无论是大声喊出来，还是在心中默念，都是很有效的。通常来说，语句越简短，就越有效果，情感传达得越多，给人们留下的印象越深刻。

3. 理智调节

大学生在日常生活中容易出现过于强烈的情绪反应，部分学生思维会变得狭隘，情绪就会难以自控而失去理智。因此，大学生们要学会理智地调节情绪，无论遇到什么事情，产生什么不良情绪，都要唤回理智，用理智的头脑分析原因、解决问题、调节情绪，从而保持心理平衡。

4. 转移注意力

转移注意力在心理保健中是必不可少的。大学生在心绪不佳、有烦恼时，可以外出参加一些娱乐活动，换换环境，因为新异的刺激可以使人忘却不良的情绪。有意识地强迫自己转移注意力，对于调节情绪有特殊的意义。

5. 换个角度看问题

换个角度看问题是保持良好心境的妙方。北京师范大学心理学部教授、博士生导师蔺秀云提出：大学生要树立一个合理的目标，既要接纳自己的不足，也要更多地发现自己的长处。人生有很多条路，不要强迫自己过于完美。少女老妇图如图7-3所示。

图7-3 少女老妇图（倒着看不一样）

三、抵抗抑郁症

1. 抑郁症的危害

（1）容易失眠、自杀。抑郁症患者常常有顽固性睡眠障碍，发生率高达98%，表现为失眠、入睡困难、早醒、睡眠节律紊乱、睡眠质量差等形式。抑郁症患者通常在早醒时情绪低落，自杀的危险也最大。

（2）劳动能力丧失。抑郁症患者身体功能差，丧失劳动力是非抑郁症患者的5倍。在抑郁症患者中，有一半以上完全丧失了工作和生活能力，不能工作，不能操持家务。

（3）经济损失。有些抑郁症患者常伴有植物神经功能障碍的躯体症状，如胸闷气短、心慌、腹胀、头痛、尿频尿急等各种躯体疾病，因此到综合医院诊疗。如果医师疏忽患者抑郁症疾病的存在，未能给予妥当的抗抑郁治疗而给予其他药物治疗，势必使病情迁延不愈，增加患者的经济负担。

（4）消极思想。抑郁症的危害还有忧郁心境可导致思维消极、悲观和自责、自卑，犹如带着有色眼镜看世界，感觉任何事情都困难重重，对前途悲观绝望。忧郁症患者把自己看得一无是处、对微不足道的过失和缺点无限夸大，感到自己对不起他人、家属和社会，认为自己罪恶深重，是一个"十恶不赦"的坏人。

2. 抑郁症的治疗方法

真正的抑郁症是精神疾病，是经有处方权的精神病专科医生诊断，需要专业治疗的。抑郁症是可以被治愈的。下面是治疗抑郁症的一些常见方法，对缓解抑郁症有很大的功效：

（1）住院治疗。抑郁症首选的治疗方式是到医院就诊，按医生安排做药物、物理、心理等各方面综合治疗。

（2）物理治疗。通常是指无抽搐电休克治疗（MECT）以及重复经颅磁刺激（rTMS）治疗，两者都有较好的效果。对于有严重消极自杀情绪、抑郁性木僵的抑郁症患者，MECT应是首选的治疗方式，对于难治性抑郁症患者也可采用MECT。MECT治疗抑郁症的原理是通过给人体一个短时间小电流的刺激，达到脑内神经递质的平衡，从而使抑郁症状减轻甚至消失。目前经常用于抑郁和精神症状的急性期。

（3）药物治疗。大多数抗抑郁药服用2周（14天）后会逐渐起效，顺利的情况下，在服用6~8周后病情会明显好转或基本恢复到正常状态。

（4）心理治疗。常用的心理治疗方法有认知疗法、精神分析疗法、森田疗法、行为疗法、正念疗法等。研究表明：药物治疗同时联合心理治疗，效果明显好于单纯药物治疗，而且经过心理治疗后的复发率比单纯药物治疗的复发率要低。

课后作业

请在课后完成以下练习题。

1. 抑郁症患者的"三低""三无"是哪些表现？

2. 请共同观看中央电视台纪录片《我们如何对抗抑郁》。全方位了解真实的抑郁症患者，对抗抑郁的经验、路径与方法，并与同学们分享自己的观后感。

任务三　树立正确的恋爱价值观

学习目标

1. 知道爱情的概念及大学生恋爱心理特点；
2. 了解恋爱存在的普遍问题；
3. 树立正确的爱情观和恋爱意识。

授课视频二维码

对比高中，大学生活与学习相对宽松、自由，恋爱也就自然成为大学生在校期间面对的一个主要问题。恋爱关系处理得当、正确，可以成为学习和事业的催化剂，使学习成绩提高；恋爱关系处理得不当，可能分散精力、浪费时间，造成情绪波动、成绩下降。大学生要树立正确的恋爱价值观，正确理解和对待爱情，摆正恋爱与学业的关系，增强对爱情的责任感，培养拒绝爱的能力和提高抗挫折的能力。

案例分析

很多人最近在网上看到了这样几张照片：武汉大学学生排着队去听一堂关于恋爱心理学的讲座。阶梯教室里坐得满满当当，教室外也有不少踮起脚尖、趴在窗口认真听讲的同学。

讲座由武汉大学哲学学院心理学系教授喻丰主讲，内容以积极心理学中关于恋爱的基本理论为主，包括斯腾伯格的爱情三元论、依恋理论、爱情的分类，以及如何分辨不良的恋爱关系。讲座中，喻丰以"白璧微瑕的艺术"阐释"适度完美但有一些'破绽'的形象"，以"关系的末日四骑士"隐喻婚姻关系中批评、鄙视、辩护和冷战这四种极具破坏性的消极相处模式……新鲜的名词、幽默风趣的语言风格，辅以科学有据的心理学知识，这种巧妙的混搭点燃了学生的学习热情。

（资料来源：澎湃网，2021 年 11 月 15 日，有改动）

简析：

"希望帮助刚刚成年的大学生树立文明、健康、理性的恋爱观和价值观。"喻丰这样解释讲座的初衷。博士生小魏认为："这场讲座传递出一种信息，即不是每个人都懂得如何正确地爱别人，并理性地表达感受；爱是一种能力，可以学习和提升。"大学生对情感教育课程的追捧，反映出他们对恋爱知识、能力和素养提升等方面的急迫需求。

讨论思考

你恋爱了吗？你会恋爱吗？当你被不喜欢的人表白时，你会怎么做？当你对心爱之人表白被当众拒绝后，你会怎么做？请谈谈你的看法。

一、大学生的恋爱心理和行为

1. 爱情与恋爱观

爱情，是男女之间基于生理的、心理的需要，在一定的社会关系下形成的最强烈、最真挚、最持久的吸引和倾慕之情。恋爱观是人们对于爱情及恋爱问题的总的看法和态度。是人生观在恋爱问题上的表现。恋爱观因时代、社会制度、社会经济地位和阶级地位的制约，会被打上时代和阶级的烙印，并会随着文明的进步而发展。

2. 大学生恋爱现状

（1）恋爱普遍化。《2021 年大学生恋爱调查报告》显示，中国在校大学生人数达 3 559 万，经济发达程度与当地高校学生恋爱呈正相关关系。大学期间谈过恋爱的占学生总人数的 80%，有 83% 的毕业生支持在校恋爱。

（2）恋爱动机多样化。现在大学生恋爱的动机越来越多。其中，40%的人希望有人陪伴自己，度过不一样的大学生活，其余有的为了打发无聊的时间，有的为了满足自己的虚荣心，有的为了名利、地位，有的为了丰富自己的生活等，总体表现为走出了"交往—恋爱—结婚"的传统模式。

（3）年龄低龄化。部分大学生在军训还没有结束时就进入恋爱状态。大学生恋爱整体表现为谈恋爱的年龄越来越小。

（4）观念开放化。随着社会的发展，对大学生恋爱观念的改变、家长方面的支持、国家对符合条件的大学生允许结婚的规定等因素，在一定程度上使大学生的婚恋观念相比以前更为开放。

（5）恋爱网络化。随着网络时代的到来，大学生的爱情也发展到了互联网上。网恋如同雨后春笋般，不断冒出来，而且愈演愈烈。

（6）恋爱"快餐化"。随着大学生对自我关注度的提高，很多大学生想谈恋爱就谈，没感觉就分，恋爱周期大大缩短了。

（7）同居家庭化。部分大学生有的出于好奇跟风心理而选择同居；有的出于及时行乐的心理，持有"不在乎天长地久，但求曾经拥有"的观念；有的出于减缓压力的心理，企图通过同居来缓解压力，缓解焦虑情绪；有的出于临时照顾的心理而选择同居。总体来说，大学生同居越来越普遍。

3. 大学生恋爱动机

（1）生理的冲动。大学生神经系统的结构和机能已趋于成熟，生殖系统也已发育成熟，性激素的分泌量容易诱发性紧张和性驱力，出现对异性的向往。93%的大学生表示通过书籍、网络等媒体，对性已经有所认识，不再讳莫如深。他们在谈起异性之间的亲密接触时，大多表示可以理解。

（2）获得亲密感。大学生恋爱过程中"相爱"和"倾慕"是彼此吸引的主要因素，因为对方身上存在自己喜欢的特征而产生好感，是他们能够走到一起的主要原因。

（3）避免孤独感。部分大学生不容易适应环境的变化，在新环境中倍感寂寞孤独；部分大学生面对学业压力和激烈的就业竞争，内心紧张不安。这些情绪状态容易产生无助感、弱小感，诱发出受保护、受关心的童年记忆，很容易出现"谈恋爱"的冲动。很多大学生借助网络聊天结识了一些新朋友，但最后交谈的对象往往锁定在个别人身上，线上交流一旦变为线下交流，网络中的朋友就很容易变成现实中的恋人。

（4）满足现实需要。大学也是社会的一个缩影，生活条件、家庭背景的个体差异比较明显。这不仅影响大学生读书期间的境况，也影响他们毕业就业时的机会和空间。有些大学生认为找对象，就是找依靠、找跳板。

4. 大学生恋爱心理特点

（1）自主性强。大学生在恋爱问题上，个性突出，重感情、易冲动，不受传统习俗的局限，在确定恋爱关系前，甚至在确定恋爱关系后，一般都不征求双方父母的意见。

（2）恋爱动机简单化。许多大学生在恋爱时没有考虑到将来结婚的问题，没有清楚地自觉地意识到应选择一个终身伴侣，他们谈恋爱，只是因为需要爱和被爱。

（3）自控力与耐挫力较弱。大学生一旦陷入热恋之中，往往不善于控制自己的情感，缺乏理智，对恋爱对象过分依赖，稍有波折就痛苦万分。一旦恋爱受挫，即会情绪失控，无法自拔，对学习造成严重影响。

（4）不成熟性与不稳定性。当前大学生由于社会阅历浅，思想单纯，对自己的人生目标和需要没有清楚的概念，造成在对待恋爱问题上简单、幼稚和不成熟。在择偶标准上，往往重外表、轻内在。在恋爱方式上，往往重形式、轻内容。在恋爱行为中，往往重过程、轻结果；重享乐、轻责任。

二、大学生恋爱存在的问题

大学期间谈恋爱会让大学生们在求知路上不再孤单，学会感恩与谦卑、分享与聆听，学会重新认识自己，从而逐步走向成熟。但也会因为各种原因而产生各种问题。

1. 单相思与爱情错觉

单相思是指异性关系中的一方倾心于另一方，却得不到对方回报的单方面的"爱情"。爱情错觉则是指在异性间的接触往来关系中，一方错误地认为对方对自己"有意"，或者把双方正常的交往和友谊误认为是爱情的来临。爱情错觉是单相思的另一种形式，它常会使当事人想入非非、自作多情。

单相思与爱情错觉都是恋爱心理的一种认知和情感的失误。单相思使某些学生陷入痛苦的境地，处于空虚、烦恼，甚至绝望之中。处理不好对以后的恋爱婚姻生活都有消极的影响，因此，陷入单相思的大学生要正确理解爱情的深刻含义，同时用理智驾驭情感，尊重对方的选择，不可感情用事，及早止步另作选择。

2. 恋爱动机不端正

有些大学生的恋爱动机不是出于爱情本身，而是为了弥补内心的空虚、孤独或随大流，有从众心理。这类学生在择偶时很少把恋爱行为与婚姻结合起来考虑，缺乏责任感。还有极少数的学生为了显示自己的魅力，同时和几位异性同学交往、周旋，搞多角恋爱，从而容易引起纷争、不幸和灾难，也极易发生冲突，酿成悲剧。

3. 择偶标准不切实际，选择对象理想化，虚荣心强

虽然当代大学生在择偶时对生理、心理、精神、家庭和社会等各方面越来越重视，但部分大学生在择偶时还会参照理想中的对象或把对象理想化，导致出现各种恋爱问题，从而产生矛盾。

4. 失恋

失恋是指恋爱过程的中断。失恋带来的悲伤、痛苦、绝望、忧郁、焦虑、虚无等情绪会使当事人受到伤害。

5. 恋爱中的性知识缺乏

我国性教育起步较晚，现有教育体系尚不完善。性教育的缺失引发了一系列问题。如青年学生因为对艾滋病认知不足，发生高危性行为后心存侥幸心理，检测与治疗不及时等。

课内活动

角色扮演——表白与被表白

班级全体学生分成两组，一组为表白组，一组为被表白组。表白组向被表白组诉说表白需要做的心理准备和行为，被表白组对表白组能否成功进行说明并说出自己的心理活动。

三、树立正确的恋爱观

1. 树立正确的恋爱观

（1）提倡志同道合的爱情。大学生在恋人的选择上坚持的首要条件是志同道合，思想品德、事业理想和生活情趣等大体一致，追求在理想、道德、义务、事业和性爱理念上合适的伴侣，与之在分享快乐和痛苦、共同成长的过程中，产生和发展爱情。

（2）摆正爱情与学习的关系。大学生应该把学习放在首位，摆正爱情与学习的关系，不能把宝贵的时间都用于谈情说爱而放松了学习。

（3）懂得爱情是一种相互理解，是相互信任，是一份责任和奉献。理解对方是为个人和对方营造一种轻松和快乐的氛围。在爱情中，相互之间的真诚、赞美、支持是维系信任的关键。

2. 发展健康的恋爱行为

（1）恋爱言谈要文雅，讲究语言美。交谈中要诚恳坦率自然，不要装腔作势，矫揉造作；不能出言不逊，污言秽语，举止粗鲁；不要无休止地盘问对方，使对方自尊心受损。

（2）恋爱行为要大方。一般来说，男女双方初次恋爱，在开始时常感到羞涩与紧张，随着交往的增加会逐渐变得自然与大方。交往时期要注意行为举止的检点。

（3）亲昵动作要高雅，避免粗俗化。高雅的亲昵动作会产生愉悦感和良好的心理效应，而粗俗的亲昵动作往往会引起消极的心理效果，有损大学生的形象。

（4）恋爱过程中要平等相待，相敬如宾。不要拿自身的优点去比较对方的不足，以此炫耀抬高自己，戏弄贬低对方。也不宜想方设法考验对方或摆架子，影响双方的感情。

（5）善于控制感情，理智行事。恋爱中引起的性冲动，一方面要注意克制和调节，另一方面要注意转移和升华，把恋爱行为限制在社会规范内，使爱情沿着健康的道路发展。

3. 培养爱的能力与责任

（1）迎接爱的能力。包括施爱的能力和接受爱的能力。如果心中有了爱，在理智分析之后，要敢于表达、善于表达。一个人面对别人施爱，要能及时准确地对爱作出判断，并作出接受、谢绝或再观察的选择。

（2）拒绝爱的能力。自己不愿或不值得接受的爱要有勇气加以拒绝。拒绝爱要注意两个方面：一是在并不希望得到的爱情到来时，要果断勇敢地说"不"；二是要掌握恰当的拒绝方式，处理方法简单轻率，甚至恶语相加，这些做法是很不妥当的。

（3）发展爱的能力，培养爱的责任。发展爱的能力，就是要培养无私的品格和奉献精神，要培养善于处理矛盾的能力，有效地化解消除恋爱和家庭生活中的矛盾纠纷，为恋人负责，为社会负责，才能创造出幸福美满的婚恋关系。

4. 提高恋爱挫折承受能力

大学生恋爱受多种因素的制约，在追求爱情的过程中遇到波折是难免的。当爱情受挫后，要用理智分析原因，总结经验教训，寻找解决问题的方法和途径，认识自己的价值，提高自己的心理承受能力和思想水平。

四、失恋的应对措施

失恋是一种特殊的情绪体验，失恋引起的主要情绪反应是痛苦与烦恼，大学生要正确对待和处理这种恋爱受挫现象，愉快地走向新生活。

1. 及时发泄失恋后的不良情绪

一个人失恋后，难免会产生焦虑、抑郁等不良的情绪状态，表现为又想哭又不敢哭、强颜欢笑等表面上看起来好像很"坚强"，其实对自己伤害很大的情绪。任何人都有哭的权利，如果不能在众人面前哭，可以找个地方私下痛哭一番，尽情发泄失恋后的不良情绪。

2. 不要和对方死缠烂打

有的人失恋后，为了挽回这份感情，会找对方沟通或询问。很多时候，这种行为被称为"死缠烂打"，换来的很可能是对方越来越多的厌烦。正确的做法应是"赶快走，走得越快，越果决，自己挽回的面子越多"，这就是"不纠缠"。

3. 冷静理智地分析恋爱问题

失恋后，应该理智地面对自己，冷静地去分析恋爱中出现的问题。很多时候，分手不是是非对错的问题，而是适合不适合的问题。找出问题所在，能改则改。

4. 坦然面对失恋

失恋时最尴尬的事是人尽皆知。大部分人会害怕别人问分手原因等问题。建议首先要接受恋爱关系已经结束的事实，不要害怕别人知道自己失恋的事，甚至可以主动让别人知道，表达"我现在很难过，但是我相信几天以后就会好一点"的态度。学会应对，同时也给自己一个心理暗示。

5. 学会坚强

失恋者在初期最常见的情绪反应就是丧失信心、自怨自艾、愤愤不平、觉得无脸见人，或自甘堕落、逃避现实。这些举动，对自己没有丝毫益处。处理失恋后的愤愤不平，最好的方法是好好过日子，自立自强，活得比以前更好，努力使自己的学业更上一层楼。

课后作业

请在课后完成以下练习题。

1. 大学生恋爱中常见的心理问题有哪些？
2. 阅读以下资料，回答问题。

张某，女，20岁，某高校大学二年级学生。一年前，她与男朋友相恋。上周，她男朋友在没有任何解释的情况下和她突然中断了联系，她通过各种方式询问缘由但都没有得到答复。因为这是她第一次谈恋爱，而且是男方主动追求的，当时她也是经过慎重考虑才同意的，张某将所有心思都投在了这段感情上。一年中，两人感情还算稳定，平常因为性格不合、观点分歧、爱好不一等原因发生过几次小的争吵，但也都和好了。

近日，她得知男朋友与她分手的原因是第三者插足，这对张某的打击巨大。从此，她便无心学业，心烦意乱，情绪抑郁，经常在寝室哭泣。张某的室友和朋友怎么劝导都无法缓解她的抑郁情绪，低落情绪愈发严重，对新生活的所有期待与憧憬也顷刻之间化为乌有，甚至出现轻生念头。

（案例来源：搜狐网，2020 年 11 月 17 日，有改动）

张某应该怎样走出情绪的低谷，请你为她设计调整情绪的方案。

💡 实践活动

心理图书朗读活动

心理图书朗读和阅读能引导大学生了解有关心理学、心理健康、心理疾病等方面的知识，加深对生命和爱的领悟，提升心理健康水平，形成知识的联系与思维的碰撞。

请同学们参与学校组织的心理图书朗读活动，在读书小组、线下导读会、线上交流会、成果提交评比及感悟分享中任选一个环节参加，并提交作品。

专题八　生理安全

导言

    强健的体魄是人类得以生存与发展的基础和保障。一个强盛的国家、一个强大的民族，其国民必然拥有强健的体魄。习近平指出："少年强、青年强则中国强。少年强、青年强是多方面的，既包括思想品德、学习成绩、创新能力、动手能力，也包括身体健康、体魄强壮、体育精神。"无论是一百年前中华民族生死存亡之际，还是中华人民共和国成立后一穷二白之时，先进的中国青年总是在时代洪流中不畏艰难、勇敢前进，用自己的青春年华和实际行动推动国家和社会不断前行。当代大学生既是实现第一个百年奋斗目标的亲历者，更是实现第二个百年奋斗目标、建设社会主义现代化强国的生力军，只有学业有成、身体强健，做到德智体美劳全面发展，才能真正成为建设祖国的栋梁之材，才能真正成为堪当民族复兴大任的时代新人。本专题主要讲述和大学生身体健康息息相关的用药安全、预防传染疾病的知识和急救攻略。

（图片来源：成都大运会官网，2023 年 8 月 28 日）

任务一　重视用药安全

学习目标

1. 知道用药伤害发生的常见原因和防范措施；
2. 了解相关的法律法规，知道用药伤害的应对方法；
3. 有一定的用药安全防范意识。

授课视频二维码

随着网络化带来的便利化，不少大学生出现健康问题后，第一时间想到的不是去医院就诊，而是查询病症，自行买药治疗。这种"自我药疗"在年轻人中日趋流行。然而，不安全的用药和错误用药是各地医疗保健系统中伤害的主要原因，与药物有关的伤害在不安全医疗照护造成的可预防性总伤害中所占比例最大。有专家警示，不安全的用药方式或导致严重的健康损害。大学生应该了解药物伤害发生的常见原因，学会安全用药。

案例分析

2019 年 4 月 17 日，南京某大学 27 岁的研究生小张因为感冒入院，但仅 7 天后就离世了。一场感冒怎么会如此厉害？这 7 天到底发生了什么？通过他主治医生的手记可以看到，小张高烧 41 摄氏度，呼吸困难、血压下降，身体的 8 个脏器中有 5 个已经衰竭，而且全身肌肉正在溶解。医生表示，小张是在感冒以后自行服用了泰诺和维 C 银翘片，而刚好这两种药里面都包含了对乙酰氨基酚，导致其含量超过了一个人肝肾代谢的最高限额，最终导致肝肾衰竭而死亡。

（案例来源：澎湃新闻，2019 年 10 月 29 日，有改动）

简析：

很多大学生觉得，感冒是一件小事，到药店随便买点药吃就好了。以上案例给我们敲响了一记警钟。案例中的小张由于对药物知识了解不多，缺乏用药安全意识，自行服用同时含有对乙酰氨基酚成分的两种感冒药，因对乙酰氨基酚过量导致肝肾衰竭而死亡。

法律法规

中华人民共和国药品管理法

第四十六条　直接接触药品的包装材料和容器，应当符合药用要求，符合保障人体健康、安全的标准。对不合格的直接接触药品的包装材料和容器，由药品监督管理部门责令停止使用。

第四十七条　药品生产企业应当对药品进行质量检验。不符合国家药品标准的，不得出厂。

第六十一条　药品上市许可持有人、药品经营企业通过网络销售药品，应当遵守本法药

专题八任务一
法律法规

品经营的有关规定。具体管理办法由国务院药品监督管理部门会同国务院卫生健康主管部门等部门制定。疫苗、血液制品、麻醉药品、精神药品、医疗用毒性药品、放射性药品、药品类易制毒化学品等国家实行特殊管理的药品不得在网络上销售。

第八十条 药品上市许可持有人应当开展药品上市后不良反应监测，主动收集、跟踪分析疑似药品不良反应信息，对已识别风险的药品及时采取风险控制措施。

第八十八条 禁止药品上市许可持有人、药品生产企业、药品经营企业和医疗机构在药品购销中给予、收受回扣或者其他不正当利益。

第九十条 药品广告的内容应当真实、合法，以国务院药品监督管理部门核准的药品说明书为准，不得含有虚假的内容。

第一百一十四条 违反本法规定，构成犯罪的，依法追究刑事责任。

😊 讨论思考

你还知道哪些高校发生的用药伤害事件？请和同学们分享，并找出发生该事件的原因。通过以上案例，你觉得大学生可以采取哪些措施防范用药伤害事件？请谈谈你的看法。

一、大学生用药伤害事件的常见原因

不安全的用药和错误用药是世界各地医疗保健系统中伤害的主要原因，影响大学生用药安全的因素主要有以下几个方面：

（1）就医给药错误。在医院就医，医护人员因各种原因给药错误导致用药伤害。

（2）自身不重视用药安全，或缺乏用药安全知识，导致用药伤害。

（3）轻信药品广告不实宣传而导致用药伤害。

（4）用药前不认真阅读说明书，自行增加剂量，导致用药伤害。

究其本质，用药伤害事件常见原因分为内在因素和外在因素。

1. 内在因素

（1）自身不重视用药安全，或缺乏用药安全知识，出现误用、滥用、处方配伍不当等不合理用药情况（抗生素滥用），长期用药发生蓄积作用而中毒的情况。

（2）用药前不认真阅读说明书，或不遵医嘱，导致误用、错用药品，以及出现两种以上药物合用导致不良反应的发生率增加、擅自减药或停药引起不良反应等。

（3）轻信药品广告不实宣传而导致用药伤害。有些药品广告夸大药品的有效性，而对药品的不良反应却只字不提，容易造成误导。

（4）盲目迷信新药、贵药、进口药。有些患者认为，凡是新药、贵药、进口药一定是好药，到医院里点名开药或在不清楚自己病情的情况下就到药店里自己买药，这些做法都是不恰当的。

2. 外在因素

（1）医师缺乏全面的药学知识等，导致用药错误。

（2）部分给药错误的发生是因为医护、护患之间沟通不良所导致的。

（3）护士人力不足导致工作繁忙或过于疲劳而增加失误发生概率。

（4）护士在护理工作中也容易受到来自各方面的干扰，干扰因素大部分来源于同事、患者及其家属和呼叫铃。

（5）因药物的包装、剂量、颜色相近，从而导致给药错误。

（6）由于违反操作规程，核对流程不规范导致的给药错误。

（7）护士因缺乏相关药学知识，可能在不清楚不同剂量药品作用、药品配伍禁忌时，给患者配置出错，或者出现剂量问题。

📽 课内活动

大学生用药安全意识调查问卷

请在课内完成大学生用药安全意识情况调查问卷。参与方法：扫描右侧二维码，回答相关问题。此问卷仅用于教学研究，不涉及个人身份信息收集，请如实填写。谢谢您的配合！

二、大学生用药方面存在的常见误区

1. 大学生常用药

（1）退烧、止痛药：一些非甾体类的抗炎药具有退烧、止痛的效果，例如布洛芬、对乙酰氨基酚、氨基比林、赖氨匹林、吲哚美辛等的药物成分都具有止痛、退烧效果。小剂量的地塞米松等糖皮质激素类药物，也有比较好的退烧作用。

（2）抗过敏药：每到春秋交替的时节，过敏便成了一种常见病。春季，最容易出现因吸入花粉诱发的季节性皮肤过敏和过敏性鼻炎；秋季，最容易出现荨麻疹。容易过敏的人群及时合理用药非常重要。常用的抗过敏药物分为两类。最常用的是抗组胺药，第一代抗组胺药有扑尔敏、苯海拉明、异丙嗪；第二代抗组胺药有氯雷他定、西替利嗪、依巴斯汀。第二类是过敏反应介质阻滞剂（又称肥大细胞稳定剂），代表药物是酮替芬、色甘酸钠，常用于过敏性鼻炎、支气管哮喘、过敏性皮炎等疾病的治疗。此类药物毒性甚微，较为安全，但起效慢，一般在连续服药1~2周后起效。

（3）腹泻：腹泻的病因复杂，一般按病因有感染性腹泻、炎症性肠病、消化性腹泻、激惹性或旅行者腹泻、菌群失调性腹泻、功能性腹泻。不同的腹泻在用药上也有不同。感染性腹泻可以遵医嘱使用盐酸小檗碱（黄连素）或者喹诺酮类的抗菌药物。除了细菌、真菌感染引起的腹泻外，均不需要使用抗生素治疗，可以服用一些药用炭、蒙脱石散等药品。注意，活菌制剂服用水温应低于40摄氏度，否则菌素会失活。腹泻严重者，往往会导致水分和电解质大量流失，引起脱水。治疗腹泻应充分补充失去的水分和电解质，口服补液盐是经济、简便、有效的治疗方式，防止急性腹泻所致的脱水。出现腹泻症状，需要注意腹部保暖，多休息，可少食多餐，饮食清淡，保证营养均衡。

（4）便秘：治疗便秘的药物分为以下几类：容积性泻药是治疗慢性便秘的常用药，代表药物有麦麸、硫酸镁等，主要用于轻度便秘；渗透性泻药，如乳果糖、聚乙二醇，适用于轻中度便秘患者；刺激性泻药，如酚酞片（果导片）、蓖麻油、番泻叶等，起效快、效果好，但长期使用会影响肠道水电解质平衡和维生素吸收，甚至导致大肠肌无力、药物依赖和大便失禁。便秘除了选择药物治疗以外，还应当养成良好的生活习惯，保持乐观的精神状态。注意饮食调理，养成多饮水、吃一些粗粮及粗纤维食物的习惯，养成定时排便的习惯。对于长期依赖服用泻剂排便的患者，应在医生指导下恢复正常的排便习惯。

（5）蚊虫叮咬等：蚊虫叮咬红肿可以用局部止痒药、抗组胺药、糖皮质激素药等治疗。虫咬后，皮肤会出现瘙痒感，此时可以使用局部止痒药缓解瘙痒感。常用的局部止痒药有丁酸氢化可的松乳膏、异丙肾上腺素软膏、炉甘石洗剂等，需要在医生指导下用药。症状严重也可遵医嘱使用糖皮质激素乳膏，例如醋酸氟轻松乳膏、复方倍氯米松樟脑乳膏、丙酸氯倍他索乳膏、丁酸氢化可的松乳膏、糠酸莫米松乳膏等都比较常用，具有抗过敏、消炎、止痒、减轻皮疹等功效，疗效好、见效快；但长期使用会导致皮肤变薄、干燥、出现黄褐斑等，所以不宜长期使用。具体用药需要在医生指导下进行，避免盲目用药，影响病情恢复。平时应该保持局部皮肤的清洁和卫生，一定要及时清洗患处，不要用手过度抓挠。

（6）感冒：感冒多可自愈，但头痛、打喷嚏、鼻塞、咳嗽等症状可明显影响患者的工作生活。为减轻症状，缩短病程，早日康复，感冒期间可选用一些对症治疗的药物。如头痛、头晕、全身肌肉酸痛，可选用解热镇痛药：对乙酰氨基酚、阿司匹林、布洛芬等；鼻塞严重者可选用鼻黏膜血管收缩药：伪麻黄碱或1%麻黄素溶液滴鼻；流清鼻涕可选用抗过敏药：氯苯那敏（扑尔敏）、苯海拉明等。若感冒症状较重、短期对症处理后无改善的患者，建议及时到医院就诊或咨询医生、药师等专业人士。

2. 大学生用药的常见误区

（1）部分大学生认为新药、贵药以及进口药才是好药，迷信所谓的"特效药"，忽略了药品的毒副作用，经常服用可能会出现耐药性；

（2）滥用、乱服抗生素、抗感染、减肥、排毒或滋补类药物；

（3）服药不按规定用法、用量，随意增减剂量；

（4）多种药品并用，忽视药物间的相互作用；

（5）用药不注意自己的年龄及生理特点，忽视药物中针对年龄的特殊用药要求；

（6）遇病时采取"先入为主"的态度，将病症自诊为"老毛病"而自行用药，或模仿他人用药，或盲目跟从广告宣传用药；

（7）常备药品久备而不常用，造成过期；

（8）对中药的副作用存在误解，长期不到医院就诊，自用中药。

三、用药伤害事件的预防措施

中国医院协会推荐关注用药安全"五时刻"，提醒患者不同时刻，要提出具体问题并寻求答案，以降低用药相关风险。这五个时刻分别是：认识药品、服用药品、加用药品、检查药品、停用药品。

1. 认识药品

用药前医生完全了解患者病情及用药史、过敏史，患者完全了解药品治疗特点、不良反应。可以具体了解以下情况：

(1) 这个药品的名称是什么，作用是什么？

(2) 服用这个药品有什么风险，可能出现什么副作用？

(3) 患者的疾病还有别的治疗方法吗？

(4) 是否已经告诉了医生患者的过敏史和其他健康状况？

(5) 如何储存这个药品？

2. 服用药品

了解药品正确的使用方式，日常饮食对药效的影响，出现不良反应的处置方式。可以具体了解以下情况：

(1) 应该什么时候服药，每次服用的剂量是多少？

(2) 应该以什么方式服用这个药品？

(3) 吃饭和饮料对正在服用的药物有影响吗？

(4) 如果漏服了药物怎么办？

(5) 当患者出现副作用怎么办？

3. 加用药品

完全告知医生患者目前用药情况后根据医生建议加用药品。可以具体了解以下情况：

(1) 真的需要加用别的药物吗？

(2) 是否已告知医生患者已经服用的药物？

(3) 现在服用的药物会不会出现相互作用？

(4) 如果怀疑有相互作用，该怎么办？

(5) 患者能正确管理现在的多个药品吗？

4. 检查药品

定期检查药物品种及服用时间。可以具体了解以下情况：

(1) 患者是否保留了用药清单？

(2) 每种药物患者吃了多久？

(3) 是否服用了现在不需要的药品？

(4) 药品定期检查了吗？

(5) 药品应该多久检查一次？

5. 停用药品

患者痊愈后或出现不良反应需要停药应遵从医嘱，不要随便停药或骤然停药。可以具体了解以下情况：

(1) 应该在什么时候停药？

(2) 药品中是否存在不能骤然停用的药物？

(3) 如果药品用完了该怎么办？

(4) 如果因为出现一些不良反应而停药，患者应该向哪里报告？

(5) 应该如何处理掉多余或过期的药品？

课后作业

请在课后完成以下练习题。

1. 大学生用药伤害事件的常见原因有哪些？
2. 个人如何才能避免或减少用药伤害？

任务二　预防传染疾病

学习目标

1. 知道传染病的分类和常见病种；
2. 了解相关的预防传染病的法律法规，掌握常见传染病的预防方法和措施；　　授课视频二维码
3. 有"上工治未病"的预防意识。

我国是人口大国，传染病的种类和分布情况复杂。传染病防治关系人民群众的身体健康和生命安全，关系经济社会发展和国家安全稳定。近年来，我国传染病疫情总体形势稳中有降，但防控形势依然严峻。"预防为主"是我国卫生工作方针的重要内容，新型冠状病毒感染疫情发生以来，大众对健康教育越来越关注，预防传染病成为维护人民健康的迫切需要。掌握传染病预防措施，是切断传染病传播、控制传染病流行的重要环节。本任务包括我国传染病分类、常见传染病的种类、相关的预防传染病的法律法规、常见传染病的预防方法和措施等内容。

案例分析

云南一女大学生患艾滋病不自知　4年致16人感染

中国青少年艾滋病防治教育工程云南基地负责人向记者讲述了这样一个案例：一名女大学生，跟社会上的青年发生了性行为。大一到大四期间她先后交了4个男朋友，并发生了性行为，之后分手了。这4个男生分别又找了女朋友，当中，又有分手了再找恋人的。这个女生到大四的时候，有一天突然发烧了，一直低烧，检测结果显示患了艾滋病。于是，从1例艾滋病到16例，4年时间，因为这个女大学生，16个人感染了艾滋病。这16人全部都是独生子女，16个家庭全都崩溃了……

（案例来源：人民网，2016年12月3日，有改动）

简析：

提到艾滋病，一些大学生总是觉得跟自己没什么关系。然而，根据国家卫生健康委员会2018年11月23日举行的新闻发布会介绍，2017年全国高校新增艾滋病感染者3 077例，其中81.8%经同性性行为传播感染。这些案例和数据令人震撼。大学生增强自我保护意识，做好防护措施，杜绝高危性行为，就有可能远离艾滋病的侵扰。

法律法规

《中华人民共和国传染病防治法实施办法》根据《中华人民共和国传染病防治法》的规定而制定。

专题八任务二
法律法规

第十八条　对患有下列传染病的病人或者病原携带者予以必要的隔离治疗，直至医疗保健机构证明其不具有传染性时，方可恢复工作：

（一）鼠疫、霍乱；

（二）艾滋病、病毒性肝炎、细菌性和阿米巴痢疾、伤寒和副伤寒、炭疽、斑疹伤寒、麻疹、百日咳、白喉、脊髓灰质炎、流行性脑脊髓膜炎、猩红热、流行性出血热、登革热、淋病、梅毒；

（三）肺结核、麻风病、流行性腮腺炎、风疹、急性出血性结膜炎。

第二十一条　被甲类传染病病原体污染的污水、污物、粪便，有关单位和个人必须在卫生防疫人员的指导监督下，按照下列要求进行处理：

（一）被鼠疫病原体污染

1. 被污染的室内空气、地面、四壁必须进行严格消毒，被污染的物品必须严格消毒或者焚烧处理；

2. 彻底消除鼠疫疫区内的鼠类、蚤类；发现病鼠、死鼠应当送检；解剖检验后的鼠尸必须焚化；

3. 疫区内啮齿类动物的皮毛不能就地进行有效的消毒处理时，必须在卫生防疫机构的监督下焚烧。

（二）被霍乱病原体污染

1. 被污染的饮用水，必须进行严格消毒处理；

2. 污水经消毒处理后排放；

3. 被污染的食物要就地封存，消毒处理；

4. 粪便消毒处理达到无害化；

5. 被污染的物品，必须进行严格消毒或者焚烧处理。

第二十二条　被伤寒和副伤寒、细菌性痢疾、脊髓灰质炎、病毒性肝炎病原体污染的水、物品、粪便，有关单位和个人应当按照下列要求进行处理：

（一）被污染的饮用水，应当进行严格消毒处理；

（二）污水经消毒处理后排放；

（三）被污染的物品，应当进行严格消毒处理或者焚烧处理；

（四）粪便消毒处理达到无害化。

死于炭疽的动物尸体必须就地焚化，被污染的用具必须消毒处理，被污染的土地、草皮消毒后，必须将10厘米厚的表层土铲除，并在远离水源及河流的地方深埋。

第四十八条　甲类传染病病人和病原携带者以及乙类传染病中的艾滋病、淋病、梅毒病人的密切接触者必须按照有关规定接受检疫、医学检查和防治措施。

前款以外的乙类传染病病人及病原携带者的密切接触者，应当接受医学检查和防治措施。

你身边出现过哪些传染病？这些传染病属于哪类传染病？你知道这类传染病的预防方法吗？请和同学们分享你的思考。

一、传染病的分类和常见病种

1. 传染病的分类

传染病分为甲类、乙类和丙类。

甲类传染病是指：鼠疫、霍乱。

乙类传染病是指：新冠肺炎、传染性非典型肺炎、艾滋病、病毒性肝炎、脊髓灰质炎、人感染高致病性禽流感、麻疹、流行性出血热、狂犬病、流行性乙型脑炎、登革热、炭疽、细菌性和阿米巴性痢疾、肺结核、伤寒和副伤寒、流行性脑脊髓膜炎、百日咳、白喉、新生儿破伤风、猩红热、布鲁氏菌病、淋病、梅毒、钩端螺旋体病、血吸虫病、疟疾。

丙类传染病是指：流行性感冒、流行性腮腺炎、风疹、急性出血性结膜炎、麻风病、流行性和地方性斑疹伤寒、黑热病、包虫病、丝虫病、除霍乱、细菌性和阿米巴性痢疾、伤寒和副伤寒以外的感染性腹泻病。

国务院卫生行政部门根据传染病暴发、流行情况和危害程度，可以决定增加、减少或者调整乙类、丙类传染病病种并予以公布。

📽 课内活动

2023年1月8日起，我国宣传对新型冠状病毒感染实施"乙类乙管"。请查找资料，说明实施"乙类乙管"后，有哪些应对措施？并与同学们分享你找到的资料。

二、传染病的基本常识

（1）鼠疫是鼠疫杆菌借鼠蚤传播为主的烈性传染病，系广泛流行于野生啮齿动物间的一种自然疫源性疾病。临床上表现为发热、严重毒血症症状、淋巴结肿大、肺炎、出血倾向等。鼠疫在世界历史上曾有多次大流行，我国在解放前也曾发生多次流行，病死率极高。

（2）霍乱是由霍乱弧菌引起的急性肠道传染病，潜伏期可从数小时至5天，一般为1~2日。轻型病例起病较缓，仅有轻度腹泻，大便性状为软便、稀便或黄水样便，个别带黏液或血性。中、重型患者起病突然，多以剧烈腹泻开始，继以呕吐，一些重型患者粪便从肛门可直流而出。大便性状初为稀便，后即为水样便，以黄水样或清水样为多见，少数为米泔样或洗肉水样。

（3）结核病是由结核杆菌感染引起的慢性传染病。结核菌可能侵入人体全身各种器官，但主要侵犯肺脏，称为肺结核病。结核病又称为痨病和"白色瘟疫"，是一种古老的传染病，自有人类以来就有结核病。

（4）艾滋病，全称是"获得性免疫缺陷综合征"（AIDS）。它是由艾滋病病毒即人类免疫缺陷病毒（HIV）引起的一种病死率极高的恶性传染病。HIV病毒侵入人体，能破坏人体的免疫系统，令感染者逐渐丧失对各种疾病的抵抗能力，最后导致死亡。目前还没有疫苗可以预防，也没有治愈这种疾病的有效药物或方法。艾滋病于1982年定名，1983年发现其病原体，是当前最棘手的医学难题之一。世界艾滋病日海报如图8-1所示。

（5）狂犬病是一种人畜共患疾病（由动物传播到人类的疾病），由一种病毒引起。狂犬病感染家畜和野生动物，然后通过咬伤或抓伤，经过与受到感染的唾液密切接触传播至人。95%以上的人类死亡病例发生在亚洲和非洲。一旦出现狂犬病症状，几乎总会致命。

图8-1　世界艾滋病日海报

（6）炭疽是由炭疽芽孢杆菌引起的传染性疾病。该病是牛、马、羊等动物传染病，但偶尔也可传染给从事皮革、畜牧工作的人员，炭疽杆菌的芽孢可以抵御很强的紫外线、高温等恶劣环境，在适合的环境下，芽孢会重新开始活动，变成有感染能力的炭疽杆菌。

（7）病毒性肝炎是由多种肝炎病毒引起的常见传染病，常见的有甲肝、乙肝、丙肝等。具有传染性强、传播途径复杂、流行面广泛、发病率较高等特点。临床上主要表现为乏力、食欲减退、恶心、呕吐、肝肿大及肝功能损害，部分病人可有黄疸和发热。有些患者出现荨麻疹、关节痛或上呼吸道症状。

（8）流行性乙型脑炎简称乙脑，本病主要分布在亚洲远东和东南亚地区，经蚊传播，多见于夏秋季，临床上发病急，有高热、意识障碍、惊厥、强直性痉挛和脑膜刺激征等，重型患者病后往往留有后遗症，属于血液传染病。

（9）人感染H7N9禽流感：流感病毒可分为甲（A）、乙（B）、丙（C）三型。其中，甲型流感依据流感病毒血凝素蛋白（HA）的不同可分为 $1 \sim 16$ 种亚型，根据病毒神经氨酸酶蛋白（NA）的不同可分为 $1 \sim 9$ 种亚型，HA不同亚型可以与NA的不同亚型相互组合形成不同的流感病毒。而禽类特别是水禽是所有这些流感病毒的自然宿主，H7N9禽流感病毒是其中的一种。

（10）钩端螺旋体病简称钩体病，是由致病性钩端螺旋体引起的动物源性传染病。鼠类及猪是主要传染源，呈世界性范围流行。临床以早期钩端螺旋体败血症，中期的各器官损害和功能障碍，以及后期的各种变态反应后发症为特点。重症患者可发生肝肾功能衰竭和肺弥漫性出血，常危及患者生命。

（11）猩红热是溶血性链球菌所引起的急性呼吸道传染病。临床特点为起病急、发热、咽峡炎、弥漫性皮疹、继而脱皮。如治疗不当或不彻底可能出现关节、肾脏等变态反应性并发症。猩红热在我国南方少，北方多；冬春季多，夏秋季少。其传染源为患者和带菌者，尤其是轻型患者和带菌者是本病的主要传染源。通过呼吸道飞沫传播给密切接触者，偶可通过带菌的用具传播。

（12）水痘，患者从出现皮疹前 2 日至出疹后 6 日具有传染性。患病初期可有发热、头痛、全身倦怠等前驱症状，在发病 24 小时内出现皮疹，皮疹分布呈向心性，即躯干、头部较多，四肢处较少。大部分情况下，病人症状都是轻微的，可不治而愈。

（13）淋病是淋病奈瑟菌（简称淋菌）引起的以泌尿生殖系统化脓性感染为主要表现的性传播疾病，是一种古老而又常见的性病。近年来发病率居我国（中国）性传播疾病首位，淋菌为革兰氏阴性双球菌，呈肾型，成双排列，离开人体不易生存，一般消毒剂容易将其杀灭。多发生于青年男女。

（14）梅毒是由苍白（梅毒）螺旋体引起的慢性、系统性性传播疾病（VD，STD）。绝大多数是通过性途径传播，临床上可表现为一期梅毒、二期梅毒、三期梅毒和潜伏梅毒。其以阴部糜烂、外发皮疹、筋骨疼痛、皮肤起核而溃烂、神情痴呆为主要表现。

（15）流行性脑脊髓膜炎简称流脑，是由脑膜炎双球菌引起的化脓性脑膜炎。临床表现为发热、头痛、呕吐、皮肤黏膜瘀点，瘀斑及颈项强直等脑膜刺激征。该病属于呼吸道传染病。

（16）疟疾是由疟原虫引起的疾病。蚊子是传播疟疾的元凶。带有疟原虫的蚊子叮咬人体后，把疟原虫注入人体，10~20 天后就会发病。发病前往往有疲乏、不适、厌食等症状，发病时经历发冷期、发热期、出汗期和间歇期四个阶段。

（17）伤寒、副伤寒是由伤寒杆菌和副伤寒杆菌甲、乙、丙引起的急性消化道传染病。近年来，伤寒的流行特点为：地区发病呈不均衡性，全年各月都有病例，但以夏秋季为高峰（8—10 月），各年龄组均可发病，高发年龄段为 20~40 岁，全国以散发为主，但有的地区时有暴发流行，其中以水型暴发为主，食物型暴发为 10%~15%，从沙门氏菌收集到的菌种伤寒沙门氏菌占 25%，副伤寒甲占 1%，副伤寒乙占 2%，副伤寒丙仅占 0.4%。

（18）流行性出血热又称肾综合征出血热，是由流行性出血热病毒引起的自然疫源性疾病，流行广，病情危急，病死率高，危害极大。世界上人类病毒性出血热共有 13 种，根据该病肾脏有无损害，分为有肾损及无肾损两大类。在我国主要为肾综合征出血热（HFRS）。1982 年世界卫生组织统一定名为肾综合征出血热。现我国仍沿用流行性出血热的病名。

（19）严重急性呼吸道症候群又称 SARS。在查明病因之前，被叫作"非典型性肺炎"，是一种极具传染性的疾病。传染性非典型肺炎，又称严重急性呼吸综合征，是一种因感染 SARS 相关冠状病毒而导致的以发热、干咳、胸闷为主要症状的传染病。严重者可出现快速进展的呼吸系统衰竭，是一种新的呼吸道传染病，极强的传染性与病情的快速进展是此病的主要特点。

（20）人感染高致病性禽流感是由禽甲型流感病毒某些亚型中的一些毒株如 H5N1、H7N7 等引起的人类急性呼吸道传染病。近年来 H5N1 型禽流感病毒在全球蔓延，不断引起人类发病，并且推测这一病毒可能通过基因重配或进一步突变成演变成为引起人类流感大流行的病毒，因此成为全球关注的焦点。《中华人民共和国传染病防治法》将其列为乙类传染病，但实行甲类管理，即一旦发生疫情，采取甲类传染病的预防控制措施。

（21）细菌性和阿米巴性痢疾，志贺菌属（痢疾杆菌）、痢疾阿米巴引起的肠道传染病。感染人体后，引起结肠黏膜的炎症和溃疡，并释放毒素入血。临床表现主要有发热、腹痛、腹泻、里急后重、黏液脓血便，同时伴有全身毒血症症状，严重者可引发感染性休克和（或）中毒性脑病。菌痢常年散发，夏秋多见，是我国的常见病、多发病。

（22）白喉是由白喉杆菌所引起的一种急性呼吸道传染病，以发热，气憋，声音嘶哑，犬吠样咳嗽，咽、扁桃体及其周围组织出现白色伪膜为特征。严重者全身中毒症状明显，可并发心肌炎和周围神经麻痹。

（23）新型冠状病毒感染以发热、干咳、乏力等为主要表现，少数患者伴有鼻塞、流涕、腹泻等上呼吸道和消化道症状。重症病例多在一周后出现呼吸困难，严重者快速进展为急性呼吸窘迫综合征、脓毒症休克、难以纠正的代谢性酸中毒和凝血功能障碍及多器官功能衰竭等。值得注意的是重症、危重症患者病程中可为中低热，甚至无明显发热。轻型患者仅表现为低热、轻微乏力等，无肺炎表现。传播途径主要为直接传播、气溶胶传播和接触传播。直接传播是指患者打喷嚏、咳嗽、说话的飞沫，呼出的气体近距离直接吸入导致的感染；气溶胶传播是指飞沫混合在空气中，形成气溶胶，吸入后导致感染；接触传播是指飞沫沉积在物品表面，接触污染手后，再接触口腔、鼻腔、眼睛等黏膜，导致感染。

（24）登革热是登革热病毒引起、伊蚊传播的一种急性传染病。临床特征为起病急骤，高热，全身肌肉、骨髓及关节痛，极度疲乏，部分患者可有皮疹、出血倾向和淋巴结肿大。应做好疫情监测，以便及时采取措施控制扩散。预防措施的重点在于防蚊和灭蚊，如图 8-2 所示。

图 8-2　防控登革热

（25）感染性腹泻广义是指各种病原体肠道感染引起的腹泻，这里仅指除霍乱、细菌性和阿米巴性痢疾、伤寒和副伤寒以外的感染性腹泻，为《中华人民共和国传染病防治法》中规定的丙类传染病。这组疾病可由病毒、细菌、真菌、原虫等多种病原体引起，其流行面广，发病率高，是危害人民身体健康的重要疾病。

（26）急性出血性结膜炎又称流行性出血性结膜炎（俗称红眼病），是近 30 年来世界暴发流行的一种新型急性病毒性眼病。其特点为潜伏期很短，起病急骤，眼刺激症状重，结膜高度充血，常见结膜下出血及角膜上皮点状剥脱。此病传染性极强，人群普遍易感，大流行期间曾造成一些城市停课、停产、停市。此病每于夏秋季节流行，多见于成人。

（27）流行性腮腺炎，腮腺炎病毒侵犯腮腺引起的急性呼吸传染病，并可侵犯各种腺组织或神经系统及肝、肾、心脏、关节等器官，患者是传染源，飞沫的吸入是主要传播途径，接触病人后 2~3 周发病，可导致不育症。

（28）流行性感冒简称流感，是由甲、乙、丙三型流感病毒分别引起的急性呼吸道传染病。甲型流感病毒常以流行形式出现，引起世界性流感大流行。乙型流感病毒常常引起流感局部暴发。丙型流感病毒主要以散在形式出现，一般不引起流感流行。人患流感后能产生获得性免疫，但流感病毒很快会发生抗原性变异从而逃逸宿主免疫。人的一生可能会多次感染相同和（或）不同型别的流感病毒。

（29）手足口病是肠道病毒引起的常见传染病之一，在夏秋季比较常见，多发生于 5 岁以下的婴幼儿，可引起发热和手足、口腔等部位的丘疱疹、溃疡，个别患者可引起心肌炎、肺水肿、无菌性脑膜炎等致命性并发症。

三、传染病的常见预防措施

（1）经常洗手。双手接触呼吸道分泌物后（如打喷嚏后）应立即洗手或擦净。建议使用肥皂和水彻底清洗，然后用纸巾擦干手。在没有流动水的地方，可以使用酒精消毒凝胶洗手。七步洗手法如图8-3所示。

（2）尽量避免到人多拥挤的公共场所，注意环境卫生和室内通风。周围有呼吸道传染病症状患者时，应增加通风换气的次数，开窗时要避免穿堂风，注意保暖。衣服、被褥要经常在阳光下暴晒。

（3）咳嗽和打喷嚏时用手臂、袖子遮住嘴，不随地吐痰，不随意丢弃吐痰或揩鼻涕使用过的卫生纸。

（4）接种疫苗。疫苗能提高传染病防御能力，对于许多传染病，接种疫苗是最好的预防措施。

（5）注意食品卫生安全。不吃生食，不喝生水，不吃霉变食物，食用冰箱储存食品前最好彻底加热。给熟食和生食准备单独的砧板，并在吃之前确保清洗所有水果和蔬菜。

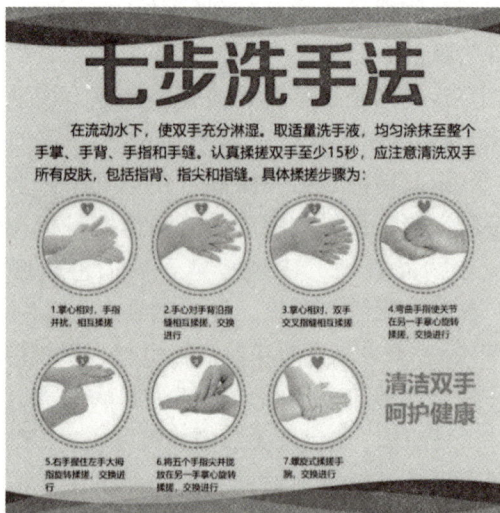

（图片来源：昵图网，2022年11月21日）

图8-3　七步洗手法

（6）做好旅行卫生安全防护。在旅途中很容易感染传染病，特别是在欠发达地区旅游时。如果旅游目的地的水值得怀疑，请务必准备安全水源，如瓶装水用来饮用和刷牙。吃煮熟的食物，避免生吃蔬菜。建议根据旅游目的地更新所有免疫接种。

（7）安全性行为。性传播疾病可能是最容易预防的传染病。采取有关安全性行为的措施（使用安全套），可以预防把传染性细菌或病毒从一个人传播到另一个人。

（8）不要抠鼻子（或嘴和眼睛）。它可能会导致各种疾病传染。许多微生物喜欢鼻子温暖和潮湿的环境，以及眼睛和嘴巴的黏膜覆盖表面等。避免触及这些区域，就很容易预防传染病。

（9）谨慎接触动物，避免接触猫狗、禽鸟、鼠类及其排泄物，一旦接触，一定要洗手。宠物要定期检查，接种最新疫苗。

（10）应保持充足睡眠，勤于锻炼，多喝水，多吃蔬菜水果，增加机体免疫力。

课后作业

请在课后完成以下练习题。

1. 性病有哪些种类？
2. 大学生如何预防艾滋病？

任务三 学会急救知识

学习目标

1. 知道普及急救常识的重要意义；
2. 了解急救工作的相关法律法规，掌握一定的急救知识与技能；
3. 树立安全健康意识。

授课视频二维码

2020年9月12日是第21个"世界急救日"。党的十八大以来，党中央高度重视青少年身体健康问题，习近平总书记多次对青少年身体健康状况作出重要指示。作为知识传播的"关键少数"和前沿科技成果使用的"先行群体"，在大学生群体中率先开展急救知识的普及和急救设备的使用等活动，不仅可以有效降低大学生心源性猝死的概率，还能带动其他社会群体积极关注院外急救事业，提升人们的公众急救意识与能力。

案例分析

日常生活需要急救知识

新型冠状病毒疫情暴发期间，援鄂护士张静静和战疫英雄于铁夫突发呼吸心脏骤停离世，让"心源性猝死"这一话题备受瞩目。心源性猝死，一直以来是人们生活中潜藏的隐形杀手，心脏骤停的最佳抢救时间短，一般称为"黄金4分钟"，如果能在1分钟内完成除颤，存活率可达90%，4分钟内成功被救者，存活率可达32%。数据显示，我国每年心源性猝死患者超过50万人，而院外抢救成功率不足1%。

（案例来源：中国网，2020年9月11日，有改动）

简析：

随着现代人生活节奏的加快，我国每年因心脏疾病猝死的人数不断递增，尤为令人担忧的是"猝死"有向青年群体蔓延的趋势。调查发现，大学生群体风险意识日益加强、对新生事物接受度高，在心肺复苏知识和AED设备使用方面整体呈现出较强的学习渴望和成长需求；但同时，大学生在心肺复苏知识及AED设备操作技能方面知晓率低，应急救护能力明显不足。调查显示，急救知识的缺乏正是大学生不愿参与现场急救的原因之一。当遇到呼吸停止的无意识伤员时，多数学生选择"拨打120，并在原地等候"（68.33%），能"立即上前查看，并采取急救措施"的比例只有25.76%。

法律法规

院前医疗急救管理办法

《院前医疗急救管理办法》于2013年10月22日经国家卫生计生委委务会议讨论通过，

自 2014 年 2 月 1 日起施行。

第十三条 全国院前医疗急救呼叫号码为 "120"。

第十五条 县级以上地方卫生计生行政部门应当加强对院前医疗急救专业人员的培训，定期组织急救中心（站）和急救网络医院开展演练，推广新知识和先进技术，提高院前医疗急救和突发事件紧急医疗救援能力与水平。

专题八任务三
法律法规

第十九条 从事院前医疗急救的专业人员包括医师、护士和医疗救护员。医师和护士应当按照有关法律法规规定取得相应执业资格证书。医疗救护员应当按照国家有关规定经培训考试合格取得国家职业资格证书；上岗前，应当经设区的市级急救中心培训考核合格。

第二十二条 急救中心（站）应当在接到 "120" 院前医疗急救呼叫后，根据院前医疗急救需要迅速派出或者从急救网络医院派出救护车和院前医疗急救专业人员。不得因指挥调度原因拒绝、推诿或者延误院前医疗急救服务。

第二十三条 急救中心（站）和急救网络医院应当按照就近、就急、满足专业需要、兼顾患者意愿的原则，将患者转运至医疗机构救治。

第二十五条 急救中心（站）和急救网络医院按照国家有关规定收取院前医疗急救服务费用，不得因费用问题拒绝或者延误院前医疗急救服务。

☺ 讨论思考

"急救技能" 将成为每个学生的一项 "必备技能"。你知道中国红十字会有急救员培训，并且可以考取证书吗？你知道什么情况下实施的心肺复苏和人工呼吸是有效或无害的？

一、在大学生群体中普及急救常识的意义

全民健康是国家富强、人民幸福的重要标志。在现实生活中，意外伤害和突发急症时刻威胁着我们，大学校园里的突发状况也常见诸报端，比如突发心脑血管疾病、意外受伤等。当前很多大学生不懂急救知识，没有急救技能。根据现代医学知识，意外伤害和急危重症导致心跳、呼吸骤停抢救的最佳时间仅是最初的 4 分钟，严重创伤者抢救的黄金时间是在受伤后 1 小时之内。因此，大学生学习急救知识，熟练掌握急救技能，提高现场急救能力，这样才可能在遇有突发事故时，成为现场挽救伤病人员生命的 "第一抢救者"。

1. 有利于调动大学生对急救医学的兴趣

在大学内推广急救知识，在一定程度上可以调动大学生对急救医学的兴趣。通过已实行和推广急救教育课程的学校反馈，学生对急救医学有较为浓厚的兴趣，很多大学生愿意掌握正确的急救方法和急救技巧。更多学生表示，急救医学知识可以在意外发生时，帮助自己的家人、朋友或是陌生人。

2. 有利于培养大学生的团队意识

在大学内推广急救教育知识，不仅是让学生们掌握一项重要的急救技能，而且可以让学生们在学习和进行医疗急救时，彼此之间相互合作，相互信任，共同完成急救，树立起团队

间的协作精神。急救过程中只靠一个人的力量往往是无法完成的,需要依靠队友之间的配合,通过团队之间的分工协作,才能够快速有效地挽救一个人的生命。大学生在相互配合、相互协作的过程中,不仅可以使急救过程变得更加流畅,还可以增进同学之间的友谊,最终提升交往能力。

3. 有利于提升大学生的自信心

大学生在学习急救知识的过程中,同学之间形成的团队协作精神以及配合的默契度,也会使大学生自身得到满足感,从而知道自己是有能力也是有价值的,可以在急救中奉献自己微小的力量。这在一定程度上提升了大学生的自信心,使其在面临意外状况时,可以信心饱满地参与到急救当中。

4. 有利于大学生更加关注自己的身体状况

通过学习急救知识,大学生可以了解到一些健康方面的知识,更加关注自己的身体健康状况,从而在生活中加强锻炼,提升个人的身体素质,保持良好的健康状态,进而更好地营造校园风气,树立正确的健康观念。

二、心肺复苏术

心肺复苏术,简称CPR,是针对骤停的心脏和呼吸采取的救命技术。其目的是恢复患者自主呼吸和自主循环。

1. 可以实施心肺复苏术的情况

(1)第一种情况:猝死的情况下,患者突然意识丧失,晕倒在地,这个时候,首先要判断患者的呼吸和脉搏,即摸一下颈动脉是否有搏动,如果颈动脉没有搏动,患者意识丧失,同时伴有呼吸停止,此时要紧急采取心肺复苏,最重要的是胸外按压。胸外按压就是使患者仰卧平躺在地上,然后用两个手按压患者胸骨的中下1/3的位置,来进行有效的按压,帮助心脏排血,这是一个非常重要的措施。

(2)第二种情况:如果患者突发心脏病,心脏呼吸骤停,这时就需要通过心肺复苏的方式来进行抢救,在短时间内挽救患者的生命。所以无论在何处,如果发现患者心脏骤停,都要积极进行抢救,对于心脏骤停的患者,最宝贵的抢救时间就是4分钟以内,要在4分钟以内对患者进行心脏按压和人工呼吸,尽量挽回患者的生命。

(3)第三种情况:呼吸骤停,包括中枢性和周围性。前者见于呼吸中枢及其传导系统的严重疾病和损害,而呼吸器官正常,如脑卒中、脑外伤、中毒和严重缺氧等。后者主要为溺水等各种原因导致呼吸道阻塞和梗塞。心跳可维持30分钟,大脑在心跳停止4~6分钟可出现不可逆损害(大脑死亡)。临床上引起呼吸、心跳骤停的患者,常见如急性心梗、严重创伤、电击伤、挤压伤、踩踏伤、中毒等。

2. 心肺复苏术的操作方法

在评估现场环境安全的前提下,实施以下操作:

(1)判断意识。用双手轻拍患者双肩,问:"喂!你怎么了?"告知无反应。

(2)检查呼吸。观察患者胸部起伏5~10秒(心中快速默念1001、1002、1003、1004、1005…),告知无呼吸。

(3)呼救。招呼其他人拨打120。

（4）判断是否有颈动脉搏。用右手的中指和食指从气管正中环状软骨划向近侧颈动脉搏动处，告之无搏动（心中快速默念 1001、1002、1003、1004、1005……判断 5 秒以上 10 秒以下）。

（5）松解衣领及裤带。

（6）胸外心脏按压（见图 8-4）。两乳头连线中点（胸骨中下 1/3 处），用左手掌跟紧贴患者的胸部，两手重叠，左手五指翘起，双臂伸直，用上身力量用力按压 30 次（按压频率至少 100 次/分，按压深度为 5~6 厘米）。

（7）打开气道。仰头抬颌法，口腔无分泌物，无假牙。

（8）人工呼吸。应用简易呼吸器，一手以"CE"手法固定，一手挤压简易呼吸器，每次送气 400~600 毫升，频率 10~12 次/分。

（9）持续 2 分钟高效率的 CPR。以心脏按压：人工呼吸 = 30：2 的比例进行，操作 5 个周期（心脏按压开始、送气结束）。

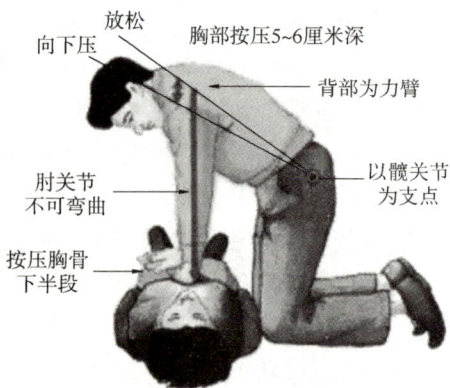

（图片来源：陕西百姓健康网，2019 年 12 月 11 日）

图 8-4　胸外心脏按压

（10）判断复苏是否有效。听是否有呼吸音，同时触摸是否有颈动脉搏动。

（11）整理患者。进一步生命支持。

3. 心肺复苏术提高抢救成功率的主要因素

（1）将重点继续放在高质量的 CPR 上。

（2）按压频率至少 100 次/分（区别于大约 100 次/分）。

（3）胸骨下陷深度至少 5 厘米。

（4）按压后保证胸骨完全回弹。

（5）胸外按压时最大限度地减少中断。

（6）避免过度通气。

课内活动

在老师的带领下，使用心肺复苏模拟人"复苏安妮"学习心肺复苏术，与小组成员轮流通过角色扮演体验心肺复苏术的感觉，并与同学们分享你的感受。

三、常用的急救知识

急救即紧急救治，是指当有任何意外或急病发生时，施救者在医护人员到达前，按医学护理的原则，利用现场适用物资临时及适当地为伤病者进行的初步救援及护理，然后从速送往医院。

1. 低血糖急救知识

低血糖临床症状主要表现为低血糖综合征，发病时可以有心慌、心悸、饥饿、软弱、手足颤抖、皮肤苍白、出汗、心率增加、血压轻度升高等症状。轻度低血糖患者如果神志清醒，可以吃几粒糖果、几块饼干，或喝半杯糖水，迅速提升血糖，一般十几分钟后低血糖症状就会消失。如果使用以上方法没有效果，或是患者出现神志不清的症状，则应立即送医院急救。

2. 创伤、突发急症急救知识

遇到创伤、突发急症的伤者时，在缺乏医学常识的情况下，不要盲目搬动患者，这样很有可能导致患者骨折错位，甚至伤及血管神经。应及时拨打120，在等待医护人员到来的过程中，尽自己所能为患者遮风挡雨，保温抗冻，避免其因外界环境而症状加重，这才是普通人能给予患者的最好帮助。

3. 溺水急救知识

救助溺水者，分秒必争。溺水者若抢救不及时一般4~6分钟即可呼吸心跳停止死亡。若在1~2分钟内得到正确救护，挽救成功率可以达到100%。

（1）迅速清除溺水者口、鼻中的污物。

（2）解开领口，使其平卧，以保持呼吸道通畅，再给予2次人工呼吸。

（3）将溺水者头部歪向一侧，进行心肺复苏按压，在按压的同时，溺水者胃部的积水也会自然流出。

（4）按照每30次心肺复苏按压配合2次人工呼吸的节奏循环进行，直到溺水者苏醒，或是专业的急救人员到来为止。

4. 烧伤、烫伤急救知识

烧伤、烫伤造成的伤害80%以上都是因为余热，所以急救的关键就是减少余热的损害。

（1）离：立即、迅速避开热源。

（2）冲：以流动的自来水冲洗或浸泡在冷水中，直到冷却局部并减轻疼痛或者用冷毛巾敷在伤处至少10分钟。不可把冰块直接放在伤口上，以免使皮肤组织受伤。如果现场没有水，可用其他任何凉的无害液体代替，如牛奶或饮料。

（3）脱：在穿着衣服被热水、热汤烫伤时，千万不要脱下衣服，而是先直接用冷水浇在衣服上降温。充分泡湿伤口后小心除去衣物，如衣服和皮肤粘在一起时，切勿撕拉，只能将未粘着部分剪去，粘着的部分留在皮肤上以后处理，再用清洁纱布覆盖伤面，以防污染。有水泡时千万不要弄破。

（4）敷：用清水冲洗后，局部涂烫伤膏，可用保鲜膜覆盖。

（5）送：呼吸道烧伤易发生窒息，要高度警惕。注意清除呼吸道的异物，保持呼吸道通畅。一旦发生窒息或呼吸停止，立即进行心肺复苏，并紧急送往医院。

5. 触电急救知识

触电急救的第一步是尽快找到电闸，切断电源，使触电者迅速脱离电源（见图8-5），第二步是现场救护。

（1）就近拉开电源开关，拔出插销或保险，切断电源。要注意单极开关是否装在火

（图片来源：济南来宝医疗器械有限公司网站）

图8-5 使触电者脱离电源

线上，若是错误地装在零线上则不能认为已切断电源。可以用带有绝缘柄的利器切断电源线。如果找不到开关或插头时，可用干燥的木棒、竹杆等绝缘体将电线拨开，使触电者脱离电源。也可用干燥的木板垫在触电者的身体下面，使其与地面绝缘。如遇高压触电事故，应立即通知有关部门停电。要因地制宜，灵活运用各种方法，快速切断电源。

（2）若触电者呼吸和心跳均未停止，此时应使触电者就地躺平，安静休息，不要让触电者走动，以减轻心脏负担，并应严密观察呼吸和心跳的变化。若触电者心跳停止、呼吸尚存，则应对触电者做胸外按压。若触电者呼吸停止、心跳尚存，则应对触电者做人工呼吸。若触电者呼吸和心跳均停止，应立即按心肺复苏方法进行抢救，同时让人拨打 120 急救电话。

🖐 课后作业

请在课后完成以下练习题。

1. 请简述心肺复苏术的操作方法。

2. 阅读以下资料，回答问题。

某高校高某在宿舍楼提着接满热水的开水壶上楼，在上到二楼时，因脚滑，摔在楼道上，开水壶口破开，手背和手指不同程度被烫伤。因疼痛，高某第一时间回到寝室拿了红药水涂烫伤部位，并用纱布包敷着手。

高某的应对措施正确吗？应该怎样做？

💡 实践活动

爱国卫生志愿服务活动

为预防疾病，创建卫生健康的校园环境，弘扬爱国卫生运动的主旋律，激发广大大学生积极参与爱国卫生运动，请你草拟一份开展大学生爱国卫生志愿服务活动的方案，内容可以包括卫生校园创建宣讲、清扫校园卫生、生活垃圾分类等。并根据此活动方案组织一次以班级为单位的志愿活动，以实际行动践行爱国卫生从自我做起，从小事做起，从言行举止的细微之处做起，说文明话、办文明事、做文明人。

专题九 教学安全

导言

　　大学生活对于每一位大学生来说都是一段美好又难忘的时光，在校期间，教育学习贯穿了大学生涯的整个过程。与此同时，教学安全的重要性也不容忽视，教学安全包括军训及室外教学安全、室内及实验室教学安全和校外实践教学安全等。教育教学是学校工作的中心环节，是确保正常的教学秩序、杜绝安全事故发生的首要工作。近年来，大学生教学安全事故屡有发生，反映出大学生教学安全意识淡薄，对潜在风险和危险认识不足等问题。本专题主要引导大学生学习教学安全相关知识，掌握预防和应对军训及室外教学安全、室内及实验室教学安全和校外实践教学安全的技能，增强教学安全教育意识，能够做到自觉防护。

（图片来源：21 世纪教育，2022 年 2 月 27 日）

任务一　保障军训及室外教学安全

学习目标

1. 知道军训时常发生的意外情况和防范措施；
2. 了解室外教学运动安全事故和急救常识；
3. 有一定的运动安全防范意识。

授课视频二维码

当代大学生是国家的中流砥柱，是国家未来的根本保证。作为合格的中国公民，每个人都应该深刻了解认识到国防教育的必要性和重要性。军训可以磨炼学生的意志，培养学生吃苦耐劳、顽强拼搏、永不言弃的精神。但与此同时，军训对于学生的身体和精神层面是一项重大的考验，因此也要在严格军训的同时确保学生的安全。为杜绝和避免学生在军训期间发生意外事故，保证军训工作安全顺利开展，应做好有关安全事故防范工作。

案例分析

2020年9月27日，江苏徐州医科大学2020级学生张某豪，被室友发现在宿舍倒地昏迷。室友第一时间拨打120急救电话，并报告学院辅导员和值班老师。经查大一新生张某豪在早上起床准备参加当天军训时突然倒地，送医后不治身亡。

（案例来源：金台资讯，2020年9月30日，有改动）

简析：

该案例中张某豪军训前参加了学校统一为新生组织的体检，体检报告显示尿酸和血压"有点儿高"，医嘱建议不要做剧烈运动。凡参加军训的学生，必须认真进行体检，经医院证明身体健康者方可参加。凡身体不适的学生必须向学校提前说明，可做后勤等工作，免予训练。各校都在加强学生军训期间的医务监督，实行健康询问和巡查制度，提前制定新生军训工作实施方案，对军训期间学生的日常管理、心理辅导、思想教育、军训服装需求、训练期间的饮食卫生安全、身体情况等方面有具体详细的规定及应急预案。大学生们在军训前也需对军训知识做到应知尽知，做好军训心理准备工作。

法律法规

《国务院办公厅 中央军委办公厅 关于深化学生军事训练改革的意见》文件提出：

着眼依纪依规严密组织开展2018年度学生军训工作，军委国防动员部8月中旬下发通知，明确从8月25日开始，全国学生军训建立日报告制度，每天各省军区收集汇总当日省域内学生军训情况，上报军委国防动员部。去年以来，各级军事机关与教育行政部门联手，全面展开深化学生军训改革，积极探索适应新

专题九任务一
法律法规

时代要求的学生军训路子。

《江西省人民政府办公厅 江西省军区战备建设局关于深化学生军事训练改革的实施意见》文件提出：

严格执行《中华人民共和国兵役法》《中华人民共和国教育法》，深入贯彻党的教育方针、新形势下军事战略方针和总体国家安全观，围绕立德树人根本任务和强军目标根本要求，着眼培育和践行社会主义核心价值观，以促进青少年健康成长和全面发展为目标，以提升学生国防意识和军事素养为重点，着力创新制度机制，着力增强基础保障，着力加强质量监测，全面提高学生军训质量效益，充分发挥学生军训综合育人功能，为国家人才培养战略实施和国防后备力量建设作出重要贡献。

☺ 讨论思考

你或你身边的同学发生过运动安全事故吗？你能找出发生事故的原因吗？在上述案例中，如果你是张某豪的室友，你会采取哪些措施来实施急救？请谈谈你的看法。

一、军训日常预防

军训（见图9-1）的目的是提高学生的自理能力，培养学生艰苦奋斗、刻苦耐劳的坚强毅力以及良好的生活作风。军训的意义是通过严格的训练，提高学生的集体主义精神，增强学生的爱国主义精神，这也是军训中思想政治教育的主题。

（图片来源：江西青年职业学院）

图9-1　军训

1. 注意军训饮食

（1）补充水分和盐分。军训经常在烈日下进行，皮肤往往容易被晒伤，大学生在军训时要尽量多喝白开水，夏天由于流汗较多，可以在白开水中加入少许食用盐以补充体内流失的盐分，切忌饮用自来水，以免引起肠道传染病，还要少喝碳酸饮料。

（2）保证营养早餐。通常军训时上午的训练任务较重，因此早餐首先要保证热量的摄入。建议吃稀饭、馒头或包子、鸡蛋，或牛奶、面包、鸡蛋，或素米粉、鸡蛋；中餐要保证荤素搭配，保证营养摄入全面，要多吃富含钠、钾、钙的食物，例如豆腐及其他豆制品、鱼肉类含有大量的钙，蔬菜如冬瓜、番茄、南瓜、黄瓜、萝卜、茄子、马铃薯等，水果如香蕉、苹果、梨子、葡萄等。

（3）保证维生素。要多食用一些富含维生素的食物。军训期间为防御紫外线晒伤，需充分摄取防止肌肤老化的维生素 E 和增加皮肤抵抗力的维生素 A 以及增加皮肤弹性的钙。

（4）少吃或不吃油腻食物。军训的时候少吃或不吃油腻、辛辣的食物，军训每天出汗量大，暴晒，毛孔容易被汗液、灰尘、油脂、防晒霜等堵住，如大量食用刺激食品，容易嗓子疼、脸上长痘。

2. 注意军训卫生保健

军训是新生进入大学后的必修课，为了使学生能以健康的身体顺利完成军训，下面简单介绍一下有关军训的卫生保健常识及注意事项。

（1）注意饮食、饮水卫生，防止肠道传染病。不吃过期变质的食品，不吃生、冷、过度辛辣和油腻的食物，不暴饮暴食；一日三餐要注意合理营养，做到粗细粮搭配，动植物食品搭配。一般情况下，早餐要吃好，宜摄入高热量、高蛋白的食物，避免空腹参加军训，以免发生低血糖性昏迷；午餐要吃饱，要注意保证营养摄入全面；晚餐要吃少，宜吃清淡少油腻的食物，以七分饱为宜；自带餐具，不使用别人的餐具，不和他人共用水杯；气温较高时，要穿长袖衣服，尽量减少皮肤外露，训练前将暴露的皮肤涂抹上防晒霜。皮肤若起红疹或水泡，应及时就医。

（2）注意防止呼吸道疾病的发生。入秋后早晚温差较大，加之每日的军训强度使身体很疲劳，抵抗力容易下降，军训时期应注意预防呼吸道感染、肺炎、气管炎、带状疱疹等疾病；每日军训结束后，不能立即洗澡，要在休息半小时后再洗澡，洗澡时应该用温热水冲洗，不能用冷水；夜里睡觉一定要盖被子，避免受凉生病；注意室内卫生，每天注意开窗通风，勤晾晒被褥、毛巾，勤换洗内衣、内裤；注意休息，保证睡眠充足。晚上不可熬夜，最好午睡一小时，如此下午军训时可保持精神饱满、体力充沛；要注意适时加减衣服；训练完不能马上用凉水洗澡；对一般的打喷嚏、鼻塞和流涕等症状，可暂不服用混合配方的感冒药，多喝开水、注意休息，适当服用藿香正气水或胶囊。

（3）注意安全防护，提前做好预防。准备减震鞋垫及纯棉的袜子，防止脚上起泡；随身携带面巾纸或创可贴，以备不时之需；午餐一定要吃，但不要吃太饱，不吃的话不仅下午训练没精神还会胃疼，吃多的话下午会困倦；不戴隐形眼镜；每晚睡前揉小腿，放松腿部肌肉；准备一些常用药，如护嗓药、感冒药等；军训剧烈运动刚结束时，不宜立即静止下来休息，不宜立即大量饮水，不宜马上洗冷水澡、游泳、吹电风扇或进空调房间，不宜立即饮啤酒，不宜立即吃饭。

课内活动

你在参加军训时学校有哪些保障安全的措施？你在新生入学军训中是怎样应对军训安全的？请和同学们分享你的军训生活中有趣的事和可推广的经验。

二、室外运动损伤预防

1. 运动损伤的定义

运动损伤（Athletic Injuries）是指运动过程中发生的各种损伤。其损伤部位与运动项目以及专项技术特点有关。例如，体操运动员受伤部位多是腕、肩及腰部，与体操动作中的支撑、转肩、跳跃、翻腾等技术有关。网球肘多发生于网球运动员与标枪运动员。

2. 运动损伤的原因

（1）未进行热身活动或热身活动不合理。在准备活动不充分的情况下运动，身体各系统不能适应突然增加的运动量，肌肉不能很好地保护肢体和关节，易造成运动损伤（见图9-2）。

（2）基础训练水平不足。身体素质不良时，肌肉力量和弹性较差，反应较迟钝，关节灵活性和稳定性也较弱，容易致伤。

（3）缺乏科学的健身指导。正确的健身方式、强度、时间，身体生物力学特征，结合专项运动的特点，可较好地保护人体的薄弱部分，增强下肢弹跳力。

（5）违背科学训练的原则。运动训练是一门科学性强的实践活动，有其自身的规律，要遵从科学的训练原则，用适当的方式锻炼，否则必然会导致过度使用性损伤，有时还会导致急性损伤。

（6）运动状态不好。过于疲劳、患病、病后康复阶段以及心理状态不佳等都是运动损伤的诱因。

（图片来源：微医，2020年9月19日）

图 9-2　运动损伤

（7）气候或环境因素不佳。光线不足，气温过高或过低，雨雪后地面湿滑等都是运动损伤的诱因。需要采取相应的预防措施，才能减少运动损伤发生的风险。

3. 常见急性运动损伤的处理

（1）关节脱位，也称脱臼，是指构成关节的上下两个骨端失去了正常的位置，发生了错位。多由暴力作用所致，以肩、肘、下颌及手指关节最易发生脱位。关节脱位可分为完全脱位和半脱位，前者是关节面完全脱离原来的位置，后者是关节面部分错位。关节脱位后，受伤关节会剧烈疼痛，关节明显肿胀，关节功能丧失，关节的正常位置发生改变。伤后应立即用夹板或吊带固定受伤的关节，保持伤员安静，避免移动关节；若颈部、髋部受伤，在受伤部位完全固定之前，不要移动患者。关节脱位应由有整复技术的医生进行整复。

（2）骨折，是指骨结构的连续性完全或部分断裂。骨折是体育运动中比较严重的一种损伤。依据骨是否完全断裂，骨折分为不完全骨折（如裂缝骨折、柳枝骨折等）和完全骨折（骨折端完全分离）。骨折时伤员偶可听到骨碎声，骨折后会发生剧烈疼痛。发生完全骨折时，骨折端会发生移位、重叠而变形，有明显的压痛和震痛感，移动时可产生骨摩擦音。

（3）急性腰扭伤，是腰部肌肉、筋膜、韧带等软组织因外力作用突然受到过度牵拉而引起的急性撕裂伤，常发生于搬抬重物、腰部肌肉强力收缩时。急性腰扭伤可使腰骶部肌肉的附着点、骨膜、筋膜和韧带等组织撕裂。腰扭伤时腰部出现疼痛，呈持续性剧痛，活动受限，不能挺直，俯、仰、扭转困难，咳嗽、打喷嚏、大小便时可使疼痛加剧。腰扭伤急性期应卧床休息，辅以物理治疗。也可局部敷贴活血、散淤、止痛膏药。症状减轻后，逐渐开始腰背肌锻炼。

（4）肩袖损伤，是指肩袖肌腱和肩峰下滑囊的创伤性炎症，多由外伤或反复运动造成。肩关节反复旋转或超常范围的活动，引起肩袖肌腱和滑囊受到反复牵扯、摩擦和挤压，引起创伤性炎症。肩袖完全断裂时，因丧失其对肱骨头的稳定作用，将严重影响肩关节外展功能。损伤的肌腱可配以针灸、理疗、中药外敷，如损伤较重，肩袖完全撕裂，则需进行手术治疗。

4. 常见慢性损伤的处理

（1）网球肘，又名肱骨外上裸炎，是肘关节外侧前臂伸肌起点处肌腱发炎疼痛。网球肘症初期，只是感到肘关节外侧酸痛，肘关节外上方活动痛，疼痛有时可向上或向下放射，感觉酸胀不适，不愿活动，轻者在肱骨外上髁处有局限性压痛点，有时压痛可向下放散，甚至在伸肌腱上也有轻度压痛及活动痛。严重者伸指、伸腕或执筷时即可引起疼痛。症状较轻者可进行局部冰敷、按摩、热疗、针灸、牵拉、中药外敷、注射可的松局部消炎止痛等，并适当减少、限制手腕部用力活动。严重者需进行手术治疗。

（2）髌骨劳损，是髌骨软骨面及其相对的关节软骨面因慢性损伤后，形成髌骨骨关节炎症的一种退行性疾病。此伤在篮球、排球、铁饼项目的运动员中发病率较高，主要是因运动过多。在体育运动中，篮球的滑步、防守、急停、进攻和上篮，跳高、跳远的踏跳和最后一步制动，排球运动中的起跳和滚动救球等，都有可能导致髌骨劳损。其主要症状有髌骨下疼痛，稍加活动后缓解，运动过久又会加重，休息后消失；髌骨边缘压痛，膝前疼痛，推动髌骨可有摩擦感并伴有疼痛。可采用冰敷、热敷、理疗、中药外敷、针灸等治疗方法，也可直接寻求专业医生治疗。

三、高校室外运动安全

1. 高校校内体育运动安全事故的常见原因

高校校内体育运动安全事故的原因主要有以下几种：

（1）体育运动本身存在一定的危险性。体育运动具有一定的对抗性和激烈性。如果学生对运动项目存在的危险没有预见，就有可能发生意外事故。

（2）运动场地、运动器材存在一定的安全隐患。有些学校在建设体育场地设施时，由于各种原因，施工时没有考虑周全，就很容易造成安全隐患；一些体育设施、设备陈旧，如单杠、双杠、爬竿、爬绳等，受日晒雨淋，学校没有及时保养和维修，学生在运动时器材发生断裂，致使学生摔伤。

（3）学生自身对运动安全认识不够。部分学生自身对运动安全认识不够，如有些运动行为具有危险性，学校、老师已经告诫、纠正，但学生不听劝阻。有些学生知道自己患有特定疾病，但未告知学校或者老师。学生的安全意识和自我保护能力较弱。

（4）老师组织安排不当。有些老师在进行体育教学活动时，忽视安全问题，体育运动内容安排不当。有些老师上课时对一些运动的技术动作讲解、示范不够或安全保护措施不力。另外，学生中有少数人患有先天性疾病，老师没有区别对待都可能导致伤害事故。

2. 高校体育伤害事故预防措施

（1）提高师生和有关人员的思想认识。把增进学生身体健康、预防伤害事故的发生作为学校的一件大事来抓。按照有关规定，确定老师，规划场地，配备器材，组织人员定期检查体育运动场地、设施、设备，责任到人，及时维修和增添器材设备。

（2）培养良好的运动习惯，对身体有疾病的学生要妥善安排，对参加运动会的学生要进行身体检查，由医院出具健康证明。在教学过程中按要求、分层次、循序渐进地进行教学，同时要加强保护与帮助，消除学生的恐惧心理。教学中要严格按照教学大纲要求，不超大纲规定的范围和难度，顺利完成体育课的教学任务。

（3）合理安排运动强度。现在大部分学生的抗挫折能力较差，自我保护意识较弱，因此在体育课中应加强自我保护意识。对控制能力差、身体素质弱的学生进行重点保护与帮助，切实做好安全事故的预防工作。

（4）加强医务人员的责任心。医务人员在新生入校时，对学生进行体检和问卷调查，了解学生是否有隐性疾病。每年对学生进行一次体检，了解学生的身体状况。加强日常活动中的医务监督，了解学生即时的身体状况，这样可有效预防伤害事故的发生。

课后作业

请在课后完成以下练习题。

1. 校内外运动安全事故的常见原因有哪些？

2. 阅读以下案件，并做相应回答。

李某是南通市某中学的一名学生，2017年10月的一天，李某在课外活动时间到操场玩双杠，李某正在做前后摆动的动作时，突然锈迹斑斑的双杠立柱发生断裂，李某一下子从双杠上重重摔到了地上，随后被送往医院，经医生诊断为下颌骨骨折，身体多处软组织损伤。事故发生后学校虽然派老师到医院看望李某，并垫付了部分医疗费，但是李某家长和学校就赔偿问题未达成协议，家长一纸诉状将学校告上法庭。

（案例来源：网易网，2021年11月28日）

请分析该起案件发生的原因。如果你在现场，你会做出怎样的急救措施？

任务二　保障实验室教学安全

学习目标

1. 知道实验室经常发生的意外情况和防范措施；

2. 了解实验室意外事故和急救常识；

3. 有一定的实验室安全防范意识。

授课视频二维码

随着新学期的到来，大学生已陆续返回校园开始新的学习生活；也有不少新生即将开启自己的实验工作生活。实验室安全体系作为实验室实践教学的重要环节，其重要性不言而喻。高校实验室安全管理，包括危险化学品的购买、使用以及废弃物的处理等内容。实验室作为综合性场所，人员密集，稍有忽视即有可能发生安全问题。本任务将引导大学生了解实验室基础安全知识，养成良好的实验习惯，学会防微杜渐，保证实验室教学安全是构建高校实验室实践安全体系最关键的一环。

案例分析

2005 年 8 月 2 日，某军校化学实验室王某、赵某等人在安装高压釜的紧固件和阀门。在前几日拆卸时已将管道内氯硅烷液体放出，为阻挡灰尘用简易塞将氯硅烷液相管塞住。在安装氯硅烷液相管时，赵某将简易塞拔下的一刹那，突然有一股氯硅烷挥发气体冲出，此时王某正在俯身紧固螺丝，来不及躲闪，喷到其脸上和两手臂上，两人均被灼伤。

（案例来源：四川民族学院教务处，2005 年 8 月 2 日）

广东深圳一高校的博士生孙某在做实验时，玻璃瓶毫无征兆突然爆炸，玻璃碴四处飞散。孙某迅速冷静下来，摸到脖子在流血，这时，他身旁的同学也赶来，帮助他简单包扎按压，并把他送到深圳大学总医院急诊科。医生表示，孙同学颈部最深的一处疤痕离颈动脉只有 0.2 毫米，如果再深入一点儿，就来不及送到医院急救了。

（案例来源：广州校园，2022 年 6 月 14 日，有改动）

简析：

第一个案例中高压釜反应装置被安置在棚内，当时又正值高温时节，棚内温度超过40 摄氏度，管内残留的氯硅烷变为气体，产生了一定的压力，拔去塞子时氯硅烷气体就冲了出来。王某、赵某等人因对于高温对化学试剂可能带来的危险性认识不足，又因未使用防护用品，从而扩大了受伤部位。第二个案例中，孙某及其同学沉着冷静，处理得当，为生命赢得机会。实验室的安全事故，一般是违反操作规程、疏忽大意造成的，既伤害了自己又伤害了别人，应引以为戒。

法律法规

《危险化学品安全管理条例》（国务院令第 591 号）第四条：危险化学品安全管理，应当坚持安全第一、预防为主、综合治理的方针，强化和落实企业的主体责任。

《中华人民共和国安全生产法》（中华人民共和国主席令第 13 号）第三十六条：生产经营单位生产、经营、运输、储存、使用危险物品或者处置废弃危险物品，必须执行有关法律、法规和国家标准或者行业标准，建立专门的安全管理制度，采取可靠的安全措施，接受有关主管部门依法实施的监督管理。

专题九任务二
法律法规

《中华人民共和国环境保护法》（中华人民共和国主席令第 9 号）第四十八条：生产、储存、运输、销售、用、处置化学物品和含有放射性物质的物品，应当遵守国家有关规定，防止污染环境。

《教育部办公厅关于开展加强高校实验室安全专项行动的通知》要求各高校把安全摆在各项相关工作的首位，把实验室安全作为不可逾越的红线，进一步细化学校、二级单位、实

验室三级联动的实验室安全管理责任体系，明确各级安全责任。要根据危险源使用和储存情况，配备专职安全管理人员。要结合自身实际情况对实验室进行分级分类管理，建立完善适合学校实际的实验室分级标准，对不同风险等级的实验室，采取相应管理措施；对安全隐患实施分级分类管理，制定定量分级标准，全面辨识、评估，确定事故隐患和职业危害监控点，切实落实管理责任。要建立健全项目风险评估与管控机制，凡涉及有毒有害化学品（剧毒、易制爆、易制毒、爆炸品等）、危险气体（易燃、易爆、有毒、窒息）、病原微生物及携带致病原体的实验动物、辐射源及射线装置、同位素及核材料、危险性机械加工装置、强电强磁与激光设备、特种设备等各种危险源的科研、教学项目，必须经过风险评估后方可进行实验活动。

☺ 讨论思考

你还知道哪些实验室安全事故？你能找出发生事故的原因吗？在上述案例中，如果你是王某等人，你会怎么做？请谈谈你的看法。

一、实验室安全教育的重要性

大学生是国家崛起之实力储备，是社会新技术、新思想的前沿群体，也是国家培养的高级专业人才。大学生年轻有活力，是充满开拓性和创造力的推动社会进步的主力军，也是中国特色社会主义事业的建设者和接班人。大学生的安全问题不仅直接关系到千家万户的幸福，还关系到校园的安全和社会的稳定。

做好大学生实验室安全教育工作，能够提高大学生的安全意识，帮助他们掌握更多的安全知识，规范实验操作，从而减少安全事故的发生。

二、实验室主要安全事故

实验室是科学研究和社会服务活动的必备场所，是实现科技创新的必备条件，实验室的安全对整个学校的安全和稳定至关重要。做好实验室安全管理工作，保证大学生的和谐、安全和稳定，首先要了解实验室中有哪些常见的安全事故。在实验室做实验如图9-3所示。

1. 火灾事故

因忘记关闭电源，导致设备通电时间过长或温度过高，引起火灾；因操作设备不当，引起着火；因供电线路老化，导致火灾；在实验室乱扔烟头，引起火灾等。

2. 爆炸事故

因违反操作流程，引燃易燃物品，进而导致爆炸；因设备老化，存在故障或缺陷，造成易燃易爆物品泄漏，遇火花而引起爆炸。

3. 生物安全事故

微生物实验室管理上的疏漏和意外事故不仅可以导致实验室工作人员的感染，也可对生态环境造成危害或产生潜在风险。生物实验室产生的废物甚至比化学实验室的更危险，实验室产生的废弃物中含有传染性的病菌、病毒、化学污染物及放射性有害物质，对人类健康和环境污染都可能构成极大的危害。

4. 毒害事故

实验时违反操作规程，将食物带进有毒物的实验室，造成误食中毒；设备设施老化，存在故障或缺陷，造成有毒物质泄漏或因有毒气体排放不出而中毒；管理不善，造成有毒物质散落流失，引起环境污染；废水排放管路受阻或失修改道，造成有毒废水未经处理而流出，引起环境污染。

5. 设备损坏事故

因线路故障或雷击造成突然停电，致使被加热的介质不能按要求恢复原来的状态造成设备损坏；高速运动的设备因不慎操作而发生碰撞或挤压，导致设备受损。

6. 机电伤人事故

因操作不当或缺少防护，造成挤压、甩脱和碰撞伤人；违反操作规程或因设备设施老化而存在故障和缺陷，造成漏电触电和电弧火花伤人；使用不当造成高温气体、液体对人的伤害。这类事故多发生在有高速旋转或冲击运动的机械实验室，或要带电作业的电气实验室和一些有高温产生的实验室。

7. 设备或技术被盗事故

因实验室人员流量大，设备和技术管理难度大，实验室人员安全意识薄弱，让犯罪分子有机可乘。这样不仅会造成财产损失，甚至有可能造成核心技术的外泄。

（图片来源：同奥科技，2018年11月2日）

图9-3 在实验室做实验

课内活动

在学校中你进入了哪些实验室？这些实验室中可能存在以上哪些安全事故？请与同学们讨论一下，并填写表9-1，再和同学们分享。

表9-1 实验室可能存在的安全隐患及预防措施

序号	实验室名称	可能存在的安全隐患	你觉得可以怎样消除隐患

三、实验室行为规范

1. 实验室区域行为规范

（1）不能在实验室吃东西，不能做与实验无关的事情。

（2）不能在实验室区域吸烟（包括室内、走廊、电梯间等）。

（3）未经实验室管理部门允许不得将外人带进实验室。

（4）熟悉紧急情况下的逃离路线和紧急应对措施，清楚急救箱、灭火器材、紧急洗眼装置和冲淋器的位置。

（5）保持实验室门和走道畅通，严禁存放剧毒药品。

（6）实验中碰到疑问应及时请教实验室或仪器设备责任人，不可盲目操作。

2. 化学品的储存保管

（1）所有化学药品的容器都要贴上清晰永久标签，需标明药品内容和潜在危险。

（2）所有化学药品都必须列出物品安全数据清单，放在显眼位置。

（3）实验人员必须熟悉所使用的化学药品的特性和潜在危害。

（4）化学药品应储存在专属的地方，通风橱内不得储存化学药品。

（5）将有可能发生化学反应的药品试剂分开储存，以防相互作用产生有毒烟雾、火灾，甚至爆炸。

（6）在实验室内不得储存大量易燃溶剂，用多少领多少。未使用的整瓶试剂须放置在远离光照和热源的地方。

3. 有机溶剂的使用

（1）易燃有机溶剂。

许多有机溶剂如果处理不当会引起火灾甚至爆炸。溶剂和空气的混合物一旦燃烧便迅速蔓延，火力之大可以在瞬间点燃易燃物体，在氧气充足（如氧气钢瓶漏气引起）的地方着火，火力更猛，可使一些不易燃的物质燃烧。当易燃有机溶剂蒸气与空气混合并达到一定的浓度范围时，甚至会发生爆炸。使用易燃有机溶剂时，需注意以下事项：

①将易燃液体的容器置于较低的试剂架上。

②保持容器密闭，需要倾倒液体时，方可打开密闭容器的盖子。

③应在没有火源并且通风良好（如通风橱）的地方使用易燃有机溶剂，但注意用量不要过大。

④储存易燃溶剂时，应该尽可能减少存储量，以免引起危险。

⑤加热易燃液体时，最好使用油浴或水浴，不得用明火加热。

⑥使用过程中，需警惕以下常见火源：明火（本生灯、焊枪、油灯、壁炉、点火苗、火柴）、火星（电源开关、摩擦）、热源（电热板、灯丝、电热套、烘箱、散热器、可移动加热器、香烟）、静电电荷。

（2）有毒有机溶剂。

有机溶剂的毒性表现在溶剂与人体接触或被人体吸收时引起局部麻醉刺激或整个机体功能发生障碍。一切有挥发性的有机溶剂，其蒸气长时间、高浓度与人体接触总是有毒的，比如，伯醇类（甲醇除外）、醚类、醛类、酮类、部分酯类、苄醇类溶剂易损害神经系统；羧酸甲酯类、甲酸酯类会引起肺中毒；苯及其衍生物、乙二醇类等会发生血液中毒；卤代烃类会导致肝脏及新陈代谢中毒；四氯乙烷及乙二醇类会引起严重肾脏中毒等。因此使用时应注意以下事项：

①尽量不要将皮肤与有机溶剂直接接触，务必做好个人防护。

②注意保持实验场所通风。

③在使用过程中如果有毒有机溶剂溢出，应根据溢出的量，移开所有火源，提醒实验室

现场人员，用灭火器喷洒，再用吸收剂清扫、装袋、封口，作为废溶剂处理。

4. 实验室工具的使用

（1）电的使用。

①实验室内严禁私拉电线。

②使用插座前需了解额定电压和功率，不得超负荷使用电插座。

③插线板上禁止再串接插线板。同一插线板上不得长期同时使用多种电器。

④大型仪器设备需使用独立插座。

（2）水的使用。

实验室用水分为自来水、纯水及超纯水三类。在使用时应注意以下事项：

①节约用水，按需求量取水。

②根据实验所需选择合适的水。

③不要存储超纯水和纯水，随用随取。若长期不用，在重新启用之前，要打开取水开关，使超纯水或纯水流出约几分钟时间后再接用。

（3）洗液的使用。

洗液分为酸性洗液（重铬酸钠或重铬酸钾的硫酸溶液）、碱性洗液（氢氧化钠-乙醇溶液）及中性洗液（常用洗涤剂）。酸性洗液可放于玻璃缸内，碱性洗液可放于塑料桶内。使用碱性洗液时，玻璃仪器的磨口件应拆开后再放入洗液缸内，以免磨口被碱性洗液腐蚀而发生黏合。放入碱液前玻璃仪器要用丙酮和水预洗。

5. 仪器、设施、器具的使用

（1）玻璃器皿。

实验室中不允许使用破损的玻璃器皿（见图9-4）。对于不能修复的玻璃器皿，应当按照废物处理。在修复玻璃器皿前应清除其中所残留的化学药品。实验室人员在使用各种玻璃器皿时，应注意以下事项：

①在橡皮塞或橡皮管上安装玻璃管时，应戴防护手套。先将玻璃管的两端用火烧光滑，并用水或油脂涂在接口处作润滑剂。对黏结在一起的玻璃器皿，不要试图用力拉，以免伤手。

②杜瓦瓶外面应该包上一层胶带或其他保护层以防破碎时玻璃屑飞溅。玻璃蒸馏柱也应有类似的保护层。使用玻璃器皿进行非常压（高于大气压或低于大气压）操作时，应当在保护挡板后进行。

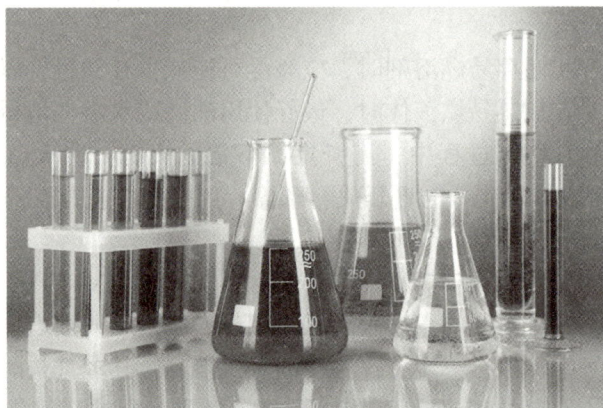

（图片来源：同奥科技，2018年11月2日）

图9-4 玻璃器皿

③破碎玻璃应放入专门的垃圾桶。破碎玻璃在放入垃圾桶前，应用水冲洗干净。

④在进行减压蒸馏时，应当采用适当的保护措施（如有机玻璃挡板），防止玻璃器皿发生爆炸或破裂而造成人员伤害。

⑤普通的玻璃器皿不适合做压力反应，即使是在较低的压力下也有较大危险，因而禁止用普通的玻璃器皿做压力反应。

⑥不要将加热的玻璃器皿放于过冷的台面上，以防止温度急剧变化而引起玻璃破碎。

（2）通风橱。

通风橱的作用是保护实验室人员远离有毒有害气体，但也不能排出所有毒气。使用时应注意下列事项：

①化学药品和实验仪器不能在出口处摆放。

②在做实验时不能关闭通风。

（3）温度计。

温度计一般有酒精温度计、水银温度计、石英温度计及热电偶等。实验室人员应选用合适的温度计。温度计不能当搅拌棒使用，以免折断、破损，导致其他危害。水银温度计破碎后，要用吸管吸去大部分水银，置于特定密闭容器并做好标识，待废化学试剂公司进行处理，然后用硫黄覆盖剩余的水银，数日后进行清理。

（4）气体钢瓶。

钢瓶（见图9-5）内的物质经常处于高压状态，当钢瓶倾倒、遇热、遇不规范的操作时都可能会引发爆炸等危险。钢瓶压缩气体除易爆、易喷射外，许多气体易燃、有毒且具腐蚀性。使用钢瓶时应注意以下事项：

①正常安全气体钢瓶的特征：

a. 钢瓶表面要有清楚的标签，注明气体名称。

b. 气瓶均具有颜色标识。

c. 所有气体钢瓶必须装有减压阀。

②气体钢瓶的存放：

a. 压缩气体属一级危险品，尽可能减少存放在实验室的钢瓶数量，实验室内严禁存放氢气。

b. 气体钢瓶应当靠墙直立放置，

（图片来源：阿里巴巴）

图9-5 钢瓶

并采取防止倾倒措施；应当避免曝晒，远离热源、腐蚀性材料和潜在的冲击；同时钢瓶不得放于走廊与门厅，以防紧急疏散时受阻及其他意外事件的发生。

c. 易燃气体气瓶与助燃气体气瓶不得混合放置；可燃、易燃压力气瓶离明火距离不得小于10米；易燃气体及有毒气体气瓶必须安放在室外，并放在规范的、安全的铁柜中。

③气体钢瓶的使用：

a. 打开减压阀前应当擦净钢瓶阀门出口的水和灰尘。钢瓶使用完，将钢瓶主阀关闭并释放减压阀内过剩的压力，必须套上安全帽（原设计中无须安全帽者除外）以防阀门受损。取下安全帽时必须谨慎小心以免无意中打开钢瓶主阀。

b. 不得将钢瓶完全用空（尤其是乙炔、氢气、氧气钢瓶），必须留存一定的正压力。

c. 气体钢瓶必须在减压阀和出气阀完好无损的情况下，在通风良好的场所使用，涉及有毒气体时应增加局部通风。

d. 在使用装有有毒或腐蚀性气体的钢瓶时，应戴防护眼镜、面罩、手套和工作围裙。严禁敲击和碰撞压力气瓶。

e. 氧气钢瓶的减压阀、阀门及管路禁止涂油类或脂类。

f. 钢瓶转运应使用钢瓶推车并保持直立，同时关紧减压阀。

（5）冰箱和冰柜。

①实验室中的冰箱均无防爆装置，不适用存放易燃、易爆、挥发性溶剂。

②严禁在冰箱和冰柜内存放个人食品。

③所有存放在冰箱和冰柜内的低沸点试剂均应有规范的标签。

④放于冰箱和冰柜内的所有容器必须密封，定期清洗冰箱及清除不需要的样品和试剂。

课后作业

请在课后完成以下练习题。（加入线上课程的同学请在相应章节中完成课后练习）

1. 校内实验室发生安全事故的常见原因有哪些？

2. 阅读以下案件，并做相应回答。

2016 年 9 月 21 日上午 10 时 30 分左右，东华大学松江校区化学化工与生物工程学院的 3 名研究生在实验室进行化学实验时，现场发生爆炸。其中 2 人面部、眼部受重伤被送医救治。事故现场如图 9-6 所示。

爆燃导致实验室学生被高锰酸钾等化学试剂灼伤到头、面部和眼睛，另外还有多处被玻璃碎片划伤。

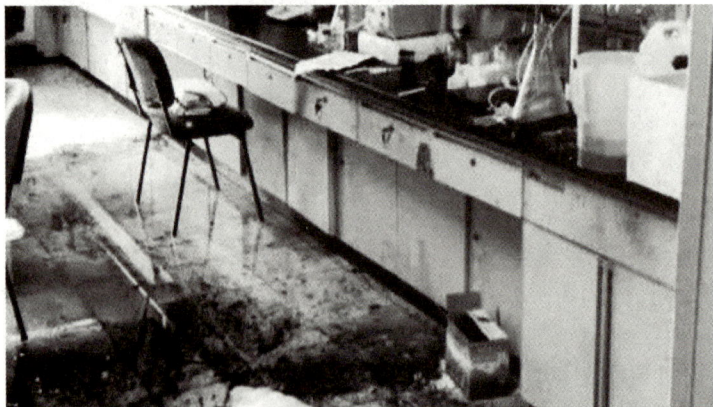

图 9-6　事故现场

（案例来源：中国石油大·实验室建设·事故案例，2022 年 11 月 24 日）

请分析事故发生原因以及如何预防。

任务三　保障校外实践教学安全

学习目标

1. 知道校外实训实践教学中可能发生的意外情况和防范措施；
2. 了解校外实践教学意外事故的防范措施；
3. 有一定的校外实践教学安全防范意识，能够主动规避危险。

授课视频二维码

校外实训实践教学作为高职院校学生检验学习知识及连接实际岗位实践需求的重要环节，其重要性不言而喻。保证实践教学活动期间的人身安全，预防、控制和消除风险，维护实践教学的正常秩序就是学生在实际工作中教育自己、掌握未来就业所需知识和职业技能，培养自身职业素养的基础，也是构建高职高专教学体系中关键的一环。

❋ 案例分析

　　张某与李某系某职业教育学校在校生。经学校安排，两人到某省某服装有限公司实习。某日下班后张某与李某去取快递，途中二人打闹玩耍，李某踢张某屁股，张某不慎小腿交叉倒地，李某躲闪不及压在张某腿上，导致张某踝骨骨折。事故发生后，张某向实习单位、学校及李某索赔，多方就赔偿事宜无法达成一致，张某向法院提起诉讼。庭审中，实习单位辩称入职前已经为实习生进行了安全培训，购买了人身保险，并在张某受伤后及时协助学校老师将其送往医院治疗，张某损害发生时不是工作时间，也未在工作地点，更不是工作原因受伤，实习单位没有赔偿义务。学校辩称安排学生实习系教育部强制规定，张某损害发生是因其自身与别人打闹所致，学校对此不承担赔偿义务。李某则认为张某的损害并非全是自己的过错，张某也应承担部分责任。

　　经法院审理认为，事故发生时，张某与李某系在校生，学校安排二人到公司实习系学校教育内容的延伸和扩展，学校对学生仍负有一定的安全和教育管理义务。对于张某的受伤结果学校负有疏于管理的责任，且学校并未取得监护人的知情同意书，应当承担赔偿责任。实习单位对张某与李某在实习时可能存在的安全隐患仍负有直接的提醒和注意义务。对于张某的损害实习单位也应承担相应的赔偿责任。除此之外，张某与李某在事故发生时均已满十六周岁，对嬉戏打闹产生的危险应当具有预见能力。被告李某在嬉戏打闹中致使张某倒地受伤住院，李某应对张某的损失承担赔偿责任。原告张某在双方嬉戏打闹中对自身安全未尽到合理注意义务，自身对损害的发生应承担相应的过错责任，根据实际情况最终判决被告李某、所在学校、实习单位对原告张某分别负担25%、30%、20%的赔偿责任。

(案例来源：澎湃网，2023年11月1日，有改动)

> **简析:**
> 学生实习过程依然是学校教学过程,要配合学校做好实习安全预防工作,学习上岗前的安全防护知识、岗位操作规程、纪律规范和职业道德,严格遵守实习期间的纪律,增强安全自律意识,时刻具备安全预防意识,认真学习实训安全管理制度,听从教师安排,养成良好的行为习惯,以防止危险发生。

🚓 法律法规

职业学校学生实习管理规定

专题九任务三
法律法规

第六条 职业学校应当选择符合以下条件的企(事)业单位作为实习单位:

(一)合法经营,无违法失信记录;

(二)管理规范,近3年无违反安全生产相关法律法规记录;

(三)实习条件完备,符合专业培养要求,符合产业发展实际;

(四)与学校有稳定合作关系的企(事)业单位优先。

第十四条 学生参加岗位实习前,职业学校、实习单位、学生三方必须以有关部门发布的实习协议示范文本为基础签订实习协议,并依法严格履行协议中有关条款。

未按规定签订实习协议的,不得安排学生实习。

第十五条 实习协议应当明确各方的责任、权利和义务,协议约定的内容不得违反相关法律法规。

实习协议应当包括但不限于以下内容:

(一)各方基本信息;

(二)实习的时间、地点、内容、要求与条件保障;

(三)实习期间的食宿、工作时间和休息休假安排;

(四)实习报酬及支付方式;

(五)实习期间劳动保护和劳动安全、卫生、职业病危害防护条件;

(六)责任保险与伤亡事故处理办法;

(七)实习考核方式;

(八)各方违约责任;

(九)三方认为应当明确约定的其他事项。

第三十条 职业学校和实习单位要确立"安全第一、预防为主"的原则,强化实习单位主要负责人安全生产第一责任人职责,严格执行国家及地方安全生产、职业卫生、人格权保护等有关规定。职业学校主管部门应当会同相关行业主管部门加强实习安全监督检查。

第三十一条 实习单位应当健全本单位安全生产责任制,执行相关安全生产标准,健全安全生产规章制度和操作规程,制定生产安全事故应急救援预案,配备必要的安全保障器材和劳动防护用品,加强对实习学生的安全生产教育培训和管理,保障学生实习期间的人身安全和健康。未经教育培训或未通过考核的学生不得参加实习。

第三十二条 实习学生应遵守国家法律法规、校纪校规和实习单位安全管理规定,认真完成实习方案规定的实习任务，提高自我保护意识。

😊 **讨论思考**

> 你还知道校外实践教学存在的哪些安全隐患？为应对这些安全隐患应该做好怎样的预防工作？请谈谈你的看法。

一、实践教学的定义

实践教学，是巩固理论知识、加深理论认识的有效途径，是培养具有创新意识的高素质工程技术人员的重要环节，是理论联系实际、培养学生掌握科学方法和提高动手能力的重要平台，有利于学生素养的提高和正确价值观的形成。

二、学生在校外实践教学中出现安全事故的原因

1. 违反操作规程

一般情况下，初到校外实践基地，都不太熟悉仪器设备的操作流程，不熟知各项安全措施。在动手操作机器设备前，如果上岗前培训不够、安全生产意识不足、实习过程未严格遵守操作规程、疏忽或应急能力不强，就容易造成机械伤害、物体打击等意外事故。

2. 安全常识匮乏

部分学生没有认真参与岗前培训，安全意识淡薄，缺乏全面的岗位安全知识，没有主动将安全知识内化于心，没有形成安全经验。

3. 参与学校、企业的岗前教育流于形式

部分学生在参加学校、企业的岗前教育时敷衍了事，认识不足，不认真学习，没有做好充足的岗前准备。

三、校外实践教学存在的安全隐患

1. 人身安全保障隐患

校外实训中学生人身安全包括实训操作事故安全、交通事故安全、生理心理疾病安全及其他安全（涉及学生人身伤害或死亡）。

2. 财产保障隐患

学生校外实训期间发生财产风险主要源于社会刑事犯罪行为，如盗抢行为。学生所持现金、电脑、手机、首饰等财产被偷窃、被骗或被抢的事件时有发生。

3. 饮食卫生隐患

有些校外实训点的食堂卫生状况不好，有些学生在校外流动小食品摊买饭、就餐，安全隐患大。

4. 消防事故隐患

因侥幸心理、缺乏消防知识、治理措施松懈、楼房过道设计不符合消防规定等而造成火

灾、触电等事故，或者发生火情没有正确处理。

5. 岗位操作安全隐患

有些实训器材锈蚀不好用。学生在做实验时有用湿手触摸开关、电器的现象。有些学生上实验课时不仔细听老师讲解实验注意事项，实验中存在操作不标准的现象。实验中，有打碎玻璃仪器、危化药品外溅等现象。

■ 课内活动

查找你所在学校实习实训的相关规定，在小组中对岗前培训、安全教育、应急处置等相关内容进行交流讨论，初步了解相关内容，并形成知识印象。

四、校外实训安全保障措施

1. 食品安全

（1）不使用一次性塑料袋、餐盒装食物，自己携带饭盒既卫生又经济。

（2）不购买不食用腐败变质、污秽不洁及其他含有害物质的食品。

（3）不食用来历不明的食品；不购买无厂名、厂址和保质期等标识不全的食品。

（4）不光顾无证无照的流动摊档和卫生条件不佳的饮食店；不随意购买、食用街头小摊贩出售的劣质食品、饮料。这些劣质食品、饮料往往卫生质量不合格，食用、饮用会危害健康。

（5）不食用在室温条件下放置超过 2 小时的熟食和剩余食品。

（6）不随便吃野菜、野果。野菜、野果的种类很多，有的含有对人体有害的毒素，缺乏经验的人很难辨别清楚。只有不随便吃野菜、野果，才能避免中毒，确保安全。

（7）生吃瓜果要洗净。瓜果蔬菜在生长过程中不仅会沾染病菌、病毒、寄生虫卵，还有残留的农药、杀虫剂等，如果不清洗干净，不仅可能染上疾病，还有可能造成农药中毒。

（8）不饮用不洁净的水或者未煮沸的自来水；水是否干净，仅凭肉眼很难分清，清澈透明的水也可能含有病菌、病毒，喝开水最安全。

（9）不吃腐烂变质的食物。食物腐烂变质，味道就会变酸、变苦，散发出异味，这是由细菌大量繁殖引起的，吃了这些食物会造成食物中毒。

（10）进食前或便后应将双手洗净，养成吃东西以前洗手的习惯。人的双手每天会接触很多东西，可能会沾染病菌、病毒和寄生虫卵。因此，吃东西以前应用肥皂仔细洗净双手，这样才能减少"病从口入"的可能。

（12）在进食的过程中如发现感官性状异常，应立即停止进食。

2. 消防安全

发生火灾，首先要镇定，保持头脑清醒，应先救人后再想办法灭火。如不能及时扑灭要立即报告老师或拨打 119 火警电话。如蚊帐、被子着火可用清水、泡沫灭火器、干粉灭火器灭火。如电器着火，应用干粉灭火器灭火。人身着火，不能跑，应就地打滚。楼梯着火，应用湿棉被等做掩护及早冲出去。

3. 交通安全

（1）人行道比车行道安全，非机动车道比机动车道安全。

（2）不要认为车不敢撞你。

（3）行驶的车可能刹不住。

（4）不要认为开车的人都驾驶经验丰富。

（5）过马路必须在绝对安全的情况下通过，不要冒险。

（6）打出租车时不要在路的中央拦车。

4. 人身安全

（1）外出时，要结伴而行，避免单独行走。

（2）不要轻信他人引诱，加入"帮派组织"寻求保护或敲诈勒索他人，以身试法，贻误一生。

（3）请不要为一时冲动而与人争吵、斗殴，更不要出于"哥们义气"参与打群架。

（4）偷盗是违法犯罪行为。不得趁人不备"顺手牵羊"拿同学手机、现金等物品。

（5）不要沉浸于网吧或沉迷于打游戏机，玩物丧志，以免伤害父母感情，影响学习。

（6）不要轻信陌生人说的话，不要与陌生人外出吃饭、玩乐等，防止被绑架、勒索。

（7）不要轻易接受他人的食品、饮料，防止别有用心的人利用迷魂药实施拐骗、抢劫等。

（8）不要告诉陌生人自己的家庭住址。家门钥匙要妥善保管，不要给陌生人。

（9）当自身安全受到威胁或遇到其他紧急情况时要沉着机警及时拨打报警电话。

5. 财产安全

（1）锁好自己的柜子和抽屉，不要把方便留给他人。

（2）外出时关好门窗，以防被窃。

（3）不要留太多的现金和值钱物品在宿舍，身上也不要放过多的现金，最好存在银行。

（4）不要将贵重的物品随意放置。

（5）妥善保管银行卡及密码。将个人银行卡、存折等与身份证分开存放，设置密码时注意不要轻易被人看到。坚持在任何情况下都不要向外人透露密码，包括自己的亲朋好友。发现泄密的危险时，及时更换密码。新开的银行卡要立即更改初始密码。

（6）如发现银行卡丢失或被盗，应及时向发卡银行进行挂失，银行卡、存折共同使用同一账户的，应分别对银行卡、存折挂失。

（7）办理银行业务输入密码时，可用手掌、身体适当遮挡。在 ATM 取款时，不要轻信"好心人"。不要随意拨打取款机旁粘贴的非机具所属银行的电话号码。

（8）妥善保管好交易单据，不要随意丢弃。

（9）使用银行卡在 ATM 提款时，因密码输错次数超过银行规定次数（一般为 3 次）也会造成吞卡或账户自动锁定，所以要妥善保管好密码，最好牢记心中。如果在 ATM 机上操作完毕后忘记取卡，30 秒钟后将自动吞卡，所以在办理完交易后应及时取卡。

（10）在办理汇款时，一定把账号及对应姓名记正确，以免汇款失败或汇错账户。

6. 实训教学安全

（1）进厂房时必须穿工作服。

（2）必须穿戴安全鞋、安全帽等安全防护用品。

（3）严禁将内衣、衬衫、领带等露在工作服外。

（4）严禁戴大号耳饰、挂饰等。

（5）各种设备的操作必须严格遵守相关的安全操作说明和规定。

（6）当电气设备（例如机器人或控制器）起火时，使用二氧化碳灭火器，切勿使用水或泡沫灭火器。

7. 宿舍安全

（1）晚上在规定时间内返回住宿区，尽量避免深夜外出，有特殊事宜需要经实习企业管理人员同意。

（2）严禁在宿舍内抽烟和点蜡烛，以防发生火灾。

（3）不能带领非企业实习人员到企业区域和宿舍区域。

（4）禁止在宿舍内饮酒。

（5）不得自行在外联系住宿。

五、校外实训安全紧急处理

（1）学生实习中出现人身事故，要及时通知实习单位、辅导员、系部直至学院领导，立即组织救援。配合学校和企业做好各项工作。

（2）学生因故不能到实习单位时，应尽早与实习单位、辅导员联系，说明情况，并请家长与学校联系。

（3）学生实习期间突发疾病，应与实习单位、辅导员联系，就近送正规医院治疗。如果是集体发病、中毒等突发事件，在送医院抢救的同时，应配合实习单位和学校，做好各项工作。

（4）学生在实习期间与他人发生冲突事件，现场所有人员均应主动出面制止和劝解，避免事态进一步恶化，企业有关负责人应尽快将情况反映给辅导员，辅导员应按有关规定对事件快速作出处理，并将情况及时反馈到系部。

课后作业

请在课后完成以下练习题。

1. 校外实践教学出现安全事故的常见原因有哪些？

2. 阅读以下案件，并做相应回答。

李某系某工商学校 2011 级模具专业学生。2013 年 7 月 8 日，李某与工商学校、某公司三方签订《学生实习协议书》一份，约定经李某与某公司双向选择，李某自愿到某公司实习。实习期间，某公司支付李某的实习津贴按国家规定的每周不超过 40 小时计每月 1 800~2 000 元，超过规定时间的加班及因工作需要安排的中班、夜班和特殊岗位的与某公司职工同等待遇。某公司在安排实习生上岗前已对实习生进行岗前培训教育，并指派带教师傅对实习生进行指导评价；对易发生意外工伤的实习岗位，某公司在实习生上岗前除了加强安全生产教育外，还提供了应有的劳动保护措施，学校为实习生购买了"学生实习责任保险"。协议另约定了其他内容。11 月 2 日上午，李某加班操作数控折边机，在更换模具时不慎踩到开关，致使机器截断其右手第2~5指。

请分析李某发生安全事故的原因。

💡 实践活动

"警钟长鸣！回顾近年国内高校实验室安全典型事故" 主题班会活动

为增强同学们的安全防范意识，提高同学们的安全防范能力，全面普及安全常识，请班委组织全班同学开展一次大学生安全教育主题班会，对实验室的潜在危险以及注意事项进行宣讲。

导言

　　2018 年 4 月 20 日在全国网络安全和信息化工作会议精神强调："没有网络安全就没有国家安全，就没有经济社会稳定运行，广大人民群众的利益也难以得到保障。"随着互联网的迅速发展，大学生的学习和生活进入了计算机网络时代。通过网络，学生可以获取丰富的信息和知识。不过，网络也是一把双刃剑，它为学生的学习和生活带来了便利的同时，也产生了很多的安全隐患。另外，国家在加快建设数字中国和数字政府，发展数字经济，总体来讲是在建设一个数字化、网络化、智能化社会，打造数字化生态。作为现代化国家的未来主人，大学生要提升网络安全意识，建设良好的网络安全生态环境，为数字经济发展护航。

(图片来源：江南水乡生活见闻，2021 年 10 月 25 日)

任务一　认识网络安全

学习目标

授课视频二维码

1. 了解网络安全的概念和内容；
2. 知道网络安全的重要性；
3. 有一定的网络安全意识。

网络改变了当代大学生的生活方式。在网络时代，大学生的文化生活得到极大丰富，他们可以同时以文字、声音、图像等形式接受来自世界各地的文化信息和娱乐节目，一些思潮、观念、生活方式、学习方式、消费方式、娱乐方式等都会通过各种渠道对学生产生直接或间接的影响。但网络的虚拟性特征容易导致大学生人际交往心理障碍及道德意识弱化。

案例分析

小唐，男，1992 年出生，某学院 2011 级学生，2012 年 3 月出现了沉迷于网络的现象。经调查发现，从 2012 年 1 月开始到 3 月底近三个月的时间，小唐每天上网平均超过 6 个小时，他自称每天只想上网，上网占据了他的整个思想和行为，因此学习成绩急剧下滑，期末考试 5 科不及格。新学期开学后，他的上网时间出现了逐渐增多的趋势，无心学习。尽管每天晚上睡觉时他都会责怪自己不应该这样虚度时光，并要求自己明天不再上网，但第二天还是事与愿违，而且更加严重。他说要是不上网，就会感觉到无事可做，情绪低落，上网是他逃避和缓解现实痛苦的唯一出路。

（案例来源：梦微雨分享，2016 年 8 月 23 日）

简析：

网络是把双刃剑。网络给我们带来便利的同时，也暴露出许多弊端。网络世界多姿多彩，诱人深入其中，无法自拔。但是网络的世界再精彩，人们也总要回到现实当中，过度沉迷于网络世界，将导致与现实脱轨、逃避现实等情况的发生。

法律法规

中华人民共和国网络安全法

（2016 年 11 月 7 日第十二届全国人民代表大会常务委员会
第二十四次会议通过）

专题十任务一
法律法规

第四十二条　网络运营者不得泄露、篡改、毁损其收集的个人信息；未经被收集者同意，不得向他人提供个人信息。但是，经过处理无法识别特定个人且不能复原的除外。

网络运营者应当采取技术措施和其他必要措施，确保其收集的个人信息安全，防止信息

泄露、毁损、丢失。在发生或者可能发生个人信息泄露、毁损、丢失的情况时，应当立即采取补救措施，按照规定及时告知用户并向有关主管部门报告。

第四十三条　个人发现网络运营者违反法律、行政法规的规定或者双方的约定收集、使用其个人信息的，有权要求网络运营者删除其个人信息；发现网络运营者收集、存储的其个人信息有错误的，有权要求网络运营者予以更正。网络运营者应当采取措施予以删除或者更正。

第四十四条　任何个人和组织不得窃取或者以其他非法方式获取个人信息，不得非法出售或者非法向他人提供个人信息。

😊 讨论思考

如果请你制作一个调查学校学生安全使用网络情况的调查问卷，你会从哪几个方面着手呢？每个方面主要为了说明安全使用网络的哪个指标？这个指标又能说明什么问题？请和同学们分享一下你的思考。

一、网络安全的概念和类型

1. 网络安全的概念

《中华人民共和国网络安全法》中对网络安全的定义是，通过采取必要措施，防范对网络的攻击、侵入、干扰、破坏和非法使用以及意外事故，使网络处于稳定可靠运行的状态，以及保障网络数据的完整性、保密性、可用性的能力。网络安全的含义包括两个方面的意义：客观上不存在威胁，主观上不存在恐惧。所以网络安全的概念包括"网络系统不受任何威胁与侵害，能正常地实现资源共享功能"两个方面，而要使网络能正常地实现资源共享功能，首先就要保证网络的硬件、软件能正常运行，保证数据信息安全交换。

2. 网络安全的主要特征

安全有五个属性：保密性、完整性、可用性、可控性和不可抵赖性。这五个属性也适用于网络安全领域。

（1）保密性。是指网络中的信息不被非授权实体（包括用户和进程等）获取与使用，即信息不泄露给非授权用户、实体或过程，或供其利用的特性。这里所指的信息包括国家机密、企业和社会团体的商业机密和工作机密及个人信息，包括网络中传输的信息和存储在计算机系统中的信息。

（2）完整性。是指信息在存储或传输过程中保持不被修改、不被破坏和丢失的特性。除了数据本身不能被破坏外，数据的完整性还要求数据的来源真实可信，然后再验证数据是否被破坏。影响数据完整性的主要因素是人为的蓄意破坏，也包括设备故障和自然灾害等因素对数据造成的破坏。

（3）可用性。指保证信息或资源信息在需要时能为授权者所用，防止由于主客观因素造成的系统拒绝服务。例如，Internet 蠕虫依靠在网络上大量复制并且传播，导致系统越来越慢，直到网络发生崩溃。

（4）可控性。是指人们对信息的传播路径、范围及其内容所具有的控制能力，即不允许不良内容通过公共网络进行传输，使信息在合法用户的有效掌控之中。

（5）不可抵赖性，也称不可否认性。是指在信息交换过程中，确信参与方的真实同一性，即所有参与者都不能否认完成的操作和承诺。利用信息源证据可以防止发信方否认已发送过信息，利用接收证据可以防止接收方事后否认已经接收到信息。数据签名技术是解决不可否认性的重要手段之一。

3. 网络安全的主要类型

（1）系统安全。运行系统安全即保证信息处理和传输系统的安全。它侧重于保证系统正常运行。避免因为系统的崩溃和损坏而对系统存储、处理和传输的消息造成破坏和损失。避免信息泄露，干扰他人或受他人干扰。

（2）网络信息安全。包括用户口令鉴别，用户存取权限控制，数据存取权限、方式控制、安全审计、计算机病毒防治、数据加密等。

（3）信息传播安全。即信息传播后果的安全，包括信息过滤等，主要侧重于防止和控制由非法、有害的信息进行传播所产生的后果，避免公用网络上自由传输的信息失控。

（4）信息内容安全。侧重于保护信息的保密性、真实性和完整性。避免攻击者利用系统的安全漏洞进行窃听、冒充、诈骗等有损于合法用户的行为。其本质是保护用户的利益和隐私。

📽 课内活动

大学生网络安全意识情况调查问卷

同学们，以下是大学生网络安全意识调查问卷。参与方法：扫描右侧二维码，回答相关问题。此问卷仅用于教学研究，不涉及个人身份信息收集，请如实填写。谢谢您的配合！

二、上网安全防范措施

1. 设置操作系统开机密码

操作系统开机密码是保护个人隐私和数据安全的重要措施之一。通过设置密码，可以防止未经授权的访问和保护个人信息免受窃取。

（1）Windows 操作系统设置（见图 10-1）。可以访问登录选项，然后依次转到"开始"—"设置"—"账户"—"登录选项"，按要求设置密码。

（2）Mac 操作系统设置。可以单击打开设置图标，然后依次转到"设置"—"用户和群组"，选择用户后单击右边的"更改密码"按钮，按要求设置密码。

2. 防范电脑病毒

（1）安装杀毒软件，定期扫描系统、查杀病毒，及时更新病毒库、更新系统补丁。

（2）安装防火墙并经常升级。

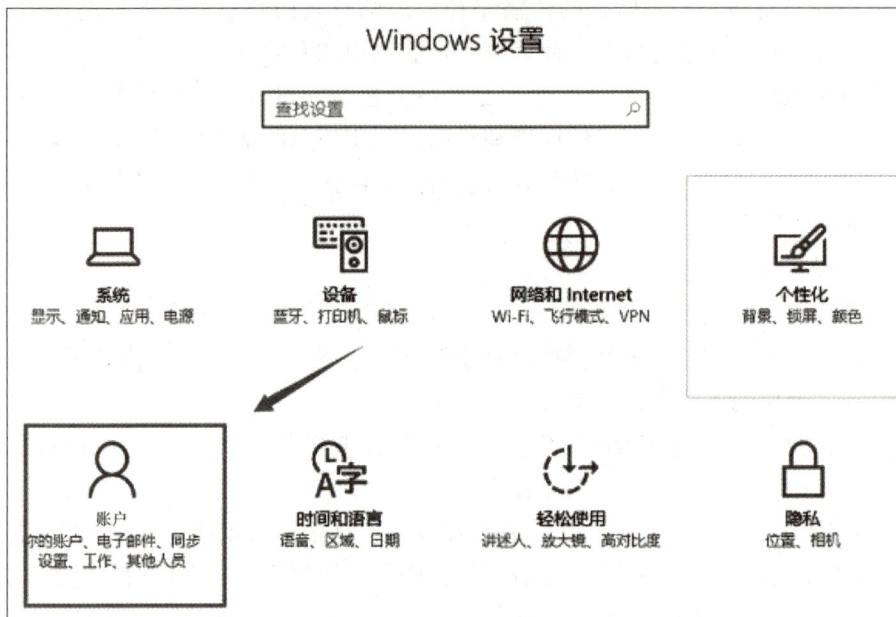

图 10-1　Windows 操作系统设置

（3）做好网页浏览器安全防范。设置统一、可信的浏览器初始页面，定期清理浏览器中本地缓存、历史记录以及临时文件内容，利用病毒防护软件对所有下载资源及时进行恶意代码扫描，对 Cookies 的使用作出限制，保护用户访问网站的活动、个人资料、消费习惯、信用记录等，以免被不法分子获得。

（4）不打开来历不明的网页、电子邮件链接或附件。互联网上充斥着各种钓鱼网站、病毒、木马程序。不明来历的网页、电子邮件链接、附件中，很可能隐藏着大量的病毒、木马，一旦打开，病毒、木马会自动进入并隐藏在电脑中，会造成文件丢失损坏甚至导致系统瘫痪。因此，不要打开来历不明的网页、电子邮件链接或附件。不要执行从网上下载后未经杀毒处理的软件，不要打开 MSN 或者 QQ 上传来的不明文件。

3. 防止 QQ、微博等账号被盗

（1）设置高级别密码。密码尽量由大小写字母、数字和其他字符混合组成，适当增加密码的长度，不要直接用生日、电话号码、证件号码等有关个人信息的数字作为密码。账户和密码尽量不要相同。

（2）不同用途的网络应用，设置不同的用户名和密码。

（3）使用公用电脑前注意重启机器，输入账号密码时谨防被人偷看；为防止账号被侦听，可先输入部分账户名、部分密码，然后再输入剩下的账户名、密码。

（4）涉及网络交易时，要注意通过电话与交易对象本人确认。

4. 保护网上购物安全

（1）使用正规网站购物。

（2）通过正规渠道申请办理银行卡及信用卡，不要使用存储额较大的储蓄卡或信用额度较大的信用卡开通网上银行，注意保护自己的银行卡信息资料，不要把相关资料随便留给不熟悉的公司。

（3）尽量不要在多人共用的计算机（如网吧等）上进行银行业务，对网络单笔消费和网上转账进行金额限制，并为网银开通短信提醒功能，不要使用默认密码或与用户名相同的密码。

（4）网上银行交易完成后，应单击"退出"按钮。如使用 U 盾购物时，交易完成后要立即拔下 U 盾。交易完成后要完整保存交易记录。发现账号有异常应及时联系相关客服。

5. 保证网络游戏安全

（1）为电脑安装安全防护软件，从正规网站上下载网游插件；

（2）注意核实网游地址，输入密码时尽量使用软键盘，并防止他人偷窥。

（3）如发现账号异常，应立即与游戏运营商联系。

三、移动终端防范措施

1. 安全使用智能终端

（1）为手机设置访问密码和锁屏密码是保护手机安全的第一道防线，以免智能手机丢失时，犯罪分子可能会获得通讯录、文件等重要信息并加以利用。

（2）注意随身携带手机并将其放置在安全可靠的地方。

（3）安装安全防护软件，经常对手机系统进行扫描，开启实时监控功能，定期升级病毒库。

（4）到权威网站下载手机应用软件，并在安装时谨慎选择相关权限。

（5）不破解自己的手机，以保证应用程序的安全性。

（6）不要轻易打开陌生人通过手机发送的链接和文件。

（7）做好安全设置。在 QQ、微信等应用程序中合理使用地理定位功能，只在需要时开启蓝牙。

2. 防范短信、电话诈骗

（1）克服"贪利"思想，不要轻信各种可以占小便宜的信息；不轻信涉及加害、举报、反洗钱等内容的陌生短信或电话，更不要为"消灾"将钱款汇入犯罪分子指定的账户；对各种"推销"特殊器材、违禁品的短信和电话，不予理睬并及时清除，更不要汇款购买；

（2）不轻易将自己或家人的身份、通信信息等家庭或个人资料泄露给他人，对涉及亲人和朋友求助、借钱等内容的短信和电话，要仔细核对。

（3）到银行自动取款机（ATM 机）存取遇到银行卡被堵、被吞等意外情况时，应认真识别自动取款机"提示"的真伪，及时拨打"95516"银联中心客服电话说明情况。

（4）遇见诈骗类电话或信息，应及时记下诈骗分子的电话号码、电子邮件地址、QQ 号及银行卡账号，并记住犯罪分子的口音、语言特征和诈骗的手段和经过，及时到公安机关报案，积极配合公安机关开展侦查破案和追缴被骗钱款等工作。

3. 保护手机支付安全

（1）保证手机随身携带，手机支付客户端与手机绑定，使用数字证书，开启实名认证。

（2）从官方网站下载手机支付客户端和网上商城 APP。

（3）使用手机支付服务前，按要求在手机上安装专门用于安全防范的插件，登录手机支付应用、网上商城时，勿选择"记住密码"选项。

（4）警惕街头二维码陷阱，不扫描来路不明的二维码。

（5）经常查看手机任务管理器，检查是否有恶意程序在后台运行，并定期使用手机安全软件扫描手机系统。

（6）更换手机后及时解绑手机上网银行卡并删除手机敏感数据和信息。卸载带支付功能的 APP 后，及时解除银行卡、微信、支付宝等的绑定。

课后作业

请在课后完成以下练习题。

1. 网络安全的主要内容有哪些？

2. 阅读以下案件，并做相应回答。

大学生小王就是通过以下这个骗局，被骗子骗走了 16 000 元。2021 年年末，他上网看到一则兼职信息：通过虚拟交易帮商家刷销量和信誉，赚取百分之五左右的佣金，交易量越大挣得越多。小王按照对方的要求提交了申请表后，便开始做"第一单"。根据对方提供的包含任务编号、购买数量等内容的链接，他支付了 100 余元购买了第一件商品。几分钟后，小王账户里除了收到本金外，还收到了一笔 5 元的佣金。尝到甜头后，他决定继续"完成任务"。购买、返款、再买、再返款……不断升级，需要购买的商品数量越来越多。3 月 29 日，当小王完成了一笔 8 000 余元的"任务"后，客服却突然说系统故障，无法返钱，只有重新"刷单"才能一并返款。此时，小王虽然觉得不太对劲，但为了拿回本金，只好照做。果然，再次支付了 8 000 元后，他就再也联系不到对方。

（案例来源：网络安全 | 大学生应该了解的网络安全案例，2022 年 7 月 29 日）

如果你是小王，你会怎么做？

任务二　防范网络陷阱

学习目标

1. 知道网络陷阱的种类和一般操作；
2. 了解防范网络陷阱的方法；
3. 有防范网络陷阱、主动规避风险的意识。

授课视频二维码

近年来，随着公安机关不断加大对网络犯罪行为的打击力度，一大批网络犯罪团伙纷纷落网，违法犯罪分子得到应有惩戒，网络违法犯罪行为的生存空间不断缩窄，网络空间生态向好的方向发展。但是，有网络就会有不法分子犯罪的空间。在巨大利益的驱动下，依然有人不惜铤而走险，变换各种手段和方式实施网络违法，作案方式花样百出且更加隐蔽，大学生在使用网络时也要增强防范心理，摸清不法分子的套路，时刻保护好自己，避免落入网络陷阱。

案例分析

　　2019 年 11 月 4 日 12 时许，某高校在校学生何某红在网上刷单被骗 25 000 元。经了解，2019 年 11 月 1 日，何某红在支付宝兼职里面找到一个手机号，联系后添加了对方的 QQ，对方通过 QQ 聊天方式问其是否做兼职，何某红表示愿意，对方讲了刷单的工作流程，还让其扫码添加了一个淘宝上的好友，何某红按照对方提示在淘宝上选择指定商品后，对方把支付二维码发给何某红，何某红扫码支付了 25 000 元，对方并没有按流程退钱，而是说要完成更多任务后才能退钱，何某红发现自己被骗后就报案了。

（案例来源：四川旅游学院，2020 年 10 月 16 日）

简析：

　　近年来，在固有印象中与"钱"关联相对较少的学生群体，正在成为诈骗分子瞄准的新目标。面对各种"免费""高利"的诱惑，在诈骗分子的诱导下，大学生们几乎无法抵挡花样百出的骗术，无法意识到自己已经走进了圈套，一步步将父母的血汗钱送入对方手中。不仅学生被诈骗的案例呈现增长趋势，还有一些学生因被误导等而参与或帮助实施电信网络诈骗，走上违法犯罪的道路。当前，学生群体已经成为网络反诈新格局中不可忽视的"角落"。

法律法规

网络信息内容生态治理规定

　　第四条　网络信息内容生产者应当遵守法律法规，遵循公序良俗，不得损害国家利益、公共利益和他人合法权益。

　　第五条　鼓励网络信息内容生产者制作、复制、发布含有下列内容的信息：

专题十任务二
法律法规

　　（一）宣传习近平新时代中国特色社会主义思想，全面准确生动解读中国特色社会主义道路、理论、制度、文化的；

　　（二）宣传党的理论路线方针政策和中央重大决策部署的；

　　（三）展示经济社会发展亮点，反映人民群众伟大奋斗和火热生活的；

　　（四）弘扬社会主义核心价值观，宣传优秀道德文化和时代精神，充分展现中华民族昂扬向上精神风貌的；

　　（五）有效回应社会关切，解疑释惑，析事明理，有助于引导群众形成共识的；

　　（六）有助于提高中华文化国际影响力，向世界展现真实立体全面的中国的；

　　（七）其他讲品味讲格调讲责任、讴歌真善美、促进团结稳定等的内容。

　　第六条　网络信息内容生产者不得制作、复制、发布含有下列内容的违法信息：

　　（一）反对宪法所确定的基本原则的；

　　（二）危害国家安全，泄露国家秘密，颠覆国家政权，破坏国家统一的；

　　（三）损害国家荣誉和利益的；

（四）歪曲、丑化、亵渎、否定英雄烈士事迹和精神，以侮辱、诽谤或者其他方式侵害英雄烈士的姓名、肖像、名誉、荣誉的；

（五）宣扬恐怖主义、极端主义或者煽动实施恐怖活动、极端主义活动的；

（六）煽动民族仇恨、民族歧视，破坏民族团结的；

（七）破坏国家宗教政策，宣扬邪教和封建迷信的；

（八）散布谣言，扰乱经济秩序和社会秩序的；

（九）散布淫秽、色情、赌博、暴力、凶杀、恐怖或者教唆犯罪的；

（十）侮辱或者诽谤他人，侵害他人名誉、隐私和其他合法权益的；

（十一）法律、行政法规禁止的其他内容。

第七条 网络信息内容生产者应当采取措施，防范和抵制制作、复制、发布含有下列内容的不良信息：

（一）使用夸张标题，内容与标题严重不符的；

（二）炒作绯闻、丑闻、劣迹等的；

（三）不当评述自然灾害、重大事故等灾难的；

（四）带有性暗示、性挑逗等易使人产生性联想的；

（五）展现血腥、惊悚、残忍等致人身心不适的；

（六）煽动人群歧视、地域歧视等的；

（七）宣扬低俗、庸俗、媚俗内容的；

（八）可能引发未成年人模仿不安全行为和违反社会公德行为、诱导未成年人不良嗜好等的；

（九）其他对网络生态造成不良影响的内容。

☺ 讨论思考

你遇到过网络陷阱吗？你的应对方法是怎样的？请和同学们分享一下你的经历，并说说当时的情形和你的想法。

一、网络消费陷阱

1. 虚假宣传、价格欺诈

商品、服务的真实品质与经营者的宣传承诺不一致，利用各种套路欺骗和误导消费者，比如，网络主播"卖惨式"带货，编造离奇剧情博取关注带货，利用同情心"套路"带货。价格欺诈是网络消费陷阱中常用的消费欺诈行为，比如，抬高商品原价再以折后价销售等。漫画《表里不一》如图10-2所示。

2. 不公平格式条款

网络交易款订立合同时，经营者往往加入对

图10-2 漫画《表里不一》

自己有利的内容，从而引发网络交易中广泛存在的不公平格式条款问题。比如，经营者在格式条款中规定，发生纠纷时"由被告住所地法院管辖""由网络交易经营者所在地法院管辖"等，强迫消费者接受了对其不利的争议解决方式和管辖机构，增加消费者的维权成本，许多消费者往往被迫放弃维权。

3. 利用预付式消费损害消费者权益

经营者利用预付式消费损害消费者权益，常见的操作有经营者在收取预付款后违约，既不向消费者履约，也不退还预付款余额；有的消费者因自身原因需要退出合同时，经营者拒绝提供合理退出渠道，拒绝消费者转让其合同债权或者设置不合理障碍；经营者通过格式条款为预付式消费设置有效期，但没有通过合理的方式明确提醒消费者，且在过期后拒绝履行义务，拒绝向消费者退款。

4. 妨碍消费者获取售后保障

有的网络交易经营者妨碍消费者获取售后保障，滥用无理由退货权的排除规则，比如，规定代购商品不适用无理由退货、提交订单即视为同意商品不退不换，或者要求消费者变更退换货理由，并要求消费者自行承担退换货运费。

5. 妨碍消费者如实评价

有的网络交易经营者利用技术手段阻止消费者作出真实评价，当有退货退款的情况发生时，消费者找不到评价入口，导致消费者发现质量缺陷时已错过评价时间。

6. 侵害消费者个人信息安全

过度收集消费者的个人信息、滥用消费者个人信息，甚至进行非法交易，都侵害了消费者个人信息安全。

针对以上问题，网络消费时需要做以下几点以防范消费陷阱：

（1）查电话。注意查看对方联系电话，如果是不需要提供身份证即可开通的，就要谨防对方关机后无从查找当事人。

（2）看账户。要查询对方银行账户或信用卡是在哪个城市开户的，若与其公司地址不一致，就应提高警惕。要求消费者将钱打入个人账户的尤其应当谨慎对待。

（3）细斟酌。不要轻易相信所谓的低价，若价格低于市场价太多，就不可信，在汇款前一定要仔细斟酌，以免上当受骗。

（4）索证据。商家对网购商品不承担售后责任已成为电子商务发展的重要瓶颈。因此，购买者一定要注意完整保存有关的电子交易单据。此外，商家送货时，购买者要核对货品是否与所订购商品一致，有无质量保证书、保修凭证等，同时索取购物发票或收据。

（5）快报案。发现侵权、货款两空的情况，消费者应提前警觉，不要打草惊蛇，赶快向公安机关报案，寻求法律保护。

二、网络谣言陷阱

网络谣言是指通过网络介质（例如微博、国外网站、网络论坛、社交网站、聊天软件等）传播的没有事实根据的传闻。网络谣言主要涉及内容有突发事件、公共卫生领域、食品药品安全领域、政治人物、颠覆传统、离经叛道等。谣言传播具有突发性且流传速度极快，因此对正常的社会秩序易造成不良影响。网络谣言尤其是网络政治谣言由于真伪难辨、蛊惑性强，容易带来严重社会问题，甚至引发社会动荡和政局失稳。面对网络谣言，大学生应加强道德修养，树立社会主义核心价值观，首先自己不造谣，同时应加强学习，提高自身的辨别能力，使自己不信谣；并应树立法律意识，争做守法网民，使自己不传谣。

(1) 提高对网络信息的甄别能力，不转发、传播和扩散未经证实的虚假信息；不传播非权威来源的音视频和文字信息；不道听途说、捕风捉影、臆想、编造谣言，自觉做到不造谣、不信谣、不传谣（见图 10-3）。

(2) 自觉抵制网络谣言，发现微信群、朋友圈、微博、贴吧等平台传播的没有正规来源的聊天截图、视频、音频文字等信息，主动向网信、公安部门举报。

(图片来源：德州新闻网，2021 年 8 月 31 日)

图 10-3 不信谣、不传谣

(3) 以官方发布的权威信息为准，对已转发的来源不明、未经证实的虚假信息，及时予以删除；无法删除的要及时辟谣，主动消除不良影响。

📽 课内活动

请阅读以下资料，并回答相关问题。

2023 年 6 月 7 日，东莞林某某因其淘宝网店未按时给客户发货，为向淘宝客服申请延迟发货，在网络平台编造发布"东莞沙田多个快递中转仓发生火灾"谣言信息作为延迟发货佐证，该谣言信息被大量转发，造成不良的社会影响。经东莞公安机关依法调查，林某某对其违法行为供认不讳。目前，东莞公安机关已依法对林某某处以行政拘留的处罚，对其造谣账号采取关停措施。

如果你在网上看到林某某发的信息，你会怎么做？请和同学们分享你的做法。

三、网络交友陷阱

大学生通过网络认识形形色色未曾谋面的"朋友"，在相处之中不可过于相信对方，理智防范，做到在情感上的自我控制，警惕网络交友陷阱如图 10-4 所示。网络交友需注意以下几点：

1. 注意对方的言行，小心选择对象

为了你的人身安全，不要轻易相信对方，不要随便告知对方自己的电话号码、身份信息等。如果

(图片来源：京报网，2021 年 1 月 5 日)

图 10-4 警惕网络交友陷阱

对方给你的感觉太好了，甚至让人感觉有点儿不够真实，有点儿不可思议，一定要多加小心，以保护自己的利益。

2. 提高警惕性

交友时深思熟虑后作出的决定通常能帮助你得到更好的友谊，当你怀疑对方在说谎时，也许你的直觉是对的。

3. 通过视频认证索取对方资料

通过一张照片不足以说明资料真实，建议看一些不同场合的照片，最好是通过视频见见本人，如果你发现对方总是找一些理由不让你知道其长相，可以将其列入不诚实网友名单。

4. 小心对方向你提出的转账要求

当交往到一定程度后，对方以各种各样的理由要求你给其转账时，一定要谨慎，不要盲目地把钱转出去，以防受骗。

四、网络招聘陷阱

（1）招聘"黑中介"。通过网络找工作时应警惕一些没有相关资质、未取得人力资源服务许可或者冒用、伪造相关资质的"黑中介"，非法从事职业介绍、工作招聘等中介服务活动。这些"黑中介"大多无法提供真实、合法的"靠谱"工作机会，常打着介绍工作的幌子通过发布虚假招聘信息，以"轻松拿高薪""升职加薪快"等为诱饵，使用各种手段骗取求职者钱财。通过互联网或线下中介服务机构求职时，应选择具有正规资质的合法人力资源服务机构，要查看其是否取得人力资源服务许可证，最好选择诚信度高、经营规范的服务机构。不要轻信中介机构的口头承诺，一定要在确认相关内容的基础上签订正式服务协议。一旦遇到"黑中介"，及时向人力资源社会保障部门投诉举报，若个人财物、人身安全等合法权益遭受侵害，一定要保留好相关证据并立即报警。

（2）入职前先交钱。如果中介机构还未介绍到工作就以押金、保证金、办证费、服装费、资料费等名目收取费用，就是求职招聘陷阱。另外，介绍到工作后以各种苛刻的条件迫使求职者自动放弃求职或离岗，已缴纳的费用借故不退还求职者的，也是求职招聘陷阱。这类求职招聘陷阱一般对学历、工作经验要求很低；面试过程简单，轻易即可通过；收费要得急且看似各有名目，基本不合理不合法。

（3）求职"内推"。个别中介机构或个人宣称与世界五百强、大型国有企业等知名公司合作，具有内部推荐权，求职者只要缴纳一定费用，就可以通过其提供的专业辅导或特定途径，顺利获得金融、互联网等热门行业公司的优质Offer，但这些能"内推""保Offer"的承诺往往难以兑现。如果求职者因本身符合相关岗位要求而被录用，机构就归功于己；如果求职者没被录用，机构就以种种理由搪塞，拒绝退还求职者缴纳的相关费用。

（4）招聘"套路贷"。不法分子与不良网贷平台勾结，嵌套购车贷、美容贷等，蒙骗毕业不久、初入职场、找工作心切的求职者，这也是新型招聘陷阱。

（5）入职捆绑付费培训。一些培训机构或中介公司，以招聘为名变相招生，以高薪、名企工作岗位为诱饵吸引求职者，面试时则向求职者提出"工作能力不足""岗位有从业资格限制"等理由，要求进行入职培训或考证培训，并承诺完成培训后即可上岗。当求职者交付培训费用后，此类培训机构却不提供承诺的相应工作，或者以不能满足岗位需求等为由，在求职者刚一上岗时就予以解雇。还有的企业，一旦收取求职者的培训费后就会即刻"人间蒸发"。求职者一定要警惕"挂羊头卖狗肉"陷阱，如果落入骗局，切记保留好相关证据，及时报警并向人力资源社会保障部门投诉举报。

（6）兼职"刷单"。不法分子通常会在一些知名网站、论坛、各类网络服务平台上发布事先编造好的招工信息，以"高薪急聘""学历不限"等字眼博取关注。求职者一旦落入陷阱，最初几次刷单会轻松赚得几百元，随后为获得更高比例佣金而垫付更多金额，直到自己将相当数额的资金转入了不法分子指定账户，就会被对方迅速拉黑。

（7）盗用个人信息。一些不法分子以招聘的名义，打着"高薪兼职""点击返现"等幌子进行电信网络诈骗，诱导应聘者办理银行卡、手机卡或注册 APP 账户。这些银行卡、手机卡或支付账户会被不法分子用于诈骗、洗钱等违法活动，一旦相关信息涉案会直接牵连到持有人。求职者应树立正确的择业观念，擦亮识别骗局的"慧眼"，掌握防范陷阱的"招数"，提高警惕，多查多问多防备，谨防"踩雷""掉坑"。求职者一旦被骗、遭受侵害，应立即报警求助，并可及时向人力资源社会保障部门投诉举报相关中介机构。

五、网络传销陷阱

网络传销一般是通过特定网站网页（社交平台）发布传销信息，打着电子商务、免费获利、消费返还、网上创业、投资理财、爱心互助、网络博彩（游戏）、资本运作等幌子进行的传销方式，是以互联网为平台的新型传销方式，具有很强的隐蔽性和欺骗性，它与传统传销并没有本质区别，主要通过网上银行、网上支付等收缴入门费或者会费，直接（或间接）诱骗拉人作为自己的下线从而获利。目前，网络传销主要有"纯网式"和"嫁接式"两大类型。

1. "纯网式"网络传销

"纯网式"网络传销是指通过网络实现拉人加入、信息传递的传销方式。传销骗局如图 10-5 所示，目前主要的方式有五种：

（1）传统传销网络版。就是把传统传销以互联网为平台，借助网络来推销实物商品，发展下线盈利。

（2）电子商务版。以网络营销、网购、网络直销等为名，变相收取入门费，并设定各种奖励方式，激励会员发展下线，这是目前传销分子惯用的欺骗方式。

（3）投资理财版。假借个人理财名义，以私募基金、发行原始股为幌子，骗取网民入会来获取高额利润，并以"返还原始股、回报基金"等激励措施，鼓动入会者发展下线。

（图片来源：江苏消费风，2018 年 8 月 16 日）

图 10-5　传销骗局

（4）网络游戏版。在各游戏论坛、QQ 群打诱人广告，号称会员只需在游戏中充值，就可通过网游赚取各种游戏币，继而兑换现金，如果推荐其他用户注册充值还可以返现。

（5）资本运作版。传销组织打着"资本运作""连锁销售""连锁经营"等旗号，以投资资金可以在短期内取得大额盈利为诱饵，骗取参与者的高额入门费，同时以高额提成回报为诱饵，激励入会者发展下线。这种方式没有任何产品或服务，仅是纯资金运作，更具诱惑性和欺骗性。

2. "嫁接式"网络传销

"嫁接式"网络传销是近年来刚出现的新型传销模式。传销组织利用网络传播方式推销产品变相收取入门费，并发展下线牟利，实施线上传销；对于那些年龄大或文化程度低、不具备独立上网能力的发展对象，则在线下秘密接触，用拉家常的方式不知不觉中给这些人员"洗脑"，然后帮助其在网上进行登记并输入推介（介绍）人基本资料，这种方式涉及面极广，上当受骗者众多。

目前，网络传销的主要表现形式有以下几种：

（1）"电子商务"式：不法分子注册一个电子商务企业，再以此名义建立一个电子商务网站，并以"网购""网络营销""网络直购"等形式从事网络传销活动。

（2）"免费获利"式：打着"免费获利""增值消费"的名义，宣称"消费不用花钱，免费购买商品""消费满 500 返 500"等，欺骗性强，诱惑力大。

（3）"网上创业"式：打着"一边上网娱乐，一边上网赚钱""吃着火锅刷着微博，月收入 10 万元"的宣传旗号，抓住年轻人急于创业、渴望成功的心理，以"在家创业""网络创业""网络资本运作""网络投资"为诱饵，欺骗、引诱年轻人上当，从而达到发展会员进行网络传销的目的。

（4）"网络博弈"式：以玩网络游戏、网上博彩为名，发展会员从事"游戏股票""幸运博彩"等游戏充值卡业务，以直销奖、销售奖为诱饵发展下线。

（5）"爱心互助"式：某些网站宣传一些有"特别功效"的生物保健品，宣称有企业互助或帮扶，引诱用户入会后就能便宜或返利，以此进行网络传销。

六、网络色情陷阱

网络色情是指网络上以性或人体裸露为主要诉求的讯息，其目的在于挑逗引发使用者的性欲，表现方式有文字、声音、影像、图片、漫画、直播、聊天等。不法分子钻法律漏洞，或利用法律对网络的管制不力，在色情网站上肆意散布低俗的淫秽影像，引诱上网者上当继而对其实施诈骗或勒索等。这种扭曲、变质的性知识易使大学生沉溺于淫秽色情，稍有不慎，便误入歧途。调查显示，沉溺色情网站，不仅可能引发犯罪，还可能成瘾，使人无法正常生活、恋爱。

对付色情陷阱的最根本方法就是不去浏览色情网页，转移自己的注意力，例如，听听音乐、打打球等，不参与色情直播或聊天，不在游戏中参与色情话题，使自己的兴趣逐渐转移到健康的活动上。如果想要获取性知识，可以通过正确的渠道，如有关性教育的图书、纪录片等。

请在课后完成以下练习题。

1. 怎样防范网络消费陷阱？

2. 阅读以下案件，并做相应回答。

2008 年 7 月，北京市海淀区检察院将涉嫌强奸、抢劫网友的犯罪嫌疑人钱某逮捕。19 岁的钱某是外地来京无业人员，以"绝望生鱼片""李佳"等网名上网聊天。他自称是北京电影学院舞台设计系一年级学生，并结识了某大学一年级女生鲁某。两人见面之后，钱某以要求履行奉献初吻的网上承诺为由，将鲁某诱骗至海淀区万寿路一楼道内强奸，并趁鲁某不备将其包内的手机、钱包盗走。

（案例来源：找法网，2012 年 2 月 18 日，有改动）

如果你是钱某，你会怎么做？

任务三 抵制网络犯罪

学习目标

1. 知道网络犯罪的定义和构成，知道大学生网络犯罪的原因；

2. 掌握抵制网络犯罪的主要方法；

3. 形成良好的价值观，主动规范上网行为，增强守法意识。

授课视频二维码

近年来，随着科学技术的不断进步，网络犯罪的方式、手段呈现多样化的发展趋势。一方面，大学生群体接受新鲜事物快，他们紧随时代潮流，能够迅速掌握各种各样的新技术、新成果，熟知网络，且是网络中最活跃的一个群体；另一方面，大学生年龄较小，社会阅历少，做事容易冲动，考虑事情不全面，容易受到诱惑或者错误思想的误导。综合上述两方面原因，大学生容易利用网络进行犯罪。因此，全面了解大学生网络犯罪的特点、原因，做好预防，引导大学生从主观方面杜绝违法犯罪行为意义重大。

案例分析

山东省济南市警方发布的消息称，2022 年 7 月，商河县警方接到上级推送的一条网络犯罪线索后，共抓获 8 名帮助信息网络犯罪的嫌疑人，令人痛心的是他们全都是在校的大学生。他们除了以"每号每小时 50 元"左右的收费，为境外诈骗分子提供"养号"服务外，还为境外诈骗分子提供近百个账号用于洗钱。用 14 部手机架设 7 台 GOIP 话机设备，为躲藏在缅甸的电信诈骗窝点提供帮助。2022 年 6 月，湖南省长沙市芙蓉区法院审理的一起帮助信息网络犯罪案件中，6 名犯罪嫌疑人中也有几名大学生。2022 年 5 月，四川省巴中市经开区公安局在"断卡行动"中，共抓获参与洗钱的 12 名大学生，涉及 4 所高校。

（案例来源：网易，2022 年 9 月 17 日）

简析：

一些大学生沉迷于网络，追求金钱和享受，加之涉世未深，辨识能力低下，很容易受到不法分子的蛊惑而误入歧途，走上帮助信息网络犯罪的道路。如此严重的法律后果，对这些刚进大学校园和刚出大学校园的年轻人来说，显然是难以承受的人生代价。

法律法规

刑法有关网络犯罪的专门性规定

第二百八十五条　（提供侵入、非法控制计算机信息系统程序、工具罪）提供专门用于侵入、非法控制计算机信息系统的程序、工具，或者明知他人实施侵入、非法控制计算机信息系统的违法犯罪行为而为其提供程序、工具，情节严重的，依照前款的规定处罚。

单位犯前三款罪的，对单位判处罚金，并对其直接负责的主管人员和其他直接责任人员，依照各该款的规定处罚。

第二百八十七条　（利用计算机实施犯罪的提示性规定）利用计算机实施金融诈骗、盗窃、贪污、挪用公款、窃取国家秘密或者其他犯罪的，依照本法有关规定定罪处罚。

第二百八十七条之二　（帮助信息网络犯罪活动罪）明知他人利用信息网络实施犯罪，为其犯罪提供互联网接入、服务器托管、网络存储、通讯传输等技术支持，或者提供广告推广、支付结算等帮助，情节严重的，处三年以下有期徒刑或者拘役，并处或者单处罚金。

单位犯前款罪的，对单位判处罚金，并对其直接负责的主管人员和其他直接责任人员，依照第一款的规定处罚。

有前两款行为，同时构成其他犯罪的，依照处罚较重的规定定罪处罚。

第三百六十三条　（制作、复制、出版、贩卖、传播淫秽物品牟利罪）以牟利为目的，制作、复制、出版、贩卖、传播淫秽物品的，处三年以下有期徒刑、拘役或者管制，并处罚金；情节严重的，处三年以上十年以下有期徒刑，并处罚金；情节特别严重的，处十年以上有期徒刑或者无期徒刑，并处罚金或者没收财产。

（为他人提供书号出版淫秽书刊罪）为他人提供书号，出版淫秽书刊的，处三年以下有期徒刑、拘役或者管制，并处或者单处罚金；明知他人用于出版淫秽书刊而提供书号的，依照前款的规定处罚。

第三百六十五条　（组织淫秽表演罪）组织进行淫秽表演的，处三年以下有期徒刑、拘役或者管制，并处罚金；情节严重的，处三年以上十年以下有期徒刑，并处罚金。

讨论思考

以上案例中大学生涉及帮助信息网络犯罪活动罪，你对相关法律条款熟悉吗？请搜索相关的法条解释，找出刑法该条款之一、之二的生效时间，并了解刑法与网络犯罪的其他修订内容。

一、网络犯罪的定义和类型

1. 网络犯罪的定义

网络犯罪，是指行为人运用计算机技术，借助于网络对其系统或信息进行攻击，破坏或利用网络进行其他犯罪的总称，既包括行为人运用其编程、加密、解码技术或工具在网络上实施的犯罪，也包括行为人利用软件指令实施的犯罪。

2. 网络犯罪的类型

网络犯罪的类型包括侵犯个人隐私、商业秘密和国家秘密，制造、传播计算机病毒，贩卖违禁物品、管制物品，销售赃物，网络诈欺，其中诈欺是表现形式最为丰富的一种类型。

（1）网络窃密（见图10-6）。利用网络窃取科技、军事和商业情报是网络犯罪最常见的一类。

（2）制作、传播网络病毒。是指人为制造计算机病毒干扰破坏网络安全正常运行。网络病毒的迅速繁衍，会对网络安全构成最直接的威胁，已成为社会一大公害。

（图片来源：北京物资学院，2018年12月24日）

图10-6　网络窃密

（3）高技术侵害。是一种旨在使整个计算机网络陷入瘫痪、以造成最大破坏性为目的的攻击行为。

（4）高技术污染。是指利用信息网络传播有害数据、发布虚假信息、滥发商业广告、侮辱诽谤他人的犯罪行为。

（5）网上盗窃。网上盗窃案件以两类居多：一类发生在银行等金融系统；一类发生在邮电通信领域。前者的主要手段表现为通过计算机指令将他人账户上的存款转移到虚开的账户上，或通过计算机网络对一家公司的计算机下达指令，要求将现金支付给实际上并不存在的另一家公司，从而窃取现金。在邮电通信领域，网络犯罪以盗码并机犯罪活动最为突出。

（6）网上诈骗。网上诈骗是指通过伪造信用卡、制作假票据、篡改电脑程序等手段来欺骗和诈取财物的犯罪行为。

（7）网上色情。有了互联网，只需坐在电脑前，就可以在全世界范围内查阅或传播色情信息。

（8）网上赌博。网络时代，利用互联网进行各种赌博活动变得容易。

（9）网上洗钱。随着网上银行的悄然兴起，一场发生在金融业的无声革命正在开始。网上银行给客户提供了一种全新的服务，顾客只要有一部联网的手机或电脑，就可在任何时间、任何地点办理该银行的各项业务。这些方便条件为"洗钱"犯罪提供了巨大便利，利用网络银行清洗赃款比传统洗钱更加容易，而且可以更隐蔽地切断资金走向，掩饰资金的非法来源。

（10）网上教唆或传播犯罪方法。网上教唆他人犯罪的重要特征是教唆人与被教唆人并不直接见面，教唆的结果并不一定取决于被教唆人的行为。这种犯罪有可能产生大量非直接被教唆对象同时接受相同教唆内容等严重后果，具有极强的隐蔽性和弥漫性。

二、网络犯罪的特点和危害

1. 网络犯罪的特点

（1）犯罪实施中使用了计算机、网络技术等信息技术或者特性，尤其是网络技术对犯罪的实施、完成起了决定性作用。即在犯罪过程中计算机、网络等信息技术对于犯罪的实施、完成是必不可少的。

（2）网络犯罪严重危害社会信息安全。网络犯罪危害信息安全主要是危害信息的处理、存储等方面的安全。

（3）网络犯罪具有危害扩散性。网络犯罪在危害领域、危害对象、危害结果上都具有广泛性。人们的现实生活对网络有很大的依赖性，网络犯罪可以通过网络技术对各行各业产生渗透性危害，危害领域之广是各种类型犯罪中无可比拟的。同时，网络犯罪的对象是不确定的，可以表现为固定的，也可以表现为随机的，由于网络技术本身的特点，侵害一个犯罪对象可能造成多个受害对象。而且，由于网络犯罪危害领域、危害对象的广泛性，其造成的危害是巨大的，造成的财产损失是巨额的。

（4）网络犯罪空间的虚拟性。网络空间是看不见的，网络交流通过一种数字化的形式来完成，这就导致了网络犯罪在空间上具有虚拟性，其通过虚拟空间进行犯罪，一般会跨越一定距离甚至跨越国界进行犯罪，且往往犯罪行为地与结果地不是同一个地点。警惕网络骗术如图 10-7 所示。

新华社发　郭德鑫　作

图 10-7　警惕网络骗术

2. 网络犯罪的危害

计算机网络犯罪对其系统及信息安全构成严重的危害。由于网络的广泛应用，社会各领域更依赖于信息，破坏社会信息安全将导致整个社会正常秩序被破坏，主要表现为以下几方面：

（1）对自然人的威胁。计算机网络犯罪对个人的威胁，突出表现在：对知识产权的威胁，侵犯个人自由，侵犯医疗资料等个人信息，侵犯、破坏个人计算机系统中的信息，通过互联网对财产权进行侵犯，对 E-mail 系统进行破坏，等等，影响人们正常的工作、学习和生活。

（2）对企业的威胁。计算机网络犯罪对企业的威胁，主要针对企业受保护的财产、专有技术。对于金融界来讲，由于对伴随金融电子化发展而出现的计算机犯罪问题缺乏足够的重视，相当一部分银行、证券等单位没有从管理制度、人员和技术上建立起相应的业务安全防范机制和措施，致使犯罪分子有机可乘。

（3）对国家的威胁。主要表现在：一是恐怖组织上网，大肆发布恐怖信息，渲染暴力活动；二是邪教组织上网，极力宣扬歧视言论，煽动民族仇恨，破坏民族团结，宣扬邪教理念，破坏国家宗教政策，煽动社会不满情绪，组织暴力活动；三是西方势力上网，传播意识形态、价值观念、生活方式，进行文化渗透和侵略。

课内活动

请阅读以下资料，并回答相关问题。

.locked1 勒索病毒以其高度破坏性的特点成为当今数字时代中最神秘的网络威胁之一。这种恶意软件以其毫不留情的数据加密技术而著称，常通过欺诈邮件附件、恶意链接或漏洞利用等方式传播。一旦感染，该病毒会对用户的文件进行加密，然后要求支付高额赎金以获取解锁密钥。支付赎金后电脑数据并不能百分之百地还原，反而还要被犯罪分子再次勒索。

请与小组同学共同搜集 .locked1 勒索病毒的相关资料，找出预防措施，并向同学们分享你的思考。

三、抵制网络犯罪的措施

1. 大学生网络犯罪的主要表现形式

近年来，大学生网络犯罪数量逐渐上升，根据大学生网络犯罪的现状可以归纳出大学生网络犯罪主要有以下几种形式：

（1）用计算机网络进行网上欺诈交易。大学生的网络欺诈交易一般表现为通过网络商务活动进行，比如开设网络商店、建立拍卖网站等。

（2）利用计算机网络进行盗窃等侵害他人财产的犯罪。大学生利用自己丰富的计算机知识和高超的计算机技术，通过网络非法侵入他人的计算机，获取他人的个人信息，侵害他人财产，比如入侵他人金融账号进行盗窃或使用他人账号进行上网或网购等犯罪行为。

（3）利用计算机网络建立淫秽网站，传播淫秽信息。大学生正处于一个情绪易波动的年龄，面对淫秽色情信息的抵抗力较低，容易发生通过自己的技术传播淫秽信息、建立色情网站的犯罪行为。

（4）利用互联网散布反动言论。非法分子往往利用互联网信息量巨大且内容良莠不齐的特点散布非法消息，通过技术软件进行造谣、煽动，影响社会稳定与民族团结。大学生易于冲动，容易因冲动情绪而被非法分子利用，影响正常的思维方式，从而利用互联网散布反动言论，增强歧视和仇恨，破坏民族团结，影响社会稳定。

（5）制造网络病毒，造成社会恐慌。大学生法律意识淡薄，往往出于炫耀自己的目的，开发出一些病毒，通过其造成的严重后果以显示自己的能力，而且意识不到自己的行为已经严重危害了社会安全。

2. 大学生抵制网络犯罪的措施

大学生要注重加强自身的综合素质，提高自己的法律意识；大学生要积极配合来自社会、家庭与学校的管理，积极参加各类文化活动，树立积极向上的人生观、世界观与价值观，自觉学习法律知识，正确理解权利与义务的关系，在履行义务的前提下，合法行使自己的权利。同时，要提高辨别是非与选择对错的能力，慎重交友，合理利用网络资源并善于抵制不良信息的影响。

（1）增强法律意识，预防网络犯罪。学习与网络犯罪相关的法律法规：《计算机信息网络国际联网安全保护管理办法》《中华人民共和国计算机信息系统安全保护条例》《互联网上网服务营业场所管理条例》《关于维护互联网安全的决定》《中华人民共和国保守国家秘密法》《中华人民共和国刑法》等。

（2）做文明网民，规范上网行为。大学生要自觉维护国家安全和社会公共利益，保护个人、法人和其他组织的合法权益，不以任何方式、目的危害计算机信息系统安全；珍惜网络匿名权，做文明的网民；尊重公民的隐私权，不进行任何电子骚扰；尊重他人的知识产权，不侵占他人的网络资源；尊重他人的知识产权、通信自由和秘密，不进行侵权活动；诚实守信，不制作、传播虚假信息，不信谣，不传谣；远离罪恶、色情信息，不查阅、复制、制作或传播有害信息；不参与网络暴力；不参与境外网上不法行动；不参与网络赌博。

（3）端正价值观，抵制不良行为。坚守正义，树立正确的价值观、人生观、世界观，遵守道德底线，培育道德修养，提高自我认识，提高辨别是非的能力，自觉远离与抵制不良诱惑，养成良好的行为习惯。学会拒绝别人，不与不法分子同流合污。

课后作业

请在课后完成以下练习题。

1. 传播谣言会涉及哪些法律？如何定罪？

2. 怎样保护自己的网上账户不被利用和侵害？

3. 阅读以下资料，回答问题。

涂某通，1998年8月出生，系某大学在校学生。

万某玲，1998年9月出生，作案时系某职业技术学校在校学生，案发时系某医院员工。

2018年起，涂某通明知他人利用信息网络实施犯罪，为牟取非法利益，长期收购银行卡并提供给他人使用。2018年，涂某通与万某玲通过兼职认识后，涂某通先后收购了万某玲的3套银行卡（含银行卡、U盾/K宝、身份证照片、手机卡），并让万某玲帮助其收购银行卡。2019年3月至2020年1月，万某玲为牟利，在明知银行卡被用于信息网络犯罪的情况下，以亲属开淘宝店需要用卡为由，从4名同学处收购8套新注册的银行卡提供给涂某通，涂某通将银行卡出售给他人，被用于实施电信网络诈骗等违法犯罪活动。经查，共有21名电信网络诈骗被害人向万某玲出售的上述银行卡内转入207万余元。

（案例来源：人民网，2021年10月11日，有改动）

以上案件中，两个学生的行为有什么特点？涉及哪些法律条款？可能判处哪种罪行？

实践活动

网络安全攻防演练

网络安全攻防演练，旨在发现、暴露和解决安全问题，检验同学们网络安全防护水平和应急处置能力。请各位同学参与保卫处、信息中心共同组织的网络安全攻防演练，通过实践了解网络信息安全、维护信息系统安全的一般措施，学会有效保护自己的信息，增强信息安全意识。

专题十一 消防安全

导言

消防安全工作涉及千家万户、各行各业，既是公共安全管理的重要内容，也是应急管理的重要方面。高校是学生学习、生活的场所，是人群密集的社会细胞。当前，大部分大学生的消防意识不强，消防安全知识、防灾技能掌握不深，自我保护意识不强，给校园总体安全带来一定隐患。本专题主要讲述校园消防安全知识、消防器材分类识别与使用、火场有害气体的预防、自救逃生技能，强化大学生的消防预防意识和自我保护意识。

任务一　校园消防安全常识

学习目标

授课视频二维码

1. 熟知校园消防安全知识；
2. 掌握火灾的发展规律；
3. 具有一定的消防安全防范意识。

党的十八大以来，各地各部门认真贯彻安全发展理念，坚持人民至上、生命至上，积极推进消防安全治理体系和治理能力现代化，为预防火灾和减少火灾危害、保护公民生命财产安全、维护公共安全发挥了重要作用。大学生要树立生命至上、安全第一的意识，掌握火灾的起始原因、规律、分类等常识，把消防安全知识牢记心中。

案例分析

近日，西安一大学突然起火，现场火势十分凶猛。好在消防员及时赶到，将大火全部扑灭，未造成人员伤亡。目前，当地警方已介入调查此次火灾事故原因。10月19日凌晨，网传一段视频引发社会广泛关注。视频内容显示，10月18日23时，西安财经大学长安校区突发火灾，现场火光冲天，多辆消防车紧急赶往现场进行处置。据了解，事发后，校方迅速启动应急预案，组织疏散演练。同时，消防部门也立即调派多辆消防车赶往现场展开救援。在消防队员的全力扑救下，火势得到有效控制。然而，现场仍不时有浓烟冒出，为确保安全，学校临时决定关闭部分区域，并安排专人负责将学生疏散至安全地带。

据目击者称，火灾发生在23时左右，事发地点为西安财经大学长安校区。当时，学生们纷纷从睡梦中惊醒，不少人还没来得及穿好衣服，便提着灭火器、水桶等工具赶往现场。据了解，大火是由校园内一处废弃仓库引起的，而该仓库距离学生宿舍仅有数十米之遥。学生们纷纷表示，火灾现场的情况十分危急，若不是消防人员及时赶到并迅速展开救援行动，后果将不堪设想。

（案例来源：慕哥频道，2023年10月20日，有改动）

简析：

事后，西安财经大学也发表声明称，学校将全面排查安全隐患，加强校园安全管理。这个事件再次提醒我们：安全无小事！我们必须时刻保持警惕，做到防患于未然。同时，学校也应该加强安全管理措施，确保学生的人身安全和财产安全。

法律法规

高等学校消防安全管理规定

（2009 年 10 月 19 日中华人民共和国教育部、中华人民共和国公安部第 28 号令公布　自 2010 年 1 月 1 日起施行）

专题十一任务一 法律法规

第八条　学校法定代表人是学校消防安全责任人，全面负责学校消防安全工作，履行下列消防安全职责：

（一）贯彻落实消防法律、法规和规章，批准实施学校消防安全责任制、学校消防安全管理制度；

（二）批准消防安全年度工作计划、年度经费预算，定期召开学校消防安全工作会议；

（三）提供消防安全经费保障和组织保障；

（四）督促开展消防安全检查和重大火灾隐患整改，及时处理涉及消防安全的重大问题；

（五）依法建立志愿消防队等多种形式的消防组织，开展群众性自防自救工作；

（六）与学校二级单位负责人签订消防安全责任书；

（七）组织制定灭火和应急疏散预案；

（八）促进消防科学研究和技术创新；

（九）法律、法规规定的其他消防安全职责。

第十条　学校必须设立或者明确负责日常消防安全工作的机构（以下简称学校消防机构），配备专职消防管理人员，履行下列消防安全职责：

（一）拟订学校消防安全年度工作计划、年度经费预算，拟订学校消防安全责任制、灭火和应急疏散预案等消防安全管理制度，并报学校消防安全责任人批准后实施；

（二）监督检查校内各单位消防安全责任制的落实情况；

（三）监督检查消防设施、设备、器材的使用与管理，以及消防基础设施的运转，定期组织检验、检测和维修；

（四）确定学校消防安全重点单位（部位）并监督指导其做好消防安全工作；

（五）监督检查有关单位做好易燃易爆等危险品的储存、使用和管理工作，审批校内各单位动用明火作业；

（六）开展消防安全教育培训，组织消防演练，普及消防知识，提高师生员工的消防安全意识、扑救初期火灾和自救逃生技能；

（七）定期对志愿消防队等消防组织进行消防知识和灭火技能培训；

（八）推进消防安全技术防范工作，做好技术防范人员上岗培训工作；

（九）受理驻校内其他单位在校内和学校、校内各单位新建、扩建、改建及装饰装修工程和公众聚集场所投入使用、营业前消防行政许可或者备案手续的校内备案审查工作，督促其向公安机关消防机构进行申报，协助公安机关消防机构进行建设工程消防设计审核、消防验收或者备案以及公众聚集场所投入使用、营业前消防安全检查工作；

（十）建立健全学校消防工作档案及消防安全隐患台账；

（十一）按照工作要求上报有关信息数据；

（十二）协助公安机关消防机构调查处理火灾事故，协助有关部门做好火灾事故处理及善后工作。

一、火灾的发展规律

实践证明，多数火势是从小到大、由弱到强逐步发展的。火灾的形成过程一般分为初期、发展、猛烈、衰退四个阶段（见图 11-1），前三个阶段是造成火灾危害的关键。

1. 火灾初期阶段

初期阶段的一般火灾燃烧面积不大，火焰不高，烟和气体的流速不快，辐射热不强，火势发展比较缓慢，这段时间的长短，随建筑物结构及空间大小的不同而有所不同。在这种情况下，只需少量的人力和简单的灭火工具就可以将火扑灭。

2. 火灾发展阶段

如果初期阶段的大火未被发现或扑灭，随着燃烧时间的延长，燃烧强度增大，温度逐渐上升，燃烧区内逐步被烟气所充满，周围的可燃物迅速被加热。此时气体对流增强，燃烧速度加快，燃烧面积迅速扩大，会在一瞬间形成一团大的火焰。在这种情况下，必须有一定数量的人力和消防器材装备，才能及时有效地扑灭大火。

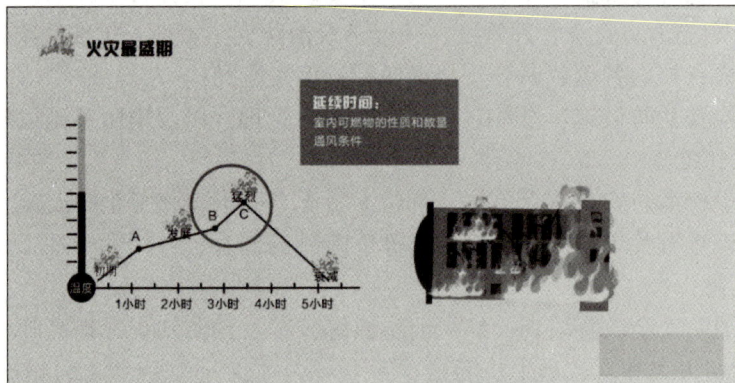

（图片来源：长江云，2020 年 4 月 8 日）

图 11-1　火灾发展阶段

3. 火灾猛烈阶段

随着燃烧时间的延长，燃烧速度不断加快，燃烧面积迅速扩大，燃烧温度急剧上升，持续温度达 600~800 摄氏度，辐射热最强，气体对流达到最高速度，燃烧物质的放热量达到最高数值，此时建筑材料和结构受到破坏，发生变形或倒塌。这段时间的长短和温度高低，取决于建筑物的耐火等级。在这种情况下，需要组织较多的灭火力量和花费较长的时间，才能控制火势。

4. 火灾衰减阶段

猛烈燃烧过后，火势衰减，室内温度下降，烟雾消散，火灾渐渐平息。

二、火灾成因的规律和特点

火灾事故发生的原因主要有纵火、电器违章操作、用火不慎、玩火、吸烟不慎、自燃、雷击、静电及其他因素如地震、风灾等。

1. 电器火灾成因及特点

（1）电器普及率迅速提高，数量增多，起火次数随之增加。

（2）用电设备增加，电线超负荷工作。

（3）电器线路老化，未及时检查、更新、更换。

（4）电器设备安装不当、操作不当或电器产品质量低劣。

（5）违反安全规定私拉乱接电线，或不懂得安全用电常识等。

2. 违反安全操作规程和用火不慎引起的火灾

违反安全操作规程和用火不慎引起的火灾一般是因为消防安全意识薄弱、心存侥幸，在生产、生活当中造成了大量的动态性火灾隐患，比如违章动火、烧焊、烘烤、熬炼；工作漫不经心，思想麻痹；不懂得用电、用气、用油的安全常识；不了解火灾逃生和自救知识等，这些原因所造成的火灾隐患是最难控制的。

3. 校园火灾事故发生的原因

（1）不良习惯，如乱扔未熄灭的烟头、躺在床上吸烟、把燃烧的香烟放在一边去做别的事情。

（2）违规使用明火，如在宿舍内点蜡烛、烧酒精炉等。

（3）违规使用大功率电器及使用或放置电器不当，如电炉、热得快、电热壶、电饭锅、电熨斗、电吹风、充电器等长时间处于通电状态，违规使用大功率电器，外出忘记关电源或照明灯具靠可燃物太近等。

（4）乱拉乱接电源线。

（5）在做实验的过程中操作不慎。

📽 课内活动

大学生消防安全意识情况调查问卷

请在课内完成大学生消防安全意识情况调查问卷。参与方法：扫描右侧二维码，回答相关问题。此问卷仅用于教学研究，不涉及个人身份信息收集，请如实填写。谢谢您的配合！

三、火灾的类型与等级划分

1. 火灾分类

《火灾分类》（GB/T 4968—2008 2008 年 11 月 4 日发布，2009 年 4 月 1 日实施）规定火

灾根据可燃物的类型和燃烧特性，分为 A、B、C、D、E、F 六大类，如图 11-2 所示。

（1）A 类火灾：指固体物质火灾。这种物质通常具有有机物质性质，一般在燃烧时能产生灼热的余烬，如木材、干草、煤炭、棉、毛、麻、纸张、塑料（燃烧后有灰烬）等引起的火灾。

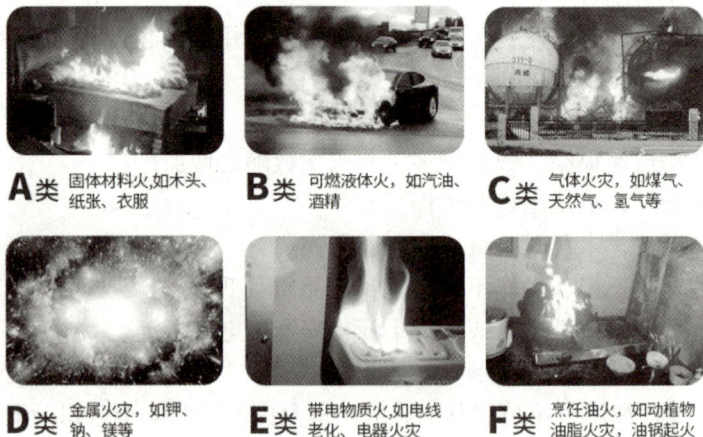

（图片来源：安康诺盾）

图 11-2 火灾分类

（2）B 类火灾：指液体或可熔化固体物质火灾，如煤油、柴油、原油、甲醇、乙醇、沥青、石蜡等引起的火灾。

（3）C 类火灾：指气体火灾，如煤气、天然气、甲烷、乙烷、丙烷、氢气等引起的火灾。

（4）D 类火灾：指金属火灾，如钾、钠、镁、钛、锆、锂、铝镁合金等引起的火灾。

（5）E 类火灾：指带电火灾，物体带电燃烧引起的火灾。

（6）F 类火灾：指烹饪器具内的烹饪物（如动植物油脂）引起的火灾。

2. 等级划分

根据 2007 年 6 月 26 日公安部下发的《关于调整火灾等级标准的通知》，火灾等级有特别重大火灾、重大火灾、较大火灾和一般火灾四个等级。

（1）特别重大火灾：指造成 30 人以上死亡，或者 100 人以上重伤，或者 1 亿元以上直接财产损失的火灾。

（1）重大火灾：指造成 10 人以上 30 人以下死亡，或者 50 人以上 100 人以下重伤，或者 5 000 万元以上 1 亿元以下直接财产损失的火灾。

（1）较大火灾：指造成 3 人以上 10 人以下死亡，或者 10 人以上 50 人以下重伤，或者 1 000 万元以上 5 000 万元以下直接财产损失的火灾。

（1）一般火灾：指造成 3 人以下死亡，或者 10 人以下重伤，或者 1 000 万元以下直接财产损失的火灾。（注："以上"包括本数，"以下"不包括本数。）

巩固练习

请针对火灾起火原因，设计制作防火宣传海报。格式可为图形、图像、PPT 或 Word 文档格式。请在课内与同学们分享你的设计理念和海报内容，在课后完成海报制作。

🌸 **知识拓展**

消防安全知识"四懂""四会"

一懂本岗位的火灾危险性

（1）防止触电；（2）防止引起火灾；（3）可燃、易燃品及火源。

二懂预防火灾的措施

（1）加强对可燃物质的管理；（2）管理和控制好各种火源；（3）加强电器设备及其线路的管理；（4）易燃易爆场所应有足够的、适用的消防设施，并要经常检查，做到会用、有效。

三懂灭火方法

（1）冷却灭火方法；（2）隔离灭火方法；（3）窒息灭火方法；（4）抑制灭火方法。

四懂逃生方法

（1）自救逃生时要熟悉周围环境，迅速撤离火场；（2）紧急疏散时要保证通道不堵塞，确保逃生路线畅通；（3）紧急疏散时要听从指挥，保证有秩序地尽快撤离；（4）当发生意外时，要大声呼喊他人，不要拖延时间，以便及时得救，也不要贪恋财物；（5）要学会自我保护，尽量保持低姿势匍匐前进，用湿毛巾捂住嘴鼻；（6）保持镇定，就地取材，用窗帘、床单自制绳索，安全逃生；（7）逃生时要直奔通道，不要进入电梯，防止被困在电梯内；（8）当烟火封住逃生的道路时，要关闭门窗，用湿毛巾塞住门窗缝隙，防止烟雾侵入房间；（9）当身上的衣物着火时，不要惊慌乱跑，应就地打滚，将火苗压住；（10）当没有办法逃生时，要及时向外呼喊求救，以便迅速地获得救援。

一会报警

（1）大声呼喊报警，使用手动报警或设备报警；（2）使用专用电话、内线电话、控制中心电话报警等；（3）拨打119火警电话向当地公安消防机构报警。

二会使用消防器材

（1）拔，拔掉保险销；（2）握，握住喷管喷头；（3）压，压下握把；（4）准，对准火焰根部喷射。

三会扑救初期火灾

在扑救初期火灾时，必须遵循"先控制后消灭，救人第一，先重点后一般"的原则。

四会组织人员疏散逃生

（1）会按疏散预案组织人员疏散；（2）会酌情通报情况，防止混乱；（3）分组实施引导。

✋ **课后作业**

请在课后完成以下练习题。

1．完成本任务"巩固练习"中的海报制作。

2．《高等学校消防安全管理规定》要求学校应当采取各项措施对学生进行消防安全教育，使其了解防火、灭火知识，掌握报警、扑救初期火灾和自救、逃生方法。保卫处计划组织开展一次消防演练，请你帮忙策划演练方案。要求详细说明演练的过程和内容及组织要求。

任务二　火灾预防与扑救

学习目标

1. 知道火灾预防的注意事项和初期火灾的扑救原则；
2. 了解灭火器的使用方法，熟悉初期火灾的扑救方法；
3. 有自防自救意识。

授课视频二维码

预防火灾的重要性不容忽视。预防火灾能够保障人民生命财产安全，有助于提高社会安全保障体系，是增强国家安全的必要措施。通过预防火灾和初期火灾的扑救，可以减少火灾事故的发生，保护人们的生命和财产。大学生必须提高对火灾的防范意识，掌握校园火灾的预防方法及常见灭火器的使用方法，提高消防安全警惕性和自觉性。

案例分析

2021年4月20日，凉山州冕宁县石龙镇马鞍村发生一起森林火灾，省市县及时组织扑救控制火情，23日傍晚由于瞬时极大风力达8级以上，火场突发大火飞火，引发直线距离2.53公里外另一山头形成新的火场，严重威胁冕宁县城十几万人和灵山寺景区的安全。火情发生后，国家森防指挥办公室、应急管理部持续调度指导，连夜派出工作组赴四川指导支持地方开展火灾扑救工作。截至24日19时，四川省森林消防总队1 006人、凉山州消防救援支队127人和31辆消防车、6架直升机投入扑救，实施吊桶洒水作业165桶，共计383吨。经森林消防队伍、消防救援队伍、航空救援力量、地方专业扑火队伍、解放军和武警部队等2 300余人、6架直升机历时6天持续扑救，明火于26日13时被成功扑灭。

（案例来源：人民网，2021年4月25日，有改动）

简析：

火灾扑救要坚持"打早打小打了"的根本要求，认真研判火场态势，采用正确战略战术，抓住有利条件，早打快打坚决打。掌握正确的扑救方法，充分利用各种资源，是生命至上的具体表现。

法律法规

中华人民共和国消防法

（1998年4月29日第九届全国人民代表大会常务委员会第二次会议通过 1998年4月29日中华人民共和国主席令第4号公布 自1998年9月1日起施行）

专题十一任务二
法律法规

第一条　为了预防火灾和减少火灾危害，保护公民人身、公共财产和公民财产的安全，维护公共安全，保障社会主义现代化建设的顺利进行，制定本法。

第二条　消防工作贯彻预防为主、防消结合的方针，坚持专门机关与群众相结合的原则，实行防火安全责任制。

第十四条　机关、团体、企业、事业单位应当履行下列消防安全职责：

（一）制定消防安全制度、消防安全操作规程；

（二）实行防火安全责任制，确定本单位和所属各部门、岗位的消防安全责任人；

（三）针对本单位的特点对职工进行消防宣传教育；

（四）组织防火检查，及时消除火灾隐患；

（五）按照国家有关规定配置消防设施和器材、设置消防安全标志，并定期组织检验、维修，确保消防设施和器材完好、有效；

（六）保障疏散通道、安全出口畅通，并设置符合国家规定的消防安全疏散标志。

居民住宅区的管理单位，应当依照前款有关规定，履行消防安全职责，做好住宅区的消防安全工作。

第十八条　禁止在具有火灾、爆炸危险的场所使用明火；因特殊情况需要使用明火作业的，应当按照规定事先办理审批手续。作业人员应当遵守消防安全规定，并采取相应的消防安全措施。

进行电焊、气焊等具有火灾危险的作业的人员和自动消防系统的操作人员，必须持证上岗，并严格遵守消防安全操作规程。

第二十一条　任何单位、个人不得损坏或者擅自挪用、拆除、停用消防设施、器材，不得埋压、圈占消火栓，不得占用防火间距，不得堵塞消防通道。

公用和城建等单位在修建道路以及停电、停水、截断通信线路时有可能影响消防队灭火救援的，必须事先通知当地公安消防机构。

第三十二条　任何人发现火灾时，都应当立即报警。任何单位、个人都应当无偿为报警提供便利，不得阻拦报警。严禁谎报火警。

公共场所发生火灾时，该公共场所的现场工作人员有组织、引导在场群众疏散的义务。

发生火灾的单位必须立即组织力量扑救火灾。邻近单位应当给予支援。

消防队接到火警后，必须立即赶赴火场，救助遇险人员，排除险情，扑灭火灾。

第三十五条　消防车、消防艇前往执行火灾扑救任务或者执行其他灾害、事故的抢险救援任务时，不受行驶速度、行驶路线、行驶方向和指挥信号的限制，其他车辆、船舶以及行人必须让行，不得穿插、超越。交通管理指挥人员应当保证消防车、消防艇迅速通行。

第三十六条　消防车、消防艇以及消防器材、装备和设施，不得用于与消防和抢险救援工作无关的事项。

😊**讨论思考**

发现火灾了，你会马上上前灭火吗？如果你一个人发现了火灾，第一步要做什么？如果多人一起发现了火灾，你会做什么？请与同学们分享你的想法。

一、初期火灾及扑救方法

1. 初期火灾

发生火灾初期 15 分钟之内的火灾，即"初期火灾"。火灾初期阶段的特征是，初期烟雾大，可燃物质燃烧面积小，火焰不高，辐射热不强，火势发展比较缓慢，这个阶段是灭火的最好时机。

2. 初期火灾扑救原则

（1）立即报警。快速拨打"119"火警电话，说明发生火灾的单位、地址、楼层、周围明显的建筑标志；说明燃烧的物品种类；说明火势情况，例如是否看得见火光，着火情况等；如有人力，应派人到主要路口，引导消防车辆尽快赶到现场。

（2）救人要紧。初期火场上如果有人受到火势威胁，重要任务就是把被火围困的人员抢救出来。在灭火力量较强时灭火和救人可以同时进行。在人未被救出之前，灭火是为了打开救人通道或减少烟火对人员的威胁，为人员脱险创造条件。

（3）及时灭火。坚持"先控制，后消灭"的原则，对于能一举扑灭的小火，要抓住战机迅速消灭；当火势较大，灭火力量相对较弱，不能立即扑灭时，要把主要力量放在控制火势发展或防止爆炸、泄漏等危险情况的发生上，防止火势扩大，为消灭火灾创造条件。

3. 初期火灾扑救方法

初期火灾扑救要利用身边可以利用的简易工具，因地取材，扑灭刚刚发生的火情，尽量阻断火灾的必要条件，使火势消灭在初期阶段。扑救时可以使用简易的灭火工具进行灭火，例如，黄沙、泥土、水泥粉、炉渣、石灰粉、铁板、锅盖、湿棉被、湿麻袋、盛装水的简易容器（如水桶、水壶、水盆、水缸）以及宿舍里的扫把、拖把、衣服、拖鞋、手套等，在有灭火器和消防栓的情况下可直接使用灭火。

（1）堵截。堵截火势，防止蔓延或减缓蔓延速度，或在堵截过程中消灭火灾，是积极防御与主动进攻相结合的火灾扑救基本方法。在实际应用中，当单位灭火人员不能接近火场时，应根据着火对象及火灾现场实际情况，果断在蔓延方向设置水枪阵地、水帘，关闭防火门、防火卷帘、挡烟垂壁等，堵截蔓延，防止火势扩大。

（2）快攻。当灭火人员能够接近火源时，应利用身边的灭火器材灭火，将火势控制在低温少烟阶段。

（3）排烟。利用门窗、破拆孔洞将高温浓烟排出建筑物外，引导火势蔓延方向，减少火灾损失。

（4）隔离。针对大面积燃烧区或火势比较复杂的火场，根据火灾扑救的需要，将燃烧区分割成两个或数个区段，以便分别部署力量将火扑灭。

二、常见灭火器适用范围和使用方法

1. 常见灭火器适用范围

（1）二氧化碳灭火器的适用范围：适用于扑救易燃液体及气体的初期火灾，常应用于实验室、计算机房、变配电所，以及对精密电子仪器、贵重设备或物品维护要求较高的场所。

（2）干粉灭火器的适用范围：碳酸氢钠干粉灭火器适用于易燃、可燃液体、气体及带电设备的初期火灾；磷酸铵盐干粉灭火器除可用于上述几类火灾外，还可扑救固体类物质的初期火灾。

（3）泡沫灭火器的适用范围：适用于扑救一般 B 类火灾，如油制品、油脂等火灾。

（4）扑救 A 类火灾应选用水型、泡沫、干粉等灭火器。

（5）扑救 B 类火灾应选用干粉、泡沫、二氧化碳等，扑救水溶性 B 类火灾不得选用化学泡沫灭火器。

（6）扑救 C 类火灾应选用干粉、二氧化碳型灭火器。

（7）扑救 D 类火灾应选用专用干粉灭火器。

2. 常见灭火器使用方法

（1）干粉灭火器的使用方法。

干粉灭火器使用方法如图 11-3 所示。灭火时，可手提或肩扛灭火器快速奔赴火场，在距燃烧处 5 米左右，放下灭火器。如在室外，应选择在上风方向喷射。使用的干粉灭火器若是外挂式、储压式的，操作者应一手紧握喷枪，另一手提起储气瓶上的开启提环。如果储气瓶的开启是手轮式的，则向逆时针方向旋开，并旋到最高位置，随即提起灭火器。当干粉喷出后，迅速对准火焰的根部扫射。如果是内置式储气瓶或者是储压式的，操作者应先将开启把上的保险销拔下，然后握住喷射软管前端喷嘴部，另一只手将开启压把压下，打开灭火器进

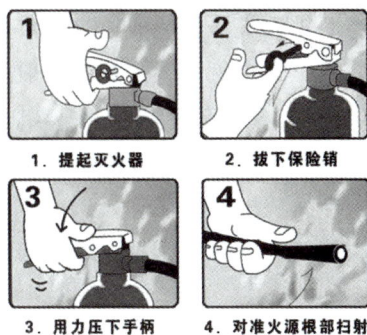

1. 提起灭火器　　2. 拔下保险销
3. 用力压下手柄　4. 对准火源根部扫射

图 11-3　干粉灭火器使用方法

行灭火；有喷射软管的灭火器或储压式灭火器在使用时，一手应始终压下压把，不能放开，否则会中断喷射；如果被扑救的液体火灾呈流淌燃烧时，应对准火焰根部由近而远，并左右扫射，直至把火焰全部扑灭；如果可燃液体在容器内燃烧，使用者应对准火焰根部左右晃动扫射，使喷射出的干粉流覆盖整个容器开口表面，当火焰被赶出容器时，使用者仍应继续喷射，直至将火焰全部扑灭；当可燃液体在金属容器中燃烧时间过长，容器的壁温已高于扑救可燃液体的自燃点时，极易造成灭火后再复燃的现象，若与泡沫类灭火器联用，则灭火效果更佳。使用磷酸铵盐干粉灭火器扑救固体可燃物火灾时，应对准燃烧最猛烈处喷射，并上下、左右扫射。如条件许可，使用者可提着灭火器沿着燃烧物的四周边走边喷，使干粉灭火剂均匀地喷在燃烧物的表面，直至将火焰全部扑灭。

（2）泡沫灭火器的使用方法。

使用泡沫灭火器时，可手提筒体上部的提环，迅速奔赴火场。这时应注意不得使灭火器过分倾斜，更不可横拿或颠倒，以免两种药剂混合而提前喷出。当距离着火点 10 米左右时，即可将筒体颠倒过来，一只手紧握提环，另一只手扶住筒体的底圈，将射流对准燃烧物。在扑救可燃液体火灾时，如已呈流淌状燃烧，则将泡沫由远而近喷射，使泡沫完全覆盖在燃烧液面上；如在容器内燃烧，应将泡沫射向容器的内壁，使泡沫沿着内壁流淌，逐渐覆盖着火液面。切忌直接对准液面喷射，以免由于射流的冲击，将燃烧的液体冲散或冲出容器，扩大燃烧范围。在扑救固体物质火灾时，应将射流对准燃烧最猛烈处。灭火时随着有效喷射距离

的缩短，使用者应逐渐向燃烧区靠近，并始终将泡沫喷在燃烧物上，直到扑灭。使用时，灭火器应始终保持倒置状态，否则会中断喷射。

手提式泡沫灭火器应选择干燥、阴凉、通风并取用方便之处存放，不可靠近高温或可能受到曝晒的地方，以防止碳酸分解而失效；冬季要采取防冻措施，以防止冻结；并应经常擦除灰尘、疏通喷嘴，使之保持通畅。

（3）二氧化碳灭火器的使用方法。

灭火时可将二氧化碳灭火器提到或扛到火场，在距燃烧物 5 米左右，放下灭火器拔出保险销，一手握住喇叭筒根部的手柄，另一只手紧握启闭阀的压把。没有喷射软管的二氧化碳灭火器，应把叭筒往上扳 $70° \sim 90°$。使用时，不能直接用手抓住喇叭筒外壁或金属连线管，防止手被冻伤。灭火时，当可燃液体呈流淌状燃烧时，使用者将二氧化碳灭火剂的喷流由近而远向火焰喷射。如果可燃液体在容器内燃烧时，使用者应将喇叭筒提起，从容器的一侧上部向燃烧的容器中喷射。但不能将二氧化碳射流直接冲击可燃液面，以防止将可燃液体冲出容器而扩大火势，造成灭火困难。

推车式二氧化碳灭火器一般由两人操作，使用时两人一起将灭火器推或拉到燃烧处，在离燃烧物 10 米左右停下，一人快速取下喇叭筒并展开喷射软管后，握住喇叭筒根部的手柄，另一人快速按逆时针方向旋动手轮，并开到最大位置。其灭火方法与手提式泡沫灭火器的方法一样。使用二氧化碳灭火器时，在室外使用的，应选择在上风方向喷射。在室内窄小空间使用的，灭火后操作者应迅速离开，以防窒息。推车式灭火器和二氧化碳灭火器使用方法如图 11-4 所示。

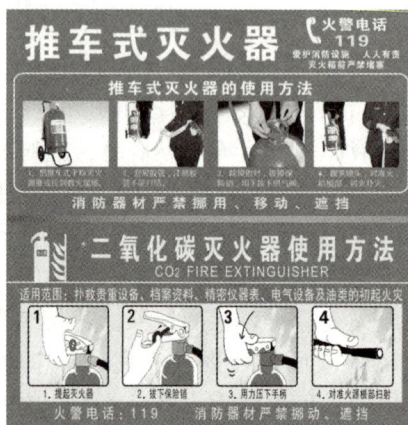

（图片来源：阿里巴巴）

图 11-4　推车式灭火器和二氧化碳灭火器使用方法

📖 课内活动

请收集其他消防器材的使用方法，整理图片、文字等内容，并向同学们介绍各种器材的使用场合、要求及使用方法。

三、校园防火预防

1. 学生宿舍火灾预防

要做好学生宿舍防火工作，首先每个学生都要树立防火意识，认识火灾的危害，自觉遵守学校的消防安全管理规定，自觉做到以下几点：

（1）不躺在床上吸烟，不乱扔烟头。人在疲乏时，躺在床上很容易入睡，烟头掉在被褥上，或者将烟头扔在易燃物上，容易发生火灾。

（2）不在宿舍内使用电炉、热得快等大功率电器、电热设备以及煤气炉、酒精炉、液化气炉等明火设备。学生宿舍内可燃物品多，使用电炉、酒精炉等，稍有不慎或疏忽便能引起火灾。

（3）不乱接电源。乱接电源容易使电流过载，如使用不合格的电器或电线老化，易引起火灾。

（4）不在室内点蜡烛看书。人疲乏入睡后，蜡烛容易引燃蚊帐、被褥，引发火灾。

（5）不在室内燃烧杂物。被燃物飘飞到床上，或者被燃物未彻底熄灭，室内无人就容易引起火灾。

（6）不要将台灯靠近枕头、被褥和蚊帐。台灯长时间点燃发热，易引燃枕头、被褥等，造成火灾。

（7）人走熄灯、关闭电源。室内无人时，应关掉电源开关，切断室内电源，可以有效地降低火灾概率。

（8）不存放易燃易爆物品。

2. 实验室和实践实习中的火灾预防

实验室内电器设备如果没有定期保养维修，一旦电器部件老化，可能会引起火灾，危及学生安全。在实验室和实践实习中，要严格遵守各项安全管理规定、操作规程和有关制度，涉及使用化学危险品时，一定要注意防火安全，按照规定，一丝不苟地在老师指导下进行工作。

❀ 知识拓展

灭火毯

灭火毯（见图 11-5）又称消防被、灭火被、防火毯、消防毯、阻燃毯、逃生毯，是由玻璃纤维等材料经过特殊处理编织而成的织物，能起到隔离热源及火焰的作用，可用于扑灭油锅火或者披覆在身上逃生。

灭火毯主要用来覆盖火源、阻隔空气，以达到灭火目的，主要是用在企业、商场、船舶、汽车、民用建筑物等场合的一种简便的初始灭火工具，特别适用于家庭和饭店的厨房、宾馆、娱乐场所、加油站等一些容易着火的场所。在发生火灾时，将灭火毯披盖在自己身上或包裹住被救对象的身体，迅速逃离火场，为自救或安全疏散人群提供了很好的帮助。如果真正

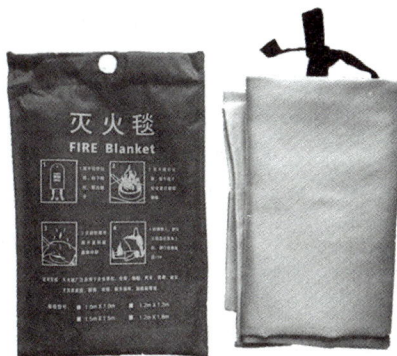

（图片来源：住范儿）

图 11-5　灭火毯

出现火灾意外，穿上灭火毯后，就可以大大减少被烧伤的危险。

课后作业

请在课后完成以下练习题。

1. 常见的灭火器有哪几种？分别能在什么类型的火灾中使用？
2. 如果你在学校教学楼的第十一层发现火灾，你会怎么办？请把你的思考记录下来，并用 PPT 制作成消防宣传资料。

任务三　火场疏散与逃生

学习目标

1. 了解逃生标志和逃生知识；
2. 熟悉火场逃生方法；
3. 具备正确的逃生意识。

授课视频二维码

发生火灾事故后，异常的个人心理素质和错误的逃生方法往往会造成更多或更重的死伤情况。为避免这种现象的发生，就要熟知火场疏散与逃生的相关知识。通过了解火场逃生知识和方法，提高个人的心理素质，消除非理性心理和错误行为，进而提高个人抵御火灾的能力和自救能力。这是消除安全预防的重要一环。

案例分析

2019 年 10 月 1 日凌晨 4 时许，海丰县城东镇海龙路一居民楼发生火灾，火灾产生大量浓烟和有毒气体，烟气通过楼梯蔓延到 1~7 层楼梯间，造成 2~7 层的住户被困，事故中一家 5 口开门盲目逃生，有毒烟气涌入导致窒息死亡。

其他 11 户居民未盲目开门逃生，成功避开了烟气，保住了性命。

（案例来源：澎湃网，2023 年 5 月 11 日）

简析：

人们在火势大、烟雾浓时，很容易产生恐惧、惊慌、茫然失措、从众、冲动和侥幸的心理，从而失去理智，让自己的行为决策受到心理的影响，盲目作出判断，走向更危险的境地。因此，学习火场逃生知识，平时做好逃生训练，在紧急情况下能保持冷静，成功自救。

法律法规

中华人民共和国应急管理部令（第 5 号）

2020 年 12 月 28 日应急管理部第 39 次部务会议审议通过，自 2021 年 8 月 1 日起施行。

第七条 高层公共建筑的业主单位、使用单位应当履行下列消防安全职责：

（一）遵守消防法律法规，建立和落实消防安全管理制度；

（二）明确消防安全管理机构或者消防安全管理人员；

专题十一任务三
法律法规

（三）组织开展防火巡查、检查，及时消除火灾隐患；

（四）确保疏散通道、安全出口、消防车通道畅通；

（五）对建筑消防设施、器材定期进行检验、维修，确保完好有效；

（六）组织消防宣传教育培训，制定灭火和应急疏散预案，定期组织消防演练；

（七）按照规定建立专职消防队、志愿消防队（微型消防站）等消防组织；

（八）法律、法规规定的其他消防安全职责。

委托物业服务企业，或者明确统一管理人实施消防安全管理的，物业服务企业或者统一管理人应当按照约定履行前款规定的消防安全职责，业主单位、使用单位应当督促并配合物业服务企业或者统一管理人做好消防安全工作。

第二十五条 高层民用建筑内的锅炉房、变配电室、空调机房、自备发电机房、储油间、消防水泵房、消防水箱间、防排烟风机房等设备用房应当按照消防技术标准设置，确定为消防安全重点部位，设置明显的防火标志，实行严格管理，并不得占用和堆放杂物。

第二十八条 高层民用建筑的疏散通道、安全出口应当保持畅通，禁止堆放物品、锁闭出口、设置障碍物。平时需要控制人员出入或者设有门禁系统的疏散门，应当保证发生火灾时易于开启，并在现场显著位置设置醒目的提示和使用标识。

高层民用建筑的常闭式防火门应当保持常闭，闭门器、顺序器等部件应当完好有效；常开式防火门应当保证发生火灾时自动关闭并反馈信号。

禁止圈占、遮挡消火栓，禁止在消火栓箱内堆放杂物，禁止在防火卷帘下堆放物品。

第二十九条 高层民用建筑内应当在显著位置设置标识，指示避难层（间）的位置。

禁止占用高层民用建筑避难层（间）和避难走道或者堆放杂物，禁止锁闭避难层（间）和避难走道出入口。

第三十一条 高层民用建筑的消防车通道、消防车登高操作场地、灭火救援窗、灭火救援破拆口、消防车取水口、室外消火栓、消防水泵接合器、常闭式防火门等应当设置明显的提示性、警示性标识。消防车通道、消防车登高操作场地、防火卷帘下方还应当在地面标识出禁止占用的区域范围。消火栓箱、灭火器箱上应当张贴使用方法的标识。

高层民用建筑的消防设施配电柜电源开关、消防设备用房内管道阀门等应当标识开、关状态；对需要保持常开或者常闭状态的阀门，应当采取铅封等限位措施。

😊 讨论思考

你知道遇上火灾后人会有怎样的心理现象吗？在这种心理条件下人会作出怎样的判断？这些判断会影响人在火灾中的行动吗？

一、遇上火灾后的异常心理

人的心理特征来源于客观的环境特征，在火场这种特殊的环境中，因为火焰、浓烟、毒气的刺激，在害怕又急于逃生的情况下，人将会产生特殊的心理，具体表现在以下几个方面：

1. 从众与逆反

从众心理表现为：没主见，随大流。火灾情况下，别人向哪儿跑，自己也跟着向哪儿跑，他人的决心和判断成了追随的目标，放弃自己原来的判断而盲目追随他人，追随多数人，从而导致群聚体的形成，引起人流骚乱。而逆反心理表现为：不该做的反而去做了。火灾条件下，不该打开门窗的反而打开了，致使新鲜空气或浓烟烈火进入，使火势迅速蔓延扩大或使高温烟气量增加；不该冲向浓烟区的反而冲向浓烟区，结果使自己窒息死亡。

2. 向地与向隅

向地心理表现为：发生火灾时，人们都会自觉不自觉地从楼上往下跑，一直跑到室外地面为止。当烈火封住出口，逃生无路时，向地行为之一就是跳楼。在火灾中有很多受困人员经常从几层甚至十几层的高楼往下跳，其结果往往是非死即伤。向隅心理表现为：在火灾条件下向狭窄角隅奔跑，以躲避烟熏火烤，有的人会钻到床下，有的人会躲在狭窄死角处。向隅行为往往凶多吉少，其结果多为悲剧。

3. 恐惧与绝望

处在火灾现场的人们，很容易产生不可抑制的恐惧和惊慌。在这种心理条件下，人会茫然不知所措，导致非理智思维，失去平时的判断能力，采取非理智的错误行动。比如，减弱理性判断能力，失去与烟火拼搏的精神和勇气，束手无策或丧失抗争能力，继而绝望跳楼或躲在床下听天由命，等等。

4. 退避与趋光

退避心理表现为：人在遇到烟、火时会向反方向奔逃。特别是室内发生火灾时，人总是尽力往外跑。即使是处于安全地带的人，也要向起火的相反方向躲避。一些火灾现场充分印证，退避心理的驱使往往使人们难以逃生。趋光心理是指在黑暗的环境中，人们往往把一丝亮光作为希望的标志，从而向亮光处靠近的一种心理趋向。在火灾情况下，浓烟遮住了视线或突然停电，人们会习惯性地向能见度好、明亮的地方躲避。如果此方向是火势蔓延的主要方向，随着时间的推移和火势的发展，可能成为最危险的地方。

5. 侥幸与冲动

侥幸心理表现为：面临灾祸时，漫不经心，轻信事情不会那么严重或抱着车到山前必有路的态度，不采取措施。这种心理容易错失最宝贵的逃生时机，造成更大的死伤事故。冲动则是人在惊慌中采取不理智的或盲目的冲动行为，比如跳楼、乱钻乱撞或大喊大叫，从而使火场中的人们更加混乱而难于疏导和控制。

二、疏散通道和安全出口

1. 疏散通道

疏散通道，是疏散时人员从房间内至房间门，从房间门至疏散楼梯，直至室外安全区域的通道。疏散通道既包括平面方向的内部疏散通道和疏散走道，也包括人员竖向疏散的安全通道。GB 51309—2018《消防应急照明和疏散指示系统技术标准》将两侧和顶棚设有围护结构且满足对应建筑耐火等级标准的疏散通道称为"疏散走道"；将两侧或顶棚未设置完全围护结构或达不到对应建筑耐火等级标准的疏散通道称为"疏散通道"。"应急疏散通道"标志如图 11-6 所示。

图 11-6　"应急疏散通道"标志

2. 安全出口

安全出口是直接通向室外的房门或直接通向室外疏散楼梯、室内疏散楼梯间及其他安全区的出口，是疏散门的一个特例。在发生安全事故时，人员密集场所中的所有人员主要通过各个安全出口迅速逃离事故现场，实施救援的人员也通过安全出口进入事故现场，营救受困者或者抢救财产。安全出口指示灯是为人员通往安全地带的一种指示灯具。保证安全出口畅通是防止发生群死群伤事故的重要措施。安全出口标志如图 11-7 所示。

图 11-7　安全出口标志

3. 消防逃生示意图

现行规范《人员密集场所消防安全管理》（GB/T 40248—2021）第 7.1.4 条规定："人员密集场所应在公共部位的明显位置设置疏散示意图、警示标识等。"各场所应根据实际情况制作疏散示意图、警示标识，其应包含以下重要信息：

（1）所有应急设备的位置：如消防设备、疏散辅助装备、报警装置等；

（2）标明重要的位置：如当前位置、安全出口位置、疏散线路及避难场所和集合点的位置；

（3）报警电话：内部、外部火警电话；

（4）在紧急情况下或发生火灾时的疏散逃生方法及注意事项、消防安全注意事项。

安全疏散指示图如图 11-8 所示。

熟悉消防疏散示意图首先要认识消防疏散示意图符号（见图 11-9）并清楚各类符号所代表的意义以便在突发情况下采取正确的疏散逃生行为。

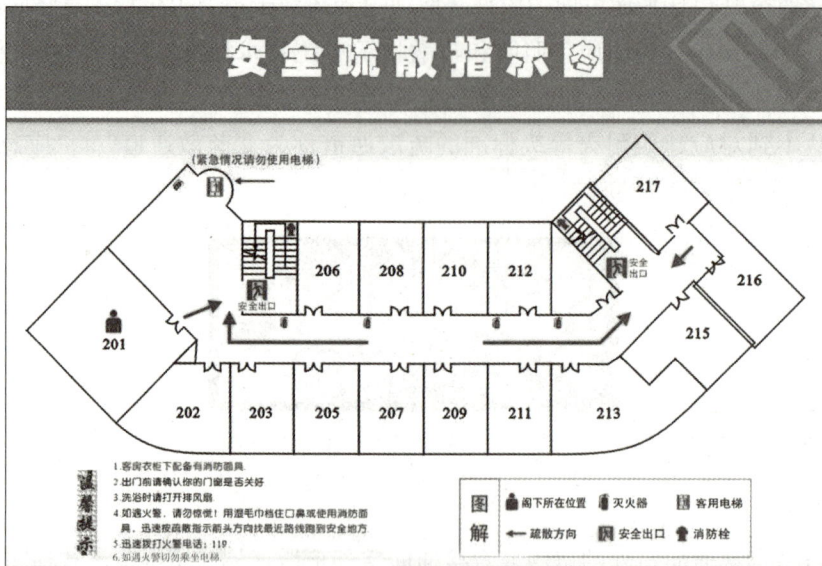

图 11-8　安全疏散指示图

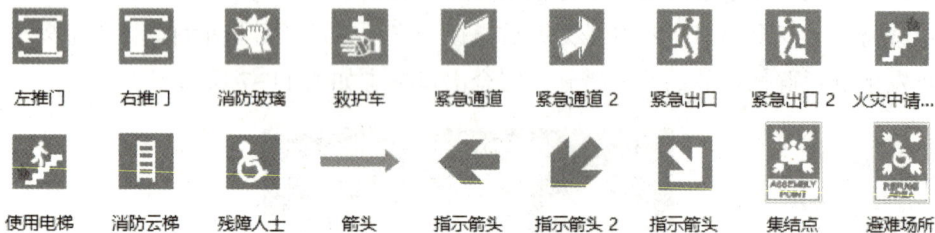

（图片来源：搜狐网，2017 年 9 月 29 日）

图 11-9　消防疏散示意图符号

课内活动

　　请找出你上课所在教室的消防逃生示意图或应急疏散图，和同学们一起看懂图示，并沿着图示找到疏散出口，走出你所在的大楼。

二、火场逃生与自救

1. 火场逃生的基本原则

　　（1）保持冷静。火灾发生时，保持冷静是非常重要的。不要惊慌失措，更不要冒险行动。迅速判断火势和自己的位置，明确逃生路线，尽快逃离现场。

　　（2）遮住口鼻。火灾会产生大量的浓烟和有毒气体，因此，逃生时要尽量用湿毛巾、衣物等遮住口鼻，以减少吸入有毒气体的可能性。

　　（3）关闭门窗。在逃生时，要关闭房间内的门窗，以减缓火势蔓延的速度。如果有可能，应该尽量将火源扑灭或阻断其燃烧。

（4）寻找安全出口。在逃离时，要尽快找到最近的安全出口。一般情况下，建筑物内的安全出口都会标识清楚，但遇到紧急情况时，要利用自己的方向感并观察周围环境来确定方向。

（5）避免使用电梯。在火灾发生时，电梯可能会突然停止或失控，因此要尽量避免使用电梯逃生，如图11-10所示。

（图片来源：宝坻区消防救援支队）

图11-10　避免使用电梯逃生

2. 火场自救的技巧

（1）熟悉环境。在日常生活和工作中，要对自己所处的环境有一个基本的了解，包括安全出口、消防器材的位置等。这样在火灾发生时，才能快速找到相应的逃生工具和路线。

（2）做好防护措施。在火灾现场，要做好防护措施。比如穿上防火鞋、身着防火服等。同时，要根据火势的大小和自己的能力来判断是否可以进行灭火。如果火势过大或者自己没有相应的灭火能力，要尽快逃离现场并及时报警。

（3）及时报警。在火灾发生时，要及时报警。一般情况下，可以拨打当地的火警电话119。同时要尽量通知其他人员一起疏散到安全的地方。报警时要注意冷静、清晰地描述起火的具体位置和火势的大小等信息。

（4）利用消防器材。如果现场有消防器材，比如灭火器、消防水带等，要尽量利用这些器材进行灭火。但要注意的是，在灭火前要先判断火源的类型和灭火器的种类是否匹配。如果不匹配，要及时寻找其他灭火器材或者寻找水源进行灭火。

（5）寻找避难所。如果无法逃离现场，要尽量寻找避难所。比如躲到卫生间、楼梯间等相对安全的地方。同时要保持冷静，通过敲打管道、呼喊等方式吸引救援人员的注意。

3. 高楼火灾中的逃生与自救

（1）第一时间离开房间。用手背触一下房门，确定门不发热（门不热，火势可能不大），用湿毛巾捂住口鼻，身披湿衣服或湿棉被，迅速离开房间并逃生，出门后要随手关门，避免新鲜空气不断涌入火场，造成更大火势。

（2）从楼梯逃生。高层着火时，要尽量往下跑，以利于救援。如果疏散楼梯被火焰封住了，或浓烟弥漫，千万不要贸然闯火场。无法向下逃生时，要往上逃到较为安全的楼层，等待救援。

（3）不乘电梯。火灾发生时，高层建筑的供电系统随时会断电，此时就会被困在电梯里面，电梯井也成为烟雾的通道，人很容易因被火烧、烟呛而有生命危险。

（4）就地打滚。身上一旦着火，如果手边没有水，就要脱掉衣服，就地打滚，压灭火苗。

（5）靠墙躲避。当被烟气熏得无法自救时，要努力滚向墙边或者门口，等待消防人员救援。

（6）不要跳楼。如果被困在较低楼层（7~8米以下），逃生时可以把室内席梦思、被子等软物抛到楼底，再从窗口跳到软物上逃生，或是把床单、窗帘、衣物等拧成绳，沿着绳子滑下去。如果处于较高层，不要盲目跳楼，要将自己充分暴露在易被发现的地方，等待消防人员救援。

（7）管道逃生。如果实在没有办法，在确定管道承重能力没有问题后，有把握的人可以用管道逃生。

（8）尽量暴露。若暂时无法逃离，不要藏到隐蔽的地方，要选择待在阳台、窗口等容易被人发现的地方，并挥舞颜色鲜艳的毛巾或使用手电筒，引起救援人员的注意，提高被救概率，如图11-11所示。

（图片来源：正安消防一站式消防技术服务，2018年6月6日）

图 11-11　尽量暴露

4. 公共娱乐场所火灾中的逃生与自救

（1）选择多种途径逃生。发生火灾时，先找到安全出口。如果安全出口堵塞，一楼可直接从窗口跳出。如果在二、三层，可用手抓窗台往下滑或用窗帘或地毯卷成长条，制成安全绳，沿着绳滑下去，尽量缩小高度，让双脚先着地。设在高层的歌舞厅发生火灾时，要先选择疏散通道和疏散楼梯、屋顶、阳台逃生，若被烟火封住，可以借助坚固的雨水管道或窗户逃生。

（2）防止中毒。歌舞厅、卡拉OK厅、酒店等场所四壁和顶部有大量的塑料、纤维等装饰物，一旦发生火灾，便会产生有毒气体。所以，在逃生时，千万不要大声呼喊，可以用水或饮料打湿衣服捂住口鼻，低身行走或匍匐爬行。

（3）寻找避难所逃生。在无路可逃的情况下，应积极寻找避难处所。如到阳台、楼层平顶等待救援；选择火势、烟雾难以蔓延的房间，如厕所、保安室等，关好门窗，堵塞间隙，房间如有水源要立即将门窗和各种可燃物浇湿，以阻止或减缓火势和烟雾的蔓延。无论白天或者夜晚，被困者都应大声呼救，不断发出各种呼救信号以引起救援人员的注意，帮助自己脱离险境。

5. 地铁火灾中的逃生与自救

（1）在站台候车时突发火灾。保持冷静，不要慌张，利用车站内的"火灾报警按钮"及时将火情报告给车站工作人员，同时按照现场工作人员的指引有序逃生。注意遮掩口鼻、逆风疏散。

（2）火灾发生在所乘坐的列车中。首先按下车厢中的红色紧急按钮，告诉司机当前着火点位置和火势情况，找到车厢内的灭火器进行初期灭火，下车时应逆风逃生，不要擅自拉门、砸窗、跳车。

（3）火灾发生时地铁正在高架上。可以从前后两个门出去，沿轨道向两端车站撤离，如果是敞开区域，最好向上坡方向离开列车。

（4）列车在隧道内紧急停车。不要慌张，隧道内部有特制的通道（路面离地面很高，道路较窄，逃生的时候千万不要慌张，以免发生意外），务必跟随工作人员脚步，听从指挥，避免单独逃生。

（5）遇见火灾时地铁停电。不要擅自扒门离开车厢，听从地铁司机指挥，捂住口鼻低行，尽可能润湿口罩、手帕或衣角，捂住口鼻，贴地逃离，避免相互踩踏受伤。

课后作业

请在课后完成以下练习题。

阅读以下资料，回答问题。

2008年11月14日早晨6时10分左右，上海商学院徐汇校区学生宿舍楼602室冒出浓烟，随后又蹿起火苗，屋内6名女生被惊醒，离门较近的2名女生拿起脸盆冲出门外到公共水房取水，另外4名女生则留在房中灭火。然而，当取水的女生回来后，却发现寝室门打不开了。不一会儿，大火越烧越旺，4名穿着睡衣的女生被浓烟逼到阳台上。蹿起的火苗不断扑来，吓得她们惊声尖叫。隔壁宿舍女生见状，忙将蘸过水的湿毛巾从阳台上扔过去，想让被困者捂住口鼻，争取营救时间。宿舍楼下，大批被紧急疏散的学生纷纷向楼上喊话，鼓励4名女生不要慌乱，等待消防队员前来救援。可是，在凶猛的火魔面前，4名女生逐渐失去了信心。第一名女生的睡衣被烧着后，她惊慌大叫一声，从6楼阳台跳下，摔在底层的水泥地上。看到同伴跳楼求生，另外两名女生也等不及了，顾不得楼下"不要跳，不要冲动"的提醒，也纵身一跃，消失在众人的视野中。3名同伴先后跳楼，让最后一名女生没了主意。她在阳台上来回转了好几圈后，决定翻出阳台跳到5楼逃生。可惜她没找准跳下的位置，双臂支撑不住，一头掉了下去。与此同时，滚滚浓烟灌进了隔壁601寝室，将屋内3名女生困在阳台上。所幸消防队员接警后及时赶到，强行踹开宿舍门，将女生们救了出来。此时，距4名女生跳楼求生不过几分钟时间。

以上案例中，4名跳楼女生的心理异常表现是什么？她们的做法正确吗？如果你被困在这个寝室中，你会怎么做？

实践活动

消防疏散救援演练活动

为深入贯彻落实习近平总书记关于安全生产、防灾减灾救灾等应急管理工作的重要论述和党的二十大精神，进一步加强学校消防安全工作，增强师生员工的消防安全意识和自救自护能力，筑牢校园安全防线，学校保卫处、学生管理处联合组织开展2023年度消防疏散救援演练。

要求按照"安全第一、就近逃生"的疏散原则，全体教职工、学生快速撤离，等待救援力量赶往现场。

专题十二 交通安全

导言

　　强国建设，交通先行。交通运输是人类社会最基本的经济活动，是一个国家的基础性、战略性、先导性产业，是社会和经济运行的基本载体，也是经济社会发展的必要条件。党的十八大以来，我国交通事业快速发展，由"交通大国"逐步向"交通强国"迈进。建设交通强国，必须健全交通安全生产法规制度和标准规范，加强交通安全综合治理，切实提高交通安全水平。安全、畅通、有序、和谐的交通环境事关人民群众生命财产安全和经济社会发展。作为公民，学习交通安全知识，遵守交通规则，既是法律的规定，也是道德的要求，更是公民素质的体现，是每个公民应尽的社会责任和义务。本专题包括交通安全常识、交通安全防范、交通事故处理等内容，大学生要学习和掌握必要的交通安全知识。

交/通/安/全　　关/系/你/我

交通
安全教育

| 文明出行 | 和谐社会 |
| 交通安全 | 共同责任 |

任务一　交通安全常识

学习目标

1. 知道交通安全的类别和重要意义；
2. 了解有关交通安全的法律法规；
3. 有一定的交通安全防范意识。

授课视频二维码

交通安全关系到每个人的生命和财产安全，是国家发展的重要支柱之一。随着经济的发展及人民群众出行需求的快速增长，中国道路交通运输行业快速发展。中国机动车保有量、驾驶人数量、道路里程持续增长。2020 年全国机动车驾驶人年龄分析数据显示，18～25 岁驾驶人在驾驶人总量中占 11.50%。与此同时，大学生群体中新驾驶人及预备驾驶人比例增加，大学生租车、包车、驾驶共享汽车事故增多，涉及大学生道路交通事故数量不断增加，交通安全日趋复杂。强化安全意识，掌握一定的交通安全常识对大学生来说非常必要。

案例分析

2020 年 8 月 6 日凌晨，大学生满某骑电动车沿青岛市重庆中路由南向北行驶至大枣园路路口时闯红灯。杨某恰好驾驶一辆小型新能源轿车沿大枣园路按照信号灯指示由东向西行驶。满某骑电动车撞上正常行驶的轿车前部，电动车瞬间被顶飞，满某腾空而起，落下时摔至汽车前挡风玻璃上，顺前车盖滑落地面。事故导致两车受损，满某受伤。经交警认定满某骑车闯红灯，是该起事故的主要原因。大学生满某未按交通信号灯通行，承担事故的全部责任，司机杨某无责任。

（案例来源：澎湃新闻，2020 年 8 月 21 日，有改动）

简析：

电动车灵活方便不堵车，越来越多的人选择电动车作为短途出行的工具。但也有不少电动车驾驶员交法意识淡薄，出现如闯红灯等交通违法行为。这起电动车与机动车相碰撞的交通事故，是由大学生满某不守交规引发的。满某承担事故的全部责任，不仅要承担自己的医药费，还要承担杨某的机动车损失费。

法律法规

《中华人民共和国道路交通安全法》2003 年 10 月 28 日由第十届全国人民代表大会常务委员会第五次会议通过，2007 年 12 月 29 日第一次修正，2011 年 4 月 22 日第二次修正，2021 年 4 月 29 日第三次修正，该法对交通安全规则作了明确的规定。

专题十二任务一法律法规

第十九条　驾驶机动车，应当依法取得机动车驾驶证。

第二十一条　驾驶人驾驶机动车上道路行驶前，应当对机动车的安全技术性能进行认真检查；不得驾驶安全设施不全或者机件不符合技术标准等具有安全隐患的机动车。

第二十二条　机动车驾驶人应当遵守道路交通安全法律、法规的规定，按照操作规范安全驾驶、文明驾驶。饮酒、服用国家管制的精神药品或者麻醉药品，或者患有妨碍安全驾驶机动车的疾病，或者过度疲劳影响安全驾驶的，不得驾驶机动车。任何人不得强迫、指使、纵容驾驶人违反道路交通安全法律、法规和机动车安全驾驶要求驾驶机动车。

第三十七条　道路划设专用车道的，在专用车道内，只准许规定的车辆通行，其他车辆不得进入专用车道内行驶。

第三十八条　车辆、行人应当按照交通信号通行；遇有交通警察现场指挥时，应当按照交通警察的指挥通行；在没有交通信号的道路上，应当在确保安全、畅通的原则下通行。

第五十一条　机动车行驶时，驾驶人、乘坐人员应当按规定使用安全带，摩托车驾驶人及乘坐人员应当按规定戴安全头盔。

💬 讨论思考

你知道"全国交通安全日"吗？你认为公民要参加交通安全宣传吗？应该如何参与交通安全宣传活动？请谈谈你的看法。

一、交通安全概念

交通安全是指交通参与者在交通中不发生安全事故，运行正常，不影响人员健康和生命安全，不发生财产等其他损失。交通安全有广义和狭义之分。广义上的交通安全包括道路交通安全、铁路交通安全、水上交通安全以及空中交通安全四部分；狭义上的交通安全指道路交通安全。本专题主要就道路交通安全进行讨论阐述。

2012年11月18日，经国务院批复同意，自2012年起，将每年12月2日设立为"全国交通安全日"。12月2日中数字"122"为我国道路交通事故报警电话，群众对此认知度高，方便记忆和宣传，同时考虑每年12月2日春运等道路交通出行和运输高峰也即将开始，在此时间节点组织开展全国范围的道路交通安全主题宣传活动有利于预防道路交通事故，保证广大民众出行安全。

🎬 课内活动

大学生交通安全意识调查问卷

请在课内完成大学生交通安全意识情况调查问卷。参与方法：扫描右侧二维码，回答相关问题。此问卷仅用于教学研究，不涉及个人身份信息收集，请如实填写。谢谢您的配合！

二、道路交通安全设施

道路交通安全设施对于保障行车安全、减轻潜在事故程度起着重要作用。良好的安全设施系统应具有交通管理、安全防护、交通诱导、隔离封闭、防止眩光等多种功能。

1. 道路交通标线

道路交通标线有禁止标线、指示标线、警告标线，是直接在路面上用漆类喷刷或用混凝土预制块等铺列成线条、符号，与道路标志配合的交通管制设施，如图 12-1 所示。路面标线种类较多，有行车道中线、停车线竖面标线、路缘石标线等。标线有连续线、间断线、箭头指示线等，多使用白色或黄色漆。

2. 安全护栏

公路上的安全护栏既要阻止车辆越出路外，防止车辆穿越中央分隔带闯入对向车道，又要能诱导驾驶员的视线。

图 12-1 道路交通标线

3. 隔离栅

隔离栅是高速公路的基础设施之一，它使高速公路全封闭得以实现，并阻止人畜进入高速公路。它可有效地排除横向干扰，避免由此产生的交通延误或交通事故，保障高速公路效益的发挥。隔离栅按其使用材料的不同，可分为金属网、钢板网、刺铁丝和常青绿篱几大类。

4. 道路照明

道路照明主要是为保证夜间交通的安全与畅通，大致分为连续照明、局部照明及隧道照明。照明条件对道路交通安全有着很大的影响，视线诱导标一般沿车道两侧设置，具有明示道路线形、诱导驾驶员视线等用途。对有必要在夜间进行视线诱导的路段，设置反光式视线诱导标。

5. 防眩设施

防眩设施的用途是遮挡对向车前照灯的眩光，分防眩网和防眩板两种。防眩网通过网股的宽度和厚度阻挡光线穿过，减少光束强度而达到防止对向车前照灯炫目的目的；防眩板是通过其宽度部分阻挡对向车前照灯的光束。

6. 交通标志

道路交通标志有警告标志、禁令标志、指示标志、指路标志、旅游区标志、道路施工安全标志、辅助标志等，如图 12-2 所示。设置交通标志的目的是给道路通行人员提供确切的信息，保证交通安全畅通。高速公路上车速快，车道数多，标志尺寸比一般道路上的大得多。

三、道路交通安全常识

为了预防交通事故，避免发生不必要的人员伤亡和财产损失，大学生务必要掌握基本的道路交通安全常识。

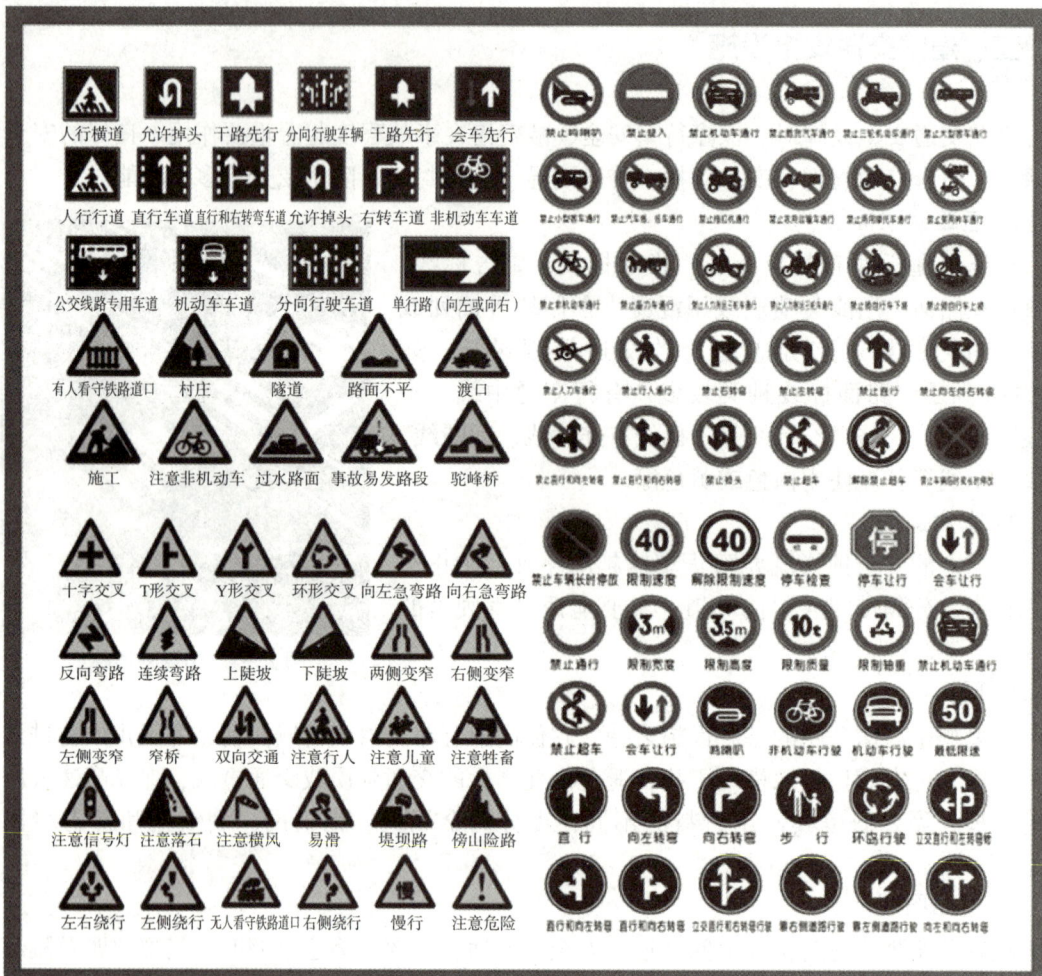

图 12-2　道路交通标志

1. 在路上行走

（1）步行时，走人行道，靠右侧行走。

（2）横穿马路，要走人行横道。行走时，先看左侧车辆，后看右侧车辆。

（3）设有交通信号灯的人行横道，绿灯亮时，可通行。红灯亮时，禁止通行。

（4）设有自助式交通信号灯的人行横道，要先按人行横道使用开关，等绿灯亮、机动车停驶后，再通过。红灯亮或显示"等待"信号时，禁止通过。

（5）设有过街天桥或地下通道的区域，不横穿马路。

（6）无人行横道及通过设施的区域，横穿马路时，要在确认安全后，再通过。

（7）不在机动车道、非机动车道上打闹、猛跑。

（8）不跨越各种交通护栏、护网与隔离带。

（9）路面有雪或结冰时，防止滑倒，以免造成摔伤。

（10）不要在倒车的机动车后方抢行，下了公交车后不要从车头前方横穿马路。

（11）在路边等信号灯的时候，要注意与拐弯的车辆保持至少2米的距离，因为车辆拐弯时存在一个内轮差，也就是车辆转弯时内前轮转弯半径与内后轮转弯半径之差，而这部分区域是司机从后视镜看不到的。

（12）雨雪天出行，过马路要格外注意。因为这种天气刹车距离都会变长，车不容易受控制，要注意观察路面和周围环境是否有隐藏的危险，特别是路边有高大树木或者有供电线路、电缆从空中穿过的区域，路边有变压器的区域，有高压线路的郊区等。

（13）穿越居民区、胡同或从正在施工的建筑物旁通过时，应注意观察住户窗户上是否摆放物品和是否有人在活动，建筑物施工场地是否设有安全标志线和安全设施，尽量不要从工地上直接穿过去。

（14）不在车道上招呼出租车或营运车辆；不在道路上扒车、强行拦车等。

（15）不与机动车抢道，不突然横穿马路，不戴耳机、看手机过马路。

（16）不在路上使用旱冰鞋、滑板等。

（17）不进入有"禁止行人通行""危险"等标志的地方。

2. 在道路上骑自行车

（1）骑自行车时要在非机动车道行驶，在没有非机动车道的道路上，应当靠车行道的右侧行驶，不抢行、争道，不醉酒骑车。

（2）出行前检查车铃、闸、锁是否齐全、有效。

（3）不逆行骑车，不扶肩并行，不相互追逐，转弯时伸手示意，不强行猛拐。

（4）通过陡坡、横穿四条以上机动车道或途中车闸失灵时，必须下车推行。下车前应伸手上下摆动示意，不要妨碍后面的车辆通行。

（5）过人行道时，要注意避让行人，停车等灯时，不要越过停车线。

（6）不要双手离把、攀扶其他车辆或手中持物，不要牵引车辆或被其他车辆牵引。

（7）应按交通标志指定的地点有序停放自行车，在没有设置交通标志的路上停放时不要影响车辆、行人的正常通行。

（8）在雨雪天气骑车要格外小心，不要打伞，最好穿着颜色鲜艳的雨衣，低速慢行。

3. 在校园内安全驾驶

大学生作为机动车驾驶人员，除了需要认真学习并遵守道路交通规定外，还应特别注意在校园内的行驶安全。大学生应遵守学校的有关规定，在校园内不要开快车（各校规定不同，一般规定车速不超过 20 千米/小时，有的学校规定不超过 10 千米/小时）或鸣笛，注意避让行人。校园内限速标志如图 12-3 所示。

4. 乘车安全

（1）乘坐公共汽车或出租车、轿车。要在路边或站台上排队等车，乘车的过程中不要将身体的任何一部分伸出车外；上下车时，按先下后上的次序来；车辆行驶时，坐好站稳，抓住扶手，不故意拥挤；在机动车道上不从机动车左侧上下车；下车时注意后面行驶过来的机动车和非机动车；下车后走人行横道，不在车前车尾穿行；不向车外抛撒物品；乘车过程中，保管好自己的财物；不携带易燃、易爆、强腐蚀性等

（图片来源：广西大学官网）

图 12-3　校园内限速标志

违禁物品乘车。

（2）乘坐客运长途汽车。不乘坐没有经营资格、超员、超载的车辆；乘车时，不携带易燃、易爆等危险品；保管好自己的行李物品；旅途中如遇超速、超载、疲劳驾驶、酒后驾驶等，要及时指出并要求改正或拨打举报电话。

（3）乘坐地铁等轨道交通工具。进站时主动配合安检，不携带任何危险品进站乘车；按照路面或者其他地方的指示标志行进，不逆行、不乱行；候车时，站在黄色安全线内有序等候；乘车时不倚靠车门，不在车厢连接处逗留；注意收听到站广播，做好上下车准备；行李放在视线之内，随时注意身边情况。

课后作业

请在课后完成以下练习题。

1. 大学生如何提高安全意识？

2. 大学生应该掌握哪些交通安全常识？

3. 阅读以下资料，回答问题。

南昌某大学校园内商业街口发生一起车祸，3名女大学生在穿越马路的时候被一辆白色小轿车撞倒。当时3名被撞女生中的2名躺在地上一动不动，另一名女生瘫坐在小轿车前方不停哭泣。撞人的小轿车前脸凹陷，挡风玻璃出现裂痕，肇事司机当时吓得不知所措。目前3名女生伤情稳定。

请分析该事故中的场地情况并谈谈发生车祸可能的原因。

任务二　交通安全防范

学习目标

1. 了解交通安全形势，知道交通安全防范的重要意义；

2. 了解交通安全法律法规，增强交通安全防范意识；

3. 掌握交通安全防范措施，提高交通安全防范能力。

授课视频二维码

随着高校改革的不断深入，高校与社会的交流越来越频繁，校园内人流量、车流量急剧增加。同时，校园道路建设、交通管理等常滞后于高校的发展，一般校园道路都比较狭窄，交叉路口没有信号灯管制，也没有专职交通管理人员管理；校园内人员集中，上、下课时形成人流高峰等原因，致使高校的交通环境日益复杂。大学生发生交通事故的主要原因是思想麻痹和安全意识淡薄，许多大学生在思想上存在对校内外交通安全认识不清、预防不主动等问题，发生交通事故在所难免。学习交通安全防范知识，增强对交通安全事故的认识，提高交通安全意识，是大学生安全教育的重要一环。

案例分析

2022年6月13日凌晨2时44分，南昌市昌九高速公路南昌北枢纽路段往福州方向发生一起货车追尾事故，有1名男子伤势较重，急需救援。接警后，南昌消防立即调派2辆消防车、14名消防员赶往现场处置。3时09分，消防员赶到现场看到，事故车辆车头完全变形，后车驾驶员被困驾驶室，已陷入昏迷状态，身上有多处血迹。经消防员紧急施救，被困人员被成功营救出来送往医院救治。前车驾驶员向交警说明情况时表示，因错过高速出口，他在高速公路上开双闪倒车长达1分钟，后车避让不及，直接撞上了前车。事故造成两车均不同程度受损，截至6月13日15时，后车驾驶员仍在抢救中，暂未脱离生命危险。

（案例来源：搜狐网，2022年6月14日，有改动）

简析：

高速公路上车速较快，突然停车、倒车、逆行，极易引发交通事故，错过高速出口，千万不要突然停车、强行变道、倒车逆行，这样可能给自己和他人带来极大的危害。驾驶员在高速公路上行驶时，错过这个出口，还有下个出口。但人生只有一次，错过了就无法重来，关乎生命安全的事，一次都不能错！在高速公路上倒车是非常危险的交通违法行为，一般将受到罚款200元记12分的处罚，造成事故的将依法承担责任，包括刑事责任。因此，一定不能在高速公路上违法停车、倒车、逆行。

法律法规

《中华人民共和国道路交通安全法实施条例》根据《中华人民共和国道路交通安全法》的规定制定。该条例已经2004年4月28日国务院第49次常务会议通过，2004年4月30日国务院令第405号公布，2017年第一次修订。

**专题十二任务二
法律法规**

第六十八条　非机动车通过有交通信号灯控制的交叉路口，应当按照下列规定通行：

（一）转弯的非机动车让直行的车辆、行人优先通行；

（二）遇有前方路口交通阻塞时，不得进入路口；

（三）向左转弯时，靠路口中心点的右侧转弯；

（四）遇有停止信号时，应当依次停在路口停止线以外。没有停止线的，停在路口以外；

（五）向右转弯遇有同方向前车正在等候放行信号时，在本车道内能够转弯的，可以通行；不能转弯的，依次等候。

第六十九条　非机动车通过没有交通信号灯控制也没有交通警察指挥的交叉路口，除应当遵守第六十八条第（一）项、第（二）项和第（三）项的规定外，还应当遵守下列规定：

（一）有交通标志、标线控制的，让优先通行的一方先行；

（二）没有交通标志、标线控制的，在路口外慢行或者停车瞭望，让右方道路的来车先行；

（三）相对方向行驶的右转弯的非机动车让左转弯的车辆先行。

第七十二条 在道路上驾驶自行车、三轮车、电动自行车、残疾人机动轮椅车应当遵守下列规定：

（一）驾驶自行车、三轮车必须年满 12 周岁；

（二）驾驶电动自行车和残疾人机动轮椅车必须年满 16 周岁；

（三）不得醉酒驾驶；

（四）转弯前应当减速慢行，伸手示意，不得突然猛拐，超越前车时不得妨碍被超越的车辆行驶；

（五）不得牵引、攀扶车辆或者被其他车辆牵引，不得双手离把或者手中持物；

（六）不得扶身并行、互相追逐或者曲折竞驶；

（七）不得在道路上骑独轮自行车或者 2 人以上骑行的自行车；

（八）非下肢残疾的人不得驾驶残疾人机动轮椅车；

（九）自行车、三轮车不得加装动力装置；

（十）不得在道路上学习驾驶非机动车。

第七十四条 行人不得有下列行为：

（一）在道路上使用滑板、旱冰鞋等滑行工具；

（二）在车行道内坐卧、停留、嬉闹；

（三）追车、抛物击车等妨碍道路交通安全的行为。

第七十五条 行人横过机动车道，应当从行人过街设施通过；没有行人过街设施的，应当从人行横道通过；没有人行横道的，应当观察来往车辆的情况，确认安全后直行通过，不得在车辆临近时突然加速横穿或者中途倒退、折返。

讨论思考

你了解或参加过文明交通志愿服务吗？如果有关于大学生骑行的交通安全宣传志愿服务工作需要大学生参与，你会去吗？你觉得你在这种志愿服务工作中会负责哪些工作内容？请谈谈你的看法。

一、我国道路交通安全发展现状

1. 公共道路交通现状

根据新华社新媒体报道，近年来，中国驾驶人数量、机动车保有量、道路里程持续增长，道路交通出行的体量巨大，从"硬件"来看，中国已进入汽车社会，成为交通大国。根据《中国城市交通绿色发展报告（2020）》发布的 31 个省份交通安全指数，交通安全指数平均值由高到低的区域依次为东部地区、西部地区、中部地区、东北地区。东部地区交通发达，交通安全行政处罚数较多，而西部地区面积较大，人口较少，交通不发达，因而涉及的交通安全问题相对较少。当前，人民群众出行需求持续旺盛，经济快速发展，我国道路交通需求旺盛，交通安全管理量多、面广、难度大。同时交通新业态涌现，交通安全防控形势复杂，全社会的交通安全观念、交通文明意识明显滞后，不规范驾驶行为和道路交通陋习多，超速、超员、路口违反交通信号和不按规定让行等严重交通违法行为多发，隐患治理工作保障不足，私家车肇事问题突出，安全行车、文明礼让理念急需强化。公共道路交通情况如图 12-4 所示。

2. 校园内道路交通现状

随着高等教育体制的改革，高校纷纷建设校区，校园设施物理距离的延伸，鼓励了各类交通代步工具的出现。新建校区道路良好，校园内车速快，威胁行人安全；学校上下课、临时性集中活动、寒暑假的离校返校决定校内交通情况在特定的时间人流、车流混杂，这无疑是对校园交通安全的挑战；另外，校园内大量外卖消费，电动车、共享车进一步加大校园内车流量，给校园安全埋下极大隐患。

图 12-4　公共道路交通情况

课内活动

"眼观六路 耳听八方"团队游戏

1. 分组，不限几组，但每组最好五人以上。
2. 第一组轮流派出一个人，另一组的全体人员分散到教室的各个地方，根据老师的提示，做出一些动作。要求第一组派出的人说出另一组人员的动作。
3. 根据能否准确说出动作来定输赢。
4. 游戏结束后请两组同学分享自己的感受。

二、大学生发生交通安全事故的主要原因

近年来，高校内机动车数量明显增加，校园周边机动车和非机动车辆密集，行人、自行车、机动车争道问题严重，大学生交通安全事故不断增多，轻者受伤，重者死亡。交通事故的原因十分复杂，是由人、车、路、环境、管理、法制等多种因素共同作用的结果，整体上看，可以归纳为主观人为因素和客观环境因素两个方面。主观人为因素包括思想麻痹、安全意识淡薄和交通安全知识缺乏、遵守交通法规的自觉性差、驾驶人员操控不当等；客观环境因素包括校园道路、交通设施等交通条件落后和车辆的机械性能差以及交通管理和普法执法力度不够等。具体原因主要有以下几方面：

1. 思想麻痹、安全意识淡薄

（1）注意力不集中。表现为行人在走路时边看手机或边听音乐，或者左顾右盼、心不

在焉，如图 12-5 所示。

（2）在路上进行球类活动。大学生精力旺盛、活泼好动，即使在路上行走也总是蹦蹦跳跳、嬉戏打闹，甚至有时还在路上进行球类活动，这更增加了发生交通事故的危险。

图 12-5　行人在走路时看手机

（3）骑飞车。一般高校校园面积都比较大，宿舍与教学楼、图书馆等之间的距离比较远，许多大学生为了节约时间车速过快，也有的因心情愉悦而故意骑飞车，这些都埋下了交通事故的祸根。

2. 交通安全知识缺乏

有的大学生很少主动学习和关心交通安全知识，甚至有的大学生连基本的交通安全常识都不甚了解。据有关统计，交通安全知识薄弱和自我防范能力较差是大学生上街外出时容易发生交通事故的主要原因。大学生空闲时会到市区购物、观光、访友等，这些地方车流量大，行人多，各种交通标志眼花缭乱，与校园相比交通状况更加复杂，若缺乏通行经验，发生交通事故的概率就比较高。

3. 遵守交通法规的自觉性差

有些大学生遵守交通法规的自觉性差，过街和穿马路时，经常不走斑马线、人行道，这增加了发生交通事故的概率。

4. 驾驶人员操控不当

近年来，私家车数量猛增，大量初考驾照者上路，成为诱发交通事故的又一大因素。由于新手驾驶经验明显不足，在遇到紧急情况时，容易惊慌失措，往往因操控不当而引发交通事故。

5. 校园道路、交通设施等交通条件落后

近年来，部分大学校园面积增加不大，校园道路变化不大，但是，在校生人数不断增加，校园内进出车辆大量增加，人车抢道现象普遍，校园内交通安全形势严峻。对于校园道路的拓宽和改造，交通标志、标线的完善和交通设施设备的改善还相对落后，视觉盲区依然存在，引发交通事故的隐患并没有完全消除。

6. 车辆的机械性能差

有些车辆因出厂年限较长和没有及时保养维护，车况较差，制动不灵，遇到紧急刹车时往往容易出事故。

7. 交通管理和普法执法力度不够

我国交通事故大幅上升很大程度上与交通管理不到位、交通法规宣传和执法力度不够有关，由此导致一些人对交通法规的认识不强，对交通安全不够重视，使违章难以消除，安全难以保障。

三、大学生发生交通安全事故的类型

1. 行走时发生交通事故

大学生在校园内行走时安全意识不强，一旦疏忽大意就容易被机动车或非机动车撞。

2. 乘坐交通工具时发生交通事故

校内违规乘坐共享车、电动车；大学生离校、返校，外出旅游、参加社会实践、寻找工作时都要乘坐各种长途或短途的交通工具，如果不加强安全防范，就容易发生交通事故，有时甚至造成群体性伤亡，教训十分惨重。

3. 骑自行车、电动车时发生交通事故

骑自行车、电动车时速度过快，不注意交通标识等发生自撞、撞人、摔跤事故；违规使用助力车搭载人、与同学相互飙车等都容易发生交通事故，重则身死。

四、交通安全事故的预防

1. 提高对交通安全重要性的认识，强化交通安全意识

防范交通事故最主要是提高对交通安全的认识，大学生应增强安全意识，增强自我保护意识，提前规避交通事故，防止伤害自己。

2. 学习交通安全知识，掌握交通安全法规

学习安全法律法规，熟知交通安全知识，掌握一定的应对措施。

3. 自觉遵守交通法规

（1）在道路上行走时，应走人行道，在没有人行道的地方要靠路边行走，过马路时必须走过街天桥、地下通道、人行横道；在没划人行道的地方过马路时要注意观察来往车辆；走路时要集中精力；不与机动车抢道，不翻越护栏或隔离墩、不闯红灯、不进入标有"禁止行人通行""危险"等标志的地方。

（2）骑车时，出行前要先检查一下车辆的铃、闸、锁、牌是否齐全有效，保证没有问题后方可上路。应在非机动车道内行驶，遇到没有划分车道的地方要靠右边行驶。通过路口时要严守信号，不骑车逆行，不扶肩并行，不双手离把骑车，不攀扶其他车辆，不在人行便道上骑车。

（3）乘坐公共交通工具时应待车停稳后，依次上下车，不挤不抢。车辆行驶中不得把身体伸出窗外。乘坐长途客车、中巴车时不能贪图便宜，不要乘坐"黑的"（见图12-6）。

（4）自驾出行要有驾照，熟练掌握车辆操作技能和驾驶常识，熟悉和遵守道路交通法规，在陌生路段行驶时注意观察交通状况，及时掌握当地交通特点，不开飞车，出行前认真检查汽车性能，保证车辆安全有效，不酒后驾驶。

图 12-6　不要乘坐"黑的"

课后作业

请在课后完成以下练习题。

1. 你知道生活中有哪几类交通安全？

2. 各类交通安全都有哪些防范常识？

3. 阅读以下资料，回答问题。

2018 年 3 月 18 日晚，上海奉贤交警在海湾路执勤时，在路口发现一辆分时租赁的小轿车。当时路况较好，但这名驾驶员却开着远光灯行驶，民警见状，便示意驾驶员靠边停车，接受处罚。在检查驾驶证和行驶证时，驾驶员沈某表示拿不出自己的驾驶证。经查，原来沈某尚在读大学，没有考驾驶证，车辆是借用了朋友的账号租赁的。

（案例来源：知乎）

请对上述案件进行分析，该案件中沈某的行为属于何种行为？会受到怎样的处罚？

任务三　交通事故处理

学习目标

1. 知道交通事故处理相关的法律法规；
2. 掌握发生交通事故时的应急处置方法；
3. 有生命至上的意识，提高遵章守纪的自觉性。

授课视频二维码

处理突发的交通事故对大学生来说是个难题。很多大学生在交通事故发生后，容易手忙脚乱，部分大学生无法高效处理，依法维权意识也不强，甚至可能造成二次事故。依法高效处置交通事故需要大学生充分认清发生交通事故的根本原因和现实危害，懂得重视交通安全、遵守交通规章对自己和家庭的重要意义，不断提高遵章守纪的自觉性，切实掌握交通事故的防范措施和发生交通事故时的应急处置方法，有效避免发生交通事故。

案例分析

2010 年 10 月 20 日晚 11 时许，西安市长安区大学城的学府大道上，26 岁的张妙骑着电动车回家。突然，她被一辆同向行驶的小轿车撞倒。肇事车撞人后逃逸，随后赶到的警方发现：受害人张妙身上除撞伤之外，还有多处刀伤。当夜 12 时许，警方再次接到群众报警：称附近发生一起交通事故，一辆雪佛兰轿车撞倒行人，肇事者欲驾车逃逸，被周围群众围堵。犯罪嫌疑人药家鑫案发前是大三学生。案发当晚，药家鑫驾驶私家车撞上张妙，后下车发现张妙正试图查看自己的车牌号码，遂取出一把尖刀，向张妙连刺数刀，导致张妙当场死亡。

2011 年 3 月 9 日，因涉嫌故意杀人罪，药家鑫被西安市人民检察院提起公诉。公诉方认为，被告人药家鑫因开车撞人，肇事后又持刀故意非法剥夺他人生命，情节极其恶劣，后果极其严重，应以故意杀人罪追究刑责。

（案例来源：新浪网，2011 年 3 月 24 日，有改动）

简析：

青少年是受社会变动影响较大的群体，如果在此阶段被灌输了不正当的价值观，就会导致其在事物分辨上的消极。本案中被告人犯下情节极其恶劣、后果极其严重的故意杀人罪，当然有价值观不当的原因，更有对交通法规敬畏不足、对交通事故处理认知不清的原因。

🚓 法律法规

《道路交通事故处理程序规定》(2020 年修正) 根据《中华人民共和国道路交通安全法》及其实施条例等有关法律、法规制定，自 2020 年 5 月 1 日起施行。

专题十二任务三法律法规

第二十三条　经查证属实，单位或者个人提供的违法行为照片或者视频等资料可以作为处罚的证据。对群众举报的违法行为照片或者视频资料的审核录入要求，参照本规定执行。

第二十四条　公安机关交通管理部门及其交通警察在执法过程中，依法可以采取下列行政强制措施：

（一）扣留车辆；

（二）扣留机动车驾驶证；

（三）拖移机动车；

（四）检验体内酒精、国家管制的精神药品、麻醉药品含量；

（五）收缴物品；

（六）法律、法规规定的其他行政强制措施。

第四十七条　违法行为处理通知书应当载明当事人的基本情况、车辆牌号、车辆类型、违法事实、接受处理的具体地点和时限、通知机关名称等内容。

第五十八条　违法行为人可以通过公安机关交通管理部门自助处理平台自助处理违法行为。

第五十九条　对行人、乘车人、非机动车驾驶人处以罚款，交通警察当场收缴的，交通警察应当在简易程序处罚决定书上注明，由被处罚人签名确认。被处罚人拒绝签名的，交通警察应当在处罚决定书上注明。

交通警察依法当场收缴罚款的，应当开具省、自治区、直辖市财政部门统一制发的罚款收据；不开具省、自治区、直辖市财政部门统一制发的罚款收据的，当事人有权拒绝缴纳罚款。

第六十二条　对违法行为人决定行政拘留并处罚款的，公安机关交通管理部门应当告知违法行为人可以委托他人代缴罚款。

第六十七条　当事人对公安机关交通管理部门采取的行政强制措施或者作出的行政处罚决定不服的，可以依法申请行政复议或者提起行政诉讼。

😊 讨论思考

　　你了解交通事故处理的程序吗？如果发生了交通事故，要联系哪些部门或单位呢？交通事故中如果出现了人员受伤，要怎么办？请谈谈你的看法。

一、发生交通事故的应急处置办法

在使用机动车或非机动车发生事故后，应第一时间报案和及时施救，事关人员的生命，对伤员采取正确的救护措施，可以最大限度地挽救生命和减少损失。

1. 立即停车

不管是汽车、电瓶车还是自行车，一旦发生交通事故，首先要停车。驾驶汽车时发生交通事故，应按规定拉紧手刹制动，切断电源，消除火灾隐患，开启危险报警闪光灯，如果在夜间发生交通事故还需打开示廓灯和尾灯，按规定设置危险警告标志；骑电瓶车或自行车时发生交通事故，则应将车辆放在不影响交通的位置。

2. 及时报案

停好车辆后，应及时报案，千万不能存"私了"之心。当事人应及时拨打交通事故报警电话122，将事故发生的时间、地点、肇事车辆及伤亡情况告知警方，或委托过往车辆、行人向附近的公安机关或执勤民警报案。如果事故现场引发火灾，需拨打火灾求救电话119通知消防部门，告知引燃原因、火势大小及被困人员情况。如在校内发生交通事故还应该及时与学校保卫处取得联系，由学校出面处理有关事宜。另外，投保机动车强制保险或商业保险的应及时向保险单位报案。

3. 抢救伤者或财物

交通事故中如有受伤者，在确认其伤情后，应采取紧急抢救措施，尽力救助，设法送至附近医院抢救治疗。除未受伤或虽有轻伤但本人拒绝去医院诊断的情况外，可以拦搭过往车辆或拨打急救电话120通知急救部门、医疗单位派救护车前往抢救。对于现场物品或被害人的钱财应妥善保管，防止被盗被抢。

4. 保护现场

事故现场的勘查结论是划分事故责任的依据之一，若现场没有保护好会给交通事故的处理带来困难，造成"有理说不清"的情况。发生交通事故后需保护好事故现场，保护现场的原始状态，包括车辆、人员、牲畜、遗留的痕迹并确保散落物不被随意挪动位置。如需抢救伤者，应在其原始位置做好标记，不得故意破坏、伪造现场。当事人在交管人员到达之前，可自行用绳索等材料设置警戒线，保护好现场。

5. 控制肇事者

如果事故肇事者想逃跑，可以设法控制，不能控制可以发动周围的人协助，如无法控制则要记住肇事车辆的车牌号、颜色及肇事人特征等信息。

6. 协助现场调查取证

事故当事人必须如实向公安交通管理机关陈述事发经过，不得隐瞒交通事故的真实情况，应积极配合、协助警察做好善后处理工作。

📽 课内活动

交通事故的应急处理模拟演练

在老师的指导下分组完成交通事故的应急处理模拟演练。

1. 场景：天空下着雨，在校园主干道离南大门约200米处，小张驾驶电动车撞倒行人小李，小李倒地昏迷，驾驶人小张手部轻微擦伤，左脚踝扭伤。

2. 演练内容：各小组选出扮演小张和小李的同学，演示事故的处理方法。

二、发生交通事故的自救互救方法

1. 被卡车内

如车门打不开，可尝试按下车窗，或使用利器敲破窗户找机会逃离；因为落水而被困在车里，可以爬到后备厢，在尾门上找到应急开关，打开后备厢应急逃生。

2. 车辆着火

乘坐公共汽车发生火灾时，首先考虑逃离车辆、救人和报警，要视着火的具体部位而确定逃生和扑救方法；如果车上线路被烧坏，车门开启不了，车辆停止后可从就近的窗户下车；如果火焰封住了车门，车窗因人多不易下去，可用衣物蒙住头从车门处冲出去。如自驾车着火，首先考虑将汽车熄火、停车、救人和报警，注意车辆汽油泄漏情况，防止引起火灾。

3. 车辆翻车

发生翻车事故时，如果是驾驶人，应紧紧抓住方向盘，勾住离合器踏板或油门踏板，尽量使身体固定，防止在驾驶室内翻滚、碰撞而导致伤害。如果是乘坐人，应迅速趴到座椅上，紧紧抓住前排座椅或扶杆、把手等固定物，低下头，利用前排座椅靠背或手臂保护头部；若遇翻车或坠车时，应迅速蹲下身子，紧紧抓住前排座位的椅脚，身体尽量固定在两排座椅之间，随车翻转；车辆在行驶中发生事故时，乘客不要盲目跳车，应在车辆停下后再陆续撤离。如果人被抛出驾驶室或车厢，应迅速抱住头，并缩成球状就势翻滚，减轻头部、胸部的损伤，同时尽量远离危险区域。当翻车不可避免，需要跳车时，应用力蹬双脚，增大向外抛出的力量和距离，不能顺着翻车的方向跳车，以防跳出后又被车辆重新压上。

4. 车辆伤员救护

首先拨打交通事故报警电话122，告知出事的时间、地点、伤亡情况等；并设法通知紧急救护机构，请求派出救护车和救护人员。不必急于把伤员从车上或车下往外拖，应该首先检查伤员是否失去知觉，还有没有心跳和呼吸，有无大出血，有无明显的骨折；如果伤员已发生昏迷，可先松开他们颈、胸、腰部的贴身衣服，把伤员的头转向一侧并清除口鼻中的呕吐物、血液、污物等，以免引起窒息；如果心跳和呼吸都停止了，应该马上进行口对口人工呼吸和胸外心脏按压。如果有严重外伤出血，可将头部放低，伤处抬高，并用干净的手帕、毛巾在伤口上直接压迫或把伤口边缘捏在一起止血。如果伤员发生昏迷、瞳孔缩小或散大，甚至对光反应消失或迟钝，则应考虑有颅内损伤情况，必须立即送医院抢救。一般的伤员，可根据不同的伤情予以早期处理，采取伤员自认为恰当的体位，耐心地等待有关部门前来处理。

三、发生交通事故的责任划分及相应处理

1. 交通事故的责任划分

（1）机动车之间发生交通事故的，由有过错的一方承担交通事故赔偿责任，双方都有过错的，按照各自过错比例分担责任：负主要责任的，承担70%；负同等责任的，各承担

50%；负次要责任的，承担 30%。

（2）机动车与非机动车发生交通事故，机动车与非机动车驾驶人、行人之间发生交通事故的，对超过责任限额的部分，由机动车一方承担责任；但是，有证据证明非机动车驾驶人、行人违反道路交通安全法律法规，机动车驾驶人已经采取必要处置措施的，机动车一方按照以下规定承担赔偿责任。机动车一方负主要责任的，承担 80%；机动车一方负同等责任的，承担 60%；机动车一方负次要责任的，承担 40%；机动车一方无责任的，承担 10%；非机动车驾驶人、行人在禁止非机动车和行人通过的城市快速路、高速公路发生交通事故，机动车一方无责任的，承担 5%；交通事故的损失是由非机动车驾驶人、行人故意造成的，机动车一方不承担责任；非机动车驾驶人、行人与处于静止状态的机动车发生交通事故，机动车一方无交通事故责任的，不承担赔偿责任。未参加机动车第三者责任强制保险的，由机动车方在该车应当投保的最低保险责任限额内予以全部赔偿，对超过保险责任限额的部分，按照当前规定赔偿。

（3）特殊情况的责任划分和承担当事人故意破坏、伪造现场、毁灭证据的，发生交通事故后当事人未立即停车，为保护现场，或者有条件报案而不及时报案，致使事故基本事实无法查清的，应当按下列规定承担事故责任：一方当事人有上述行为的，承担全部责任；当事人均有上述行为的，共同承担责任；但是，机动车与非机动车、行人发生交通事故的，由机动车一方承担事故主要责任；依法可以撤离现场、自行协商处理的交通事故除外；发生交通事故后当事人逃逸的，逃逸的当事人应当承担交通事故逃逸的全部责任；但是，有证据证明对方当事人有过错的，由逃逸的当事人承担事故的主要责任。

2. 电动车撞人赔偿标准

下列费用根据实际应当赔偿的项目进行赔偿：

（1）医疗费，包括挂号费、检查费、化验费、手术费、诊治费、住院费、药费等。

（2）治疗与交通事故伤害无关的疾病，不应当赔偿。对于小伤大养、扩大检查和治疗范围，均不赔偿。

（3）结案时，如当事人身体尚未康复，确需继续治疗的，根据医疗证明或者鉴定结论确定必然发生的费用，可以与已经发生的医疗费一并予以赔偿。

（4）确定医疗费截止的日期。一审法庭辩论终结的时间所花费的药费，应由当事人申请法医鉴定，以作为判案依据。法庭研究的就是这一次审判赔偿的数额。

（5）医疗费举证责任分配的规定。原告提出赔偿数额的证据，如果被告对原告的赔偿提出否定意见的，被告必须提出证据来证明。这样，举证责任就发生了一个变化，本来损害事实、损害赔偿数额应该是由原告来证明的，但是在这种情况下，被告如果对其合理性提出质疑，就要自己来举证证明。如果能够证明其没有合理性的，那么法院就予以采信。

（6）误工费。患者有固定收入的，按照本人因误工减少的固定收入计算，对收入高于医疗事故发生的上一年度职工平均工资 3 倍以上的，按照 3 倍计算；无固定收入的，按照医疗事故发生地上一年度职工年平均工资计算。

课后作业

请在课后完成以下练习题。

1. 大学生常见交通事故的原因有哪些?

2. 发生交通事故如何应急处置?

3. 阅读以下资料,回答问题。

2023 年 9 月 27 日,华南理工大学大一女生小木(化名),搭乘同学驾驶的共享电动车返回宿舍,二人没戴头盔。在行驶到一下坡路段时,为避让前方来车,原本就捏着刹车闸下坡的小梦紧急制动,但车并没立刻停下,摇摇晃晃前进了一段距离,两人连人带车摔倒。小梦的手部、腿部有擦伤,而小木因脑部着地受伤严重,昏迷不醒。10 月 30 日,记者从小木亲属处获悉,在 ICU 中昏迷了 31 天的小木于 10 月 28 日离世,死亡原因为硬膜下出血、脑疝。

警方委托了相关机构对已扣留的涉事共享电动车进行性能测试,测试结果提到这一无号牌两轮电动车为电动自行车,属于非机动车,符合有关技术标准,事发时行驶速度为 35.13~35.53 千米/小时。

(案例来源:澎湃新闻,2023 年 10 月 30 日)

请对上述案件进行分析,该案件中小木家人应该怎样维权?

实践活动

预防交通事故演讲比赛

请以班级为单位,开展主题为"安全伴我行"的预防交通事故演讲比赛。要求:2~5 人为一组,自愿组队,小组共同拟定演讲提纲和演讲稿,推选一人做主讲,其他人做辅讲,评分高的小组胜出。

专题十三　出游安全

导言

　　随着社会生产力的发展和人民生活水平的提高，旅游越来越成为大众化、常态化的活动形式之一。旅游业作为一种产业类型，作为一种新的现代社会生活方式和企业经营方式，不仅取得了良好的经济效益，还取得了较好的社会效益和环境效益，逐渐成为国民经济中不可缺少的有机组成部分，也越来越受到高度重视并被置于优先发展的地位，其相应的旅游安全也越发受到各界关注。没有安全，便没有旅游。旅游安全是旅游业的生命线，是旅游业发展的基础和保障。旅游业发展的事实证明，旅游安全事故的出现，不仅影响旅游活动的顺利进行，而且可能带来巨额经济损失；旅游安全事故危及旅游者生命和财产，直接影响社会的安定团结；旅游安全事故还会损害国家的旅游声誉，阻碍旅游业发展。因此，降低旅游安全风险，加强旅游安全管理具有重要意义。

任务一　认识旅游安全常识

学习目标

授课视频二维码

1. 了解旅游安全表现形态；
2. 掌握旅游安全的重要性和保障旅游安全的重大意义；
3. 树立旅游安全意识。

近年来，随着我国经济水平的提高和人民对日益美好生活的向往，旅游业迎来了前所未有的发展机遇，成为我国国民经济新的增长点，在社会经济中扮演着重要的角色。安全是旅游活动得以顺利进行的重要前提，也是旅游活动乃至旅游业发展的生命线。旅游安全直接关系到旅游业的健康稳定发展，因此，了解旅游安全的重要性、分析旅游安全的影响因素，对于做好旅游安全管理工作，促进社会安定团结具有积极的促进作用。

案例分析

游客周某与家人前往某景区组织的"露营音乐季"活动，其家人购票后进入景区，周某持残疾人证免票入场。周某在景区内不慎滑倒受伤。家人将其受伤情况通知了景区。经医院诊断，周某为 L2 椎体压缩性爆裂性骨折。出院后，周某将景区起诉至法院，认为景区未铺设防滑垫，且未张贴或设置安全提示、警示标语，未尽到安全保障义务，导致其摔伤；购票时其家人表示要购买保险，但景区未为其提供购买服务；摔倒后，景区及时救助。综上，景区未尽到安全保障义务、及时救助义务，应承担赔偿责任。

景区称，周某是免票进入景区，且景区已经尽到了合理范围内的安全保障义务；原告摔伤是其自身过错行为造成的，也是因其亲属监护失职所致，故不同意承担赔偿责任。最终，针对周某人身损害后果的发生，结合双方的过错程度，法院认定景区、周某各承担 50% 的责任。

（案例来源：中国旅游报，2022 年 6 月 28 日，有改动）

简析：

本案中，周某按政策免票进入景区进行露营活动时，景区经营者应履行积极的安全保障义务，避免事故发生。但景区未铺设防滑垫，未张贴或设置安全提示、警示标语，未尽到安全保障义务，景区在从事经营活动或自身业务过程中存在过失，应承担相应责任。同时，周某作为具有完全民事行为能力人，负有保障自身安全的义务，应预料潜在危险性，其未尽到谨慎注意安全义务，对自身损害亦存在过错，应承担相应责任。

法律法规

中华人民共和国旅游法（2018年修正）

专题十三任务一
法律法规

2013年4月25日第十二届全国人民代表大会常务委员会第二次会议通过，根据2016年11月7日第十二届全国人民代表大会常务委员会第二十四次会议《关于修改〈中华人民共和国对外贸易法〉等十二部法律的决定》第一次修正，根据2018年10月26日第十三届全国人民代表大会常务委员会第六次会议《关于修改〈中华人民共和国野生动物保护法〉等十五部法律的决定》第二次修正。

第九条 旅游者有权自主选择旅游产品和服务，有权拒绝旅游经营者的强制交易行为。旅游者有权知悉其购买的旅游产品和服务的真实情况。旅游者有权要求旅游经营者按照约定提供产品和服务。

第十二条 旅游者在人身、财产安全遇有危险时，有请求救助和保护的权利。旅游者人身、财产受到侵害的，有依法获得赔偿的权利。

第十五条 旅游者购买、接受旅游服务时，应当向旅游经营者如实告知与旅游活动相关的个人健康信息，遵守旅游活动中的安全警示规定。旅游者对国家应对重大突发事件暂时限制旅游活动的措施以及有关部门、机构或者旅游经营者采取的安全防范和应急处置措施，应当予以配合。旅游者违反安全警示规定，或者对国家应对重大突发事件暂时限制旅游活动的措施、安全防范和应急处置措施不予配合的，依法承担相应责任。

第五十七条 旅行社组织和安排旅游活动，应当与旅游者订立合同。

第五十八条 包价旅游合同应当采用书面形式，包括下列内容：

（一）旅行社、旅游者的基本信息；

（二）旅游行程安排；

（三）旅游团成团的最低人数；

（四）交通、住宿、餐饮等旅游服务安排和标准；

（五）游览、娱乐等项目的具体内容和时间；

（六）自由活动时间安排；

（七）旅游费用及其交纳的期限和方式；

（八）违约责任和解决纠纷的方式；

（九）法律、法规规定和双方约定的其他事项。订立包价旅游合同时，旅行社应当向旅游者详细说明前款第二项至第八项所载内容。

第六十一条 旅行社应当提示参加团队旅游的旅游者按照规定投保人身意外伤害保险。

第六十六条 旅游者有下列情形之一的，旅行社可以解除合同：

（一）患有传染病等疾病，可能危害其他旅游者健康和安全的；

（二）携带危害公共安全的物品且不同意交有关部门处理的；

（三）从事违法或者违反社会公德的活动的；

（四）从事严重影响其他旅游者权益的活动，且不听劝阻、不能制止的；

（五）法律规定的其他情形。

因前款规定情形解除合同的，组团社应当在扣除必要的费用后，将余款退还旅游者；给旅行社造成损失的，旅游者应当依法承担赔偿责任。

😊 讨论思考

你在旅游途中发生过安全事故或安全问题吗？你能从这些事情中分析影响旅游安全的因素有哪些吗？请与同学们讨论分享。

一、旅游安全的含义、特征及分类

1. 旅游安全的含义

旅游安全是指旅游活动中各相关主体的一切安全现象的总称。它包括旅游活动各环节的相关现象，也包括旅游活动中涉及的人、设备、环境等相关主体的安全现象。事实证明，旅游安全事故的出现，不仅影响旅游活动的顺利进行，还可能带来巨额经济损失甚至危及旅游者生命和财产，直接影响社会的安定团结。

2. 旅游安全的特征

旅游安全的显著特点表现在以下七个方面：

（1）集中性。集中性表现在两个方面。一方面，从旅游活动环节看，旅游安全问题集中在旅途与住宿活动环节；另一方面，从旅游安全的表现形态看，旅游者安全经历大多表现为犯罪、疾病或食物中毒、交通事故，尤以犯罪为最。

（2）广泛性。广泛性表现在三个方面。第一，旅游安全问题广泛存在于旅游活动的各个环节中，几乎所有环节都有安全隐患存在，都曾出现过旅游安全问题；第二，旅游安全与旅游社会人口学特征息息相关，几乎任何类型的旅游者都可能面临旅游安全问题的"光顾"；第三，除旅游者外，旅游安全还与旅游地居民旅游从业者、旅游管理部门以及包括公安部门、医院等在内的旅游地各种社会机构相联系。

（3）巨大性。旅游安全问题造成的危害和破坏巨大，不仅将使旅游者蒙受巨大的经济与名誉损失、遭受生命威胁，还可能使整个社会受到巨大损失。严重的还会影响旅游安全问题发生地全部旅游企业的发展，甚至危害到国家的形象和声誉。

（4）隐蔽性。由于安全问题本身的敏感性和所带来的负面影响，旅游经营管理者往往会掩盖旅游安全问题，因此，旅游活动中实际发生的不安全问题存在一定的隐蔽性。

（5）复杂性。旅游活动是一种开放性的活动，涉及的环节和人员众多，因此，旅游安全工作表现出极大的复杂性，除防火、防食物中毒外，还包括防盗、防暴力、防黄、防毒、防欺诈、防各种自然及人为灾害等。

（6）特殊性。旅游活动中，旅游者为了追求精神的愉悦，常常对安全防范有所放松，因此，旅游过程中发生的各类案件与事故不同于一般的民事、刑事案件，也不同于其他行业的安全问题，有其自身的规律性和特殊性。

（7）突发性。旅游活动中的许多安全问题都是在极短的时间内、在毫无防备的情况下发生的。旅游中的自然灾害也具有突发性。

3. 旅游安全的分类

目前，国内学者对旅游安全的概念，从不同学科和视角进行了界定和分类。

（1）根据旅游业运行的环节和旅游活动的特点，旅游安全可以分为饮食安全、住宿安全、交通安全、游览安全、购物安全、娱乐安全六大类。

（2）根据旅游学研究对象的不同特点，旅游安全可以分为旅游主体安全、旅游媒体安全和旅游客体安全等。旅游主体安全即旅游者安全，旅游媒体安全主要表现为旅游交通安全和旅游从业者安全，旅游客体安全即旅游资源的安全，涉及资源的保护、利用及二者之间的协调。

（3）根据旅游安全问题产生的原因，旅游安全可以分为社会性的安全问题、自然性的安全问题和管理性安全问题。其中社会性的安全问题包括战争、恐怖活动、政治动荡、旅游犯罪以及安全管理失误等对旅游业整个环节和过程产生影响的因素；自然性的安全问题主要表现为自然地理环境各组成要素变异所引发的一系列问题，如自然灾害，主要有地震、火山、滑坡和泥石流等地质地貌灾害，洪水、暴雨、沙尘暴、干旱和海啸等气象水文灾害、病虫害等生物灾害；管理性安全问题是指旅游行业的消防安全、食品卫生安全、旅游环境污染、传染性疾病流行等直接危害到旅游活动的正常开展，而所有这些问题的产生大多与旅游业的管理水平直接相关。

（4）根据环境要素的属性，旅游安全还分为社会环境安全影响和自然环境安全影响，不过很多旅游安全问题既是自然因素同时又是人为因素强烈干预的结果。如崩塌、滑坡、泥石流等灾害的发生除与自然因素有关外，往往与旅游道路和旅游设施修建时破坏植被、改变自然生态环境等人类活动的干预有关。

二、旅游安全的表现形态

旅游安全的各种表现形态常常互相交错，并在旅游活动各个环节中交替或同时出现。下面六种表现形态在旅游安全中常常出现：

1. 犯罪

犯罪在很大程度上威胁到旅游者的生命、财产安全，它给旅游者带来创伤的严重性和影响的社会性，使之成为旅游安全中最为引人注目的表现形态之一。旅游犯罪主要表现为侵犯公私财产类犯罪、危害人身安全的犯罪、性犯罪和与毒品、赌博、淫秽有关的犯罪。旅游活动中突出的犯罪现象大体分为盗窃、欺诈、暴力型犯罪三大类。比如，抢劫、侵犯人身自由、性犯罪和与毒品、赌博、淫秽有关的犯罪。

2. 疾病（中毒）

旅途劳累、旅游异地导致"水土不服"和客观存在的食品卫生问题等可能诱发旅游者的疾病或导致食物中毒等，腹泻是旅游过程中出现最多的疾病，如图13-1所示。

腹痛　腹泻　发热　恶心　不适

图13-1　旅途中可能出现的疾病

3. 交通事故

在旅游业运行各环节中，旅游交通是安全问题影响最大的环节之一。旅游交通安全事故已经成为旅游安全的最大隐患，往往导致群死群伤，具有毁灭性，在重特大旅游安全事故中旅游交通事故多年来一直占据首位。旅游交通事故具体表现为道路交通事故、高速公路交通事故、航空事故、水难事故、缆车等景区交通事故等。

4. 自然灾害

自然灾害是旅游活动中不可控的自然原因引起的安全问题，是旅游安全的常见表现形态之一。自然灾害对旅游活动的破坏性及其对旅游者、旅游企业、从业人员生命财产乃至资源的危害性较广泛。具体表现如下：

（1）威胁人类生命及破坏旅游设施的自然灾害。包括：飓风、台风、气旋和龙卷风、洪水、暴雪、沙暴等气象灾害；地震、火山喷发、海啸、雪崩、泥石流等地质及地貌灾害；森林火灾等其他灾害。

（2）危及旅游者健康和生命的其他自然因素和现象，包括缺氧（见图13-2）、极端气温、生物钟节律失调等。

图 13-2　缺氧

（3）旅游者与野生动植物、昆虫等接触产生的危险。主要是大型凶猛动物对旅游者带来的伤害与威胁。比如热带亚热带海滨时的鲨鱼咬伤旅游者的现象、毒昆虫导致旅游者患皮肤病或身体受到伤害等。

（4）环境因素导致的疾病。主要指传染性疾病在旅游者中间发作的可能性及其对旅游者的危害，比如热带地区所特有的疾病（疟疾、登革热等）。

课内活动

大学生旅游安全风险感知情况调查问卷

请在课内完成大学生旅游安全风险感知情况调查问卷。参与方法：扫描右侧二维码，回答相关问题。此问卷仅用于教学研究，不涉及个人身份信息收集，请如实填写。谢谢您的配合！

三、影响旅游安全的因素

1. 旅游环境中的不稳定因素

旅游环境的不安全状态主要包括自然环境的不安全和社会环境的不安全两大方面。

（1）自然环境因素。常见的骤发性自然灾害有：暴风雨、地震、滑坡、沙尘暴、有毒气体污染等；人们熟知的长期性自然灾害有：干旱、沙漠化、大气污染等。旅游自然环境的不安全状态一般是上述自然灾害组合而成的。旅游过程中一旦遭遇自然灾害特别是骤发性自然灾害，往往必然会发生安全事故。

（2）社会环境因素。战争、恐怖活动、动乱会造成当地旅游者严重的恐惧。火灾和旅游设施管理失当所造成的不安全事故对旅游业的影响也不容忽视。

2. 旅游者的自我保护意识缺乏

旅游者作为旅游业服务的主体，对出游的相关安全措施及知识了解较少，安全意识薄弱，经常会在游玩中发生意外，造成人身损害。部分游客热衷于参加高风险旅游活动，比如极限运动、峡谷漂流及野外生存等惊险奇特的项目正成为流行旅游时尚，这种高风险旅游活动对旅客有极高的要求，游客自身的些许失误或旅游管理上的任何疏漏都会造成人身伤亡导致严重事故的发生。还有很多游客热衷于参加徒步游、自助探险游等个性化旅游活动，但没有进行必要的体能和心理准备、没有相关背景知识储备、没有物资和救助准备，甚至没有相关经验或应对能力，这些都容易造成安全事故。

3. 旅游管理不完善和旅游设施不配套

因管理失当对环境和旅游行为造成的影响，增加了旅游的不安全因素。大规模开发旅游资源的同时也会破坏旅游目的地的生态环境，从而引发某些自然灾害。近年来，因开挖沟渠引发山体滑坡、崩塌，大量砍伐林木致使水土流失，暴雨来临时发生泥石流等报道常常见于报端。在部分特殊景点或地段（如悬崖、桥梁、湍急河流边等），如果防护设施不完善或管理不严格，某些游客就会越过安全界限或进行本应严格限制的不安全行为，使自身处于危险境地。

4. 公共卫生状况

部分游客的诸多不文明行为，如在景区内随地吐痰、便溺，乱扔废弃物，掐花折树等，会破坏旅游资源，降低景点的吸引力，并带来空气质量下降、水体污染等问题。而对游客而言，旅游过程中涉及的食、住、行、游、购、娱六个环节，每一个环节都需要有良好的公共卫生状况，否则也会带来严重后果。比如因食品不卫生、不新鲜而导致食物中毒；因客房、交通工具、购物商店、娱乐场所的清洁、消毒不及时而导致游客在触摸浴缸、马桶、电视遥控器、车门、护栏、电梯、游乐设施时造成交叉感染或形成病原；因旅游景区的卫生设施陈旧、脏乱，通风状况差而影响游客健康；等等。

课后作业

请在课后完成以下练习题。

1. 导致上述案例中旅游安全事故的原因有哪些？

2. 阅读以下资料，回答问题。

最近，记者发现，"特种兵式旅游""军训式旅游""大学生军训式旅游"等词条在众多社交媒体上成为热门话题，其中在某短视频平台上，带"大学生特种兵旅游"的话题视频已累计上千万播放量。

有学生八天跨越三个省，打卡几十个景点。

朱某告诉记者，目前她已经独自前往9个城市，累计打卡的景点破百，"最强的一次是寒假八天跨越浙赣皖三个省份，打卡了几十个景点。"2023年3月31日，朱某意外获得一天假期，她提前准备了去广元的一日军训式旅行计划，上午9点多到达广元，当天她就打卡了8个地点，晚上11点左右回到学校。朱某还分享了已规划好的"五一"长沙之行，五天时间有三个晚上将在火车上度过。对于她来说，若是一趟旅行能把每个知名景点都逛了，就会产生一种收集感的满足。

请对上述资料进行分析，朱某的旅行有安全隐患吗？表现在哪些方面？

任务二　出行安全防范与应对

学习目标

1. 了解出行安全风险的表现形式；
2. 掌握旅游出行时的注意事项和风险应对方法；
3. 强化出行安全防范意识。

授课视频二维码

出游活动是一个综合的复杂系统，涉及的行业种类较多，涵盖大、中、小等地域范围，出游过程中"食、住、行、游、娱、购"任一环节都有可能存在风险点，潜藏着很多不安全的因素。出游风险可能来自行程目的地的自然环境和社会环境，也可能来自游客自身和管理者等各个方面。大学生社会阅历简单，在出游过程中常常因为各种人为因素而造成安全隐患，需要做好出行安全防范及应对知识与技能的储备。

案例分析

2013 年 6 月 20 日，中超联赛形象大使贝克汉姆亮相上海同济大学引发混乱。现场数千观众、球迷一度冲开操场大门造成踩踏事件。据央视等多家媒体报道，"至少有 5 人受伤，其中一名男性安保人员被推倒后磕掉门牙，脸上有血迹。"同济大学通过官方微博透露，现场有 5 人受伤："两名文保分局工作人员、两名保卫处工作人员、一名留学生受伤，送往医院诊治。"他们已被送往医院诊治，都没有生命危险。

（案例来源：百度百科）

简析：

这起事故与主办方没有充分预估现场形势，未能做好安全防范工作直接相关。据报道，涌入同济大学体育场的球迷和观众人数约近千名，现场拥挤不堪。主办方未做好疏导工作，没有配备充足人手，没有采取各方面措施维护现场秩序。现场保安人员看到人太多，只是简单关闭大门了事，导致大量人员在门口聚集，埋下安全隐患。

法律法规

与踩踏事件处理相关的法律法规

一、《生产安全事故报告和调查处理条例》相关规定

第三条　根据生产安全事故（以下简称事故）造成的人员伤亡或者直接经济损失，事故一般分为以下等级：

（一）特别重大事故，是指造成 30 人以上死亡，或者 100 人以上重伤（包括急性工业中毒，下同），或者 1 亿元以上直接经济损失的事故；

（二）重大事故，是指造成 10 人以上 30 人以下死亡，或者 50 人以上 100 人以下重伤，

专题十三任务二
法律法规

或者 5 000 万元以上 1 亿元以下直接经济损失的事故；

（三）较大事故，是指造成 3 人以上 10 人以下死亡，或者 10 人以上 50 人以下重伤，或者 1 000 万元以上 5 000 万元以下直接经济损失的事故；

（四）一般事故，是指造成 3 人以下死亡，或者 10 人以下重伤，或者 1 000 万元以下直接经济损失的事故。

二、《国务院关于特大安全事故行政责任追究的规定》

第二条 地方人民政府主要领导人和政府有关部门正职负责人对下列特大安全事故的防范、发生，依照法律、行政法规和本规定的规定有失职、渎职情形或者负有领导责任的，依照本规定给予行政处分；构成玩忽职守罪或者其他罪的，依法追究刑事责任：

（一）特大火灾事故；

（二）特大交通安全事故；

（三）特大建筑质量安全事故；

（四）民用爆炸物品和化学危险品特大安全事故；

（五）煤矿和其他矿山特大安全事故；

（六）锅炉、压力容器、压力管道和特种设备特大安全事故；

（七）其他特大安全事故。

地方人民政府和政府有关部门对特大安全事故的防范、发生直接负责的主管人员和其他直接责任人员，比照本规定给予行政处分；构成玩忽职守罪或者其他罪的，依法追究刑事责任。

特大安全事故肇事单位和个人的刑事处罚、行政处罚和民事责任，依照有关法律、法规和规章的规定执行。

三、《中华人民共和国刑法》

第八条 （保护管辖权）外国人在中华人民共和国领域外对中华人民共和国国家或者公民犯罪，而按本法规定的最低刑为三年以上有期徒刑的，可以适用本法，但是按照犯罪地的法律不受处罚的除外。

四、《中华人民共和国民法典》

第一千一百九十八条 宾馆、商场、银行、车站、机场、体育场馆、娱乐场所等经营场所、公共场所的经营者、管理者或者群众性活动的组织者，未尽到安全保障义务，造成他人损害的，应当承担侵权责任。

因第三人的行为造成他人损害的，由第三人承担侵权责任；经营者、管理者或者组织者未尽到安全保障义务的，承担相应的补充责任。经营者、管理者或者组织者承担补充责任后，可以向第三人追偿。

五、《中华人民共和国国家赔偿法》

第三条 行政机关及其工作人员在行使行政职权时有下列侵犯人身权情形之一的，受害人有取得赔偿的权利：

（一）违法拘留或者违法采取限制公民人身自由的行政强制措施的；

（二）非法拘禁或者以其他方法非法剥夺公民人身自由的；

（三）以殴打、虐待等行为或者唆使、放纵他人以殴打、虐待等行为造成公民身体伤害或者死亡的；

（四）违法使用武器、警械造成公民身体伤害或者死亡的；

（五）造成公民身体伤害或者死亡的其他违法行为。

😊 **讨论思考**

　　出游中你会去人群特别密集的地方吗？旅游时一般是自助游还是跟团游呢？会提前做好旅游攻略和安全预防吗？请谈谈你的看法。

一、出游前的安全准备

1. 跟团游出行前的注意事项

（1）谨慎选择旅行社。跟团游要选择在当地比较有实力、知名度大的旅行社，了解旅行社营业执照和旅行社资质情况，了解出行市场价格，详细检查出行方案，仔细阅读合同，辨别合同方案中的吃、住、行的真实性和合理性，确认出行合同中的各种问题等。

（2）提前确定出行中的消费项目。一般来说，没有特别注明不购物的团队，都会安排购物。出行前要确认购物点是否是旅游局定点商店，购物过程能否坚持自愿原则；确认各种自费项目，避免陷入出行陷阱。

2. 自助游出行前的注意事项

（1）做好出行计划和攻略。出发前要做好行程安排，明确旅行目的地和行动计划，以及每日行程的目的地、到达之后的行动等，以保证旅行安全、顺利地进行。

（2）了解目的地的风土人情。提前了解目的地的风俗习惯，特别是少数民族风俗，注意语言、行为、购物、饮食方面的忌讳，以免发生不必要的麻烦。

（3）选择出游结伴人员。建议与熟人结伴出游，并与结伴人员做好出行前的沟通，避免因沟通不畅而造成出行中的争吵。

（4）了解清楚旅行地的天气等情况，根据旅行地的气候携带更换的衣物、鞋袜及洗漱用具。

（5）谨慎选择食宿地点。提前了解目的地的宾馆、饭店的分布情况和价格，预订正规、卫生的食宿地，不进"路边店""黑店"，就餐时选择正规就餐场所。

3. 出游前的安全准备

（1）准备证件。准备好学生证、身份证、信用卡、医保卡等必要的证件，将各种证件的复印件、电子文档放在邮箱，以供证件丢失第一时间办理临时证件所需。

（2）准备常用药品。携带治疗感冒、中暑、肠胃感染、晕车（船）等的常用内服药和治疗擦伤、碰伤的云南白药、创可贴、红花油等外用药品。有特殊疾病的同学要随身携带足够量的相应药物。

（3）做好通信保障。带好手机充电器、充电宝，保持手机话费充足，避免在紧急情况下无法与他人取得联系。

（4）购买意外保险。短期旅行可以购买短期意外保险。

（5）其他装备，如驱蚊虫液、防晒霜、雨伞、手电筒、雨具、多功能小刀、打火机、哨子、墨镜、防身用具、卫生用具等。

（6）随身携带紧急清单。随身携带写有个人基本情况、简单病史和常用药以及血型和过敏史、保险状况、紧急联系人等信息的资料。

课内活动

你要乘火车到另一个城市旅行三天，出行前需要整装理行李，请问你会带哪些物品呢？请填写表13-1所示旅行清单，并与同学们分享你的思考。

表13-1 旅行清单

类别	物品	备注说明
箱包		
健康		
工具		
美妆		
证件		
穿着		
娱乐		
以防万一的物品		

二、出游中的安全防范

1. 乘坐交通工具时的注意事项

（1）远离黑车。出行时不坐改装（拼装、报废）车、电动车、摩托车、三轮车、残疾人机动轮椅车等，选择乘坐正规车辆，不应答路边随意搭讪的车辆司机，不配合司机躲避运管部门检查。

（2）乘坐公共汽车注意事项。不乘坐无牌无证的车辆，上下车遵守秩序先下后上，不追车、扒车，车辆运行时不将头或手伸出窗外，不在车上玩耍或随意走动。

（3）乘坐地铁注意事项。不携带易燃易爆、危险性物品乘车，在黄线外等候地铁进站，遵守先下后上的原则，列车即将关门时不要挤进去，如突发疾病或者突感不适及时呼叫地铁工作人员。

（4）乘坐火车注意事项。站在站台一侧的白色安全线以内候车，不在车门和车厢连接处逗留，避免发生夹伤、扭伤、卡伤等事故，不带易燃易爆的危险品（如汽油、鞭炮等）上车，乘坐卧铺上、中铺时谨防掉下来摔伤，保管好自己的行李物品，不随便和陌生人说话，不要随意吃、喝陌生人递过来的食物和饮料。

（5）乘坐轮船注意事项。不带国家限制运输的物品及爆炸品、燃烧品、自燃器、腐蚀品、有毒物品上船，夜间航行时不随意打开窗帘或用手电筒向外探照，不在船上乱走动，不乱摸乱动船上电路，上下船时要拉好两边扶手以防摔伤，听从工作人员指挥依次下船，了解船上备用救生衣的存放位置以及救生艇、救生筏的存放位置，熟悉船体的各个通道、出入口以及通往甲板的最近逃生口的位置。

（6）乘坐飞机注意事项。全程系好安全带，全程关闭手机，记住和安全出口间的距离，不随意打开安全门，听从工作人员安排，配合安全工作。

2. 登山时需要注意的事项和自救措施

（1）慎重选择登山的地点。详细了解清楚当地的地理环境和天气变化情况，选择一条安全的登山路线，并做好标记，防止迷路。

（2）做好充足准备。备好运动鞋、绳索、干粮和水；随身携带急救药品，如云南白药、止血绷带等，以便在发生摔伤、碰伤、扭伤时派上用场；准备各种应急装备，如结实的手杖，以帮助攀登等；需要向导时需提前联系向导沟通登山情况。

（3）确认身体情况。确保身体状况良好，没有任何严重的健康问题。如果有健康问题，在爬山前需咨询医生的建议。

（4）适应高海拔环境。如果要攀登高海拔山峰，给自己足够的时间适应高原环境，避免高山反应。

（5）提高安全意识。了解并遵循登山规则和指导原则，不要超越自己的能力范围，在攀登过程中，始终保持警惕，注意周围环境和潜在危险。

（6）不做危险动作。登山过程中，时刻保持安全，不做危险动作，比如，不在危险的崖边照相，不随意离开同行人员，不偏离计划路线等。

（7）紧急情况处理与自救。遇到雷雨天气时应跑向低地，远离高树或密叶树林、铁塔，去除身上的金属物；如果需要通过易发生落石区域，应戴好安全帽或用厚衣服蒙住头，快速通过，行走中不小心踏落石头时，要立刻喊出声，通知下面的同伴；遇到雪崩时，尽量让头部浮在雪堆外，同时抛掉身上携带的一些物品作为标示物，以便别人发现你被雪埋的具体位置，及时营救。

3. 游泳时需要注意的事项和自救措施

（1）拒绝野泳。不要去非游泳区游泳。野外的池塘、河渠等地方安全隐患大、无人监管、水域情况复杂且水质未经过消毒净化处理，到这些地方游泳自身安全没有保障。

（2）酒后不能游泳。酒精会在一定时间内抑制正常生理功能，酒后下水，容易出现头晕等情况，下水者很容易溺水而不能自救。

（3）不要在太冷的水中游泳，室外泳池水温一般偏高，建议下水前先淋浴或做一些热身运动，可以缓慢下水，让身体适应后再游泳，这样能预防在游泳时突然抽筋。

（4）根据个人身体健康状况，量力而行。平时四肢较容易抽筋者不要参加游泳，以防发生危险。患有心脏病、高血压者忌游泳。

（5）空腹或吃太饱不宜游泳。吃完饭后游泳，会出现呕吐等现象；饥饿时游泳会出现头晕、血糖供应不足的情况，也不利于安全。

（6）做好下水前的准备活动。先活动身体，如果水温太低，可以先到浅水区用水淋湿身体，待适应水温后再下水游泳，不要在水里无节制地相互打闹，以防呛水甚至溺水。

（7）水下发生抽筋，要镇静，一面呼救，一面设法自救。如果离岸边很近，应立即上岸，按摩抽筋部位的肌肉。如果离岸边较远，不能立即上岸，可以仰浮在水面上并采用牵引、按摩等方法，试着自行救治。如无法自行救治，又无他人帮助，可利用未抽筋的肢体划动上岸。

（8）游泳时遇到水草，不要继续往前游，应以仰泳姿势原路退回，如被水草缠住，不要惊慌，不要乱蹬乱踢，可以仰躺在水面上，一手划水，一手解开水草，或请别人解开水草，然后以仰泳的姿势原路返回。

（9）出现体力不支，过度疲劳，应停止游泳，仰浮在水面上以保存体力，并伸出一只手臂挥动求救。如没有救援，也不要惊慌，待体力有所恢复后再游回岸边。

4. 迷路时的自救措施

（1）立即停止前进。同时，你需要让自己保持冷静，以便接下来作出理智的决定，制订合理的计划。

（2）联系人员。如带有手机，应及时拨打电话求救；集体行动时，当发现与队伍走散后，若其他人走得不太远，高声呼救即可以引起同伴的注意；如走得太远，无法联系，电话也没有信号的时候，可选择较为开阔的地方生火发出求救信号，但应该注意不要引起山林起火。

（3）原路返回。即从你迷路的位置往回走，尝试回到上一个已知地点，这是一种较为稳妥的自救方法。在折返的同时应沿途做好标记，避免再次迷路，如图13-3所示。

（图片来源：澎湃网，2023年7月28日）

图13-3 怎样避免迷路

（4）寻找道路。可以找出一棵树桩观察，年轮宽面指向的是南方；大树南侧的枝叶茂盛而北侧稀疏；观察蚂蚁的洞穴，洞口大都是朝南的；在岩石众多的地方，找一块醒目的岩石来观察，岩石上布满青苔的一侧是北侧，干燥的一面是南侧；利用手表来辨别方向，将当前时间除以2再把所得的商数对准太阳，表盘12所对的方向就是北方；如果随身携带地图、GPS等设备，尝试利用这些设备确定自己所在的方位，为下一步行动提供依据。

（5）求援。利用手机、卫星电话等设备，联系亲友、救援人员或报警。报告你所在的位置，或者自己根据侦查得到的明显地理特征，以方便救援人员确定你所在的位置。随后，应待在原地，等待救援人员找到你。

（6）就地扎营。如果迷路后需要熬过长夜，为了安全过夜，在天黑之前至少2小时左右，就要开始做露营的准备。扎营时观察周围环境，谨慎选择，营地既要保证安全，又不能远离迷路的地方，以免再次迷路。

5. 发生踩踏时的应对与救援措施

（1）发觉拥挤的人群向着自己行走的方向拥来时，应该马上避到一旁，但是不要奔跑，以免摔倒。

（2）如果到达楼层时有可以暂时躲避的房间，可以暂避一时。已被裹挟至人群中时，要切记和大多数人的前进方向保持一致，不要试图超过别人，更不能逆行，要听从指挥人员口令。

（3）若身不由己陷入人群之中，一定要先稳住双脚。切记远离玻璃窗，以免因玻璃破碎而被扎伤。

（4）遭遇拥挤的人流时，不要采用体位前倾或者低重心的姿势，即便鞋子被踩掉，也不要贸然弯腰提鞋或系鞋带。在拥挤的人群中，千万不能被绊倒，避免自己成为拥挤踩踏事件的诱发因素。

（5）如有可能，抓住一样坚固牢靠的东西，待人群过去后，迅速而镇静地离开现场。

（6）在拥挤的人群中，要时刻保持警惕，当发现有人情绪不对，或人群开始骚动时，就要做好准备，保护自己和他人。当面对惊慌失措的人群时，要保持情绪稳定，不要被别人感染，惊慌只会使情况更糟。惊慌可以，万万不可失措。

（7）及时联系外援，寻求帮助。赶快拨打 110 或 120 等。

（8）若被推倒，设法靠近墙壁。面向墙壁，身体蜷成球状，双手紧扣颈后，以保护身体最脆弱的部位。

（9）在救治中，要遵循先救重伤者的原则。判断伤势的依据有：神志不清、呼之不应者伤势较重；脉搏急促而乏力者伤势较重；血压下降、瞳孔放大者伤势较重；有明显外伤，血流不止者伤势较重。

课后作业

请在课后完成以下练习题。

1. 旅游安全交通事故发生的原因是什么？

2. 阅读以下资料，回答问题。

2020 年 5 月 25 日晚上 6 时许，琪琪和男朋友小王、表哥小鲁相约一起到"幻影星空"蹦床馆去玩。三人购票入场。18 点 40 分，三人玩名叫"人体炸弹"的项目。据小鲁回忆，当时一位女性工作人员向他们简单讲解玩法。未告知项目的危险性，也未让他们采取防护措施。小鲁和小王反复向工作人员确认是否安全，得到的答复是"大家都是这样玩的，没事儿"。小鲁玩时安全地进入了球池，随后琪琪玩，但琪琪被弹起时，头朝下摔进了海洋球池内，当场动弹不得。小王先上前扶起琪琪，小鲁随后也上前查看，两人一起把琪琪抬了上去。小鲁说，琪琪当时就说她胸部以下都没有知觉了。工作人员拨打了 120，并通知老板。琪琪被诊断为"完全性截瘫"。

（案例来源：澎湃网，2020 年 6 月 1 日有改动）

琪琪等三人要应如何防范此类安全风险？

任务三　突发自然灾害的应对

授课视频二维码

学习目标

1. 认识自然灾害的影响；
2. 掌握应对自然灾害的方法；
3. 培养团结互助的抗灾意识。

我国是世界上自然灾害最为严重的国家之一，灾害种类多，分布地域广，发生频率高，造成损失重。随着全球气候变暖，我国自然灾害风险进一步加剧。党的二十大报告指出，要完善国家应急管理体系，提高防灾减灾救灾和急难险重突发公共事件处置保障能力。不管是出行还是在日常生活中，大学生必须时刻保持忧患意识、敬畏心理、主动学习应急知识、认识灾害规律、掌握避灾自救技能、增强防灾减灾意识、做到主动防灾减灾。

案例分析

2013年4月20日早晨8点多，在四川雅安地震发生之后，四川师范大学学生黄昱舟在地震时从宿舍抱着六台电脑、背着三部单反相机、提着一个小乌龟冲了出来，一个人拯救了全宿舍的财产。此室友的事迹引起网友的广泛关注，被称为"中国好室友"。

（案例来源：人民网，2013年5月2日 有改动）

简析：

大学生黄昱舟抱出来的这些物品总价值9万元左右，他因为全寝室同学要参加当年的大学生电影节，急于把收集了素材的电脑带出，体现了室友之间亲密互助的关系。不过，遇到地震时，正确的做法是就地选择开阔地，趴下或蹲下避震，不要乱跑，避开人多的地方，不要随便返回室内。

法律法规

中华人民共和国防震减灾法

（1997年12月29日第八届全国人民代表大会常务委员会第二十九次会议通过
2008年12月27日第十一届全国人民代表大会常务委员会第六次会议修订）

专题十三任务三
法律法规

第三条　防震减灾工作，实行预防为主、防御与救助相结合的方针。

第八条　任何单位和个人都有依法参加防震减灾活动的义务。

国家鼓励、引导社会组织和个人开展地震群测群防活动，对地震进行监测和预防。

国家鼓励、引导志愿者参加防震减灾活动。

第十一条　国家鼓励、支持防震减灾的科学技术研究，逐步提高防震减灾科学技术研究经费投入，推广先进的科学研究成果，加强国际合作与交流，提高防震减灾工作水平。

对在防震减灾工作中做出突出贡献的单位和个人，按照国家有关规定给予表彰和奖励。

第五十条　地震灾害发生后，抗震救灾指挥机构应当立即组织有关部门和单位迅速查清受灾情况，提出地震应急救援力量的配置方案，并采取以下紧急措施：

（一）迅速组织抢救被压埋人员，并组织有关单位和人员开展自救互救；

（二）迅速组织实施紧急医疗救护，协调伤员转移和接收与救治；

（三）迅速组织抢修毁损的交通、铁路、水利、电力、通信等基础设施；

（四）启用应急避难场所或者设置临时避难场所，设置救济物资供应点，提供救济物品、简易住所和临时住所，及时转移和安置受灾群众，确保饮用水消毒和水质安全，积极开展卫生防疫，妥善安排受灾群众生活；

（五）迅速控制危险源，封锁危险场所，做好次生灾害的排查与监测预警工作，防范地震可能引发的火灾、水灾、爆炸、山体滑坡和崩塌、泥石流、地面塌陷，或者剧毒、强腐蚀性、放射性物质大量泄漏等次生灾害以及传染病疫情的发生；

（六）依法采取维持社会秩序、维护社会治安的必要措施。

第七十三条　地震灾区的地方各级人民政府应当组织做好救助、救治、康复、补偿、抚慰、抚恤、安置、心理援助、法律服务、公共文化服务等工作。

各级人民政府及有关部门应当做好受灾群众的就业工作，鼓励企业、事业单位优先吸纳符合条件的受灾群众就业。

☺ 讨论思考

在震中区，如发现自己不能脱险时，应采取什么自救措施？出行中如果遇上洪水怎么办？在互救中要注意什么事项？请谈谈你的看法。

一、地震避险自救互救

地震是指地球表面发生快速震动的一种现象。地震突发性强，波及范围大，极具破坏性。地震的发生常导致桥梁断落、房屋坍塌、水坝开裂，严重的更会造成人员伤亡。地震还会致使一些次生灾害的发生，如滑坡、泥石流等。地震目前还是人类尚无法避免或控制的自然灾害，掌握应对技巧，可以使伤害降到最低。

1. 避震三大原则

（1）因地制宜，正确抉择。震时，每个人所处的状况千差万别，避震方式不可能千篇一律。目前多数专家普遍认为：震时就近躲避，震后迅速撤离到安全的地方，是应急避震较好的办法。在实际避震过程中，要看客观条件正确选择避震方法。假如在平房里，发现预警现象早，室外比较空旷，则可力争跑出去避震。

（2）行动果断，切忌犹豫。避震能否成功，就在千钧一发之际，决不能瞻前顾后，犹豫不决。避震时，要行动果断，或就近躲避，或紧急外出，切勿往返。

（3）听从指挥，不擅自行动。擅自行动，盲目避震，只能遭致更大不幸，在公共场所，一定要听从现场工作人员的指挥，不要慌乱拥挤。等地震过去后，听从工作人员指挥，有组织地撤离。

2. 场所避震方法

（1）学校避震方法。要在老师的指挥下，就地选择安全处躲避，例如课桌下，讲台旁；决不可乱跑，不可靠近窗户，切忌盲目跳楼；地震后在老师指挥下有序撤离；低楼层教室可用书包保护头部迅速跑出教室，到开阔地避震；在操场或室外时，可原地不动蹲下，双手保护头部。在寝室里时应迅速关闭各种电源，就地选择安全处躲避，不得乘坐电梯，从高楼撤离时应走安全通道，尽快跑出室外到开阔地区避震。

（2）户外避震方法。在户外遇到地震时，就地选择开阔地，趴下或蹲下避震；不要乱跑，避开人多的地方；不要随便返回室内。要远离山崖、陡坡、河岸及高压线等。避开高大建筑物或构筑物、楼房，特别是有玻璃幕墙的建筑；避开危险物、高耸或悬挂物，如变压器、电线杆、路灯、广告牌、吊车等；保护好头部，避开危险之处；避开其他危险场所，如狭窄的街道、危旧房屋、危墙、女儿墙、砖瓦及木料等物的堆放处。

（3）其他室内避震方法。在影剧院、体育馆等处遇到地震时，要沉着冷静，特别是当场内断电时，不要乱喊乱叫，更不得乱挤乱拥，应就地蹲下或躲在排椅下，注意避开吊灯、电扇等悬挂物，用皮包等物保护头部，等地震过后，听从工作人员指挥，有组织地撤离；在商场、书店、展览馆等处，应选择结实的柜台、商品（如低矮家具等）或柱子边，以及内墙角处就地蹲下，用手或其他东西护头，避开玻璃门窗和玻璃橱窗，也可在通道中蹲下，等待地震平息，有秩序地撤离出去。

3. 震后自救方法

（1）地震时如被埋压在废墟下，周围又是一片漆黑，只有极小的空间，要保持沉着冷静，不要惊慌，要坚定生存的信心，相信会有人来救你，千方百计保护好自己。

（2）保护呼吸畅通，挪开头部、胸部的杂物，闻到煤气、毒气时，用湿衣服等物捂住口、鼻；避开身体上方不结实的倒塌物和其他容易掉落的物体；扩大和稳定生存空间，用砖块、木棍等支撑残垣断壁，以防余震发生后，环境进一步恶化。

（3）如果找不到脱离险境的通道，尽量保存体力，用石块敲击能发出声响的物体，向外发出呼救信号，不要哭喊、急躁和盲目行动，这样会大量消耗精力和体力，尽可能控制自己的情绪或闭目休息，等待救援人员到来。如果受伤，要想法包扎，避免流血过多。

（4）如果被埋在废墟下的时间比较长，救援人员未到，或者没有听到呼救信号，要想办法维持自己的生命，节约防震包的水和食品，尽量寻找食品和饮用水，必要时自己的尿液也能起到解渴作用。

（5）如果处在三脚架区，可以利用旁边的东西来护住自己，以免余震伤害，尽量露出手和前胸，保持呼吸，等待救援。

4. 震后互救方法

有关资料显示，震后 20 分钟获救的救活率达 98% 以上。积极参与震后互救行动，在抗震救灾中起到了无可替代的作用。

（1）注意倾听被困者的呼喊、呻吟或敲击声，根据建筑结构的特点，先确定被困者的位置，特别是头部的位置，再开挖抢救，以避免抢救时造成不应有的损伤。

（2）先抢救容易获救的被困者。使用工具扒挖埋压物，当接近被埋人员时，不可用利器刨挖。要特别注意不可破坏原有的支撑条件，以免对埋压者造成新的伤害。

（3）抢救时，先使被困者头部暴露出来，迅速清除其口鼻内的灰土，防止窒息，进而暴露其胸腹部。

（4）对于埋压时间较长的被困者，要先喂些含盐饮料，不可给予高糖类饮食。然后边挖边支撑，注意保护被困者的头部和眼睛，可以蒙上被困者的双眼，使其避免强光的刺激。

（5）对怀疑有骨折或颈椎、腰椎受伤的被救者，抢救时一定不可强拉硬拖，避免二次损伤，要设法暴露其全身。

（6）对被救者，应采取各种适当的方法进行现场救护。要避免被救者情绪过于激动，给予他必要的心理抚慰。

课内活动

在老师指导下，练习室内避震方法，室内较安全的避震空间如图 13-4 所示。分别练习夹角避震、厕所避震、安全出口疏通逃生，并与小组同学共同学习震后伤者的转送搬运方法。

（图片来源：新浪网，2017 年 8 月 9 日）

图 13-4　室内较安全的避震空间

二、遭遇雷击应对方法

1. 室内防雷击措施

（1）关好门窗，防止球形雷蹿入室内造成危害。

（2）关闭电视，拔掉电话线、电视天线以及音响、空调机、路由器等可能将雷击引入室内的电源插头。尽量不接听和拨打手机，尽量不使用固定电话。如在有避雷设备、有电磁屏蔽的建筑物内，可以在室内使用无绳电话或手机。

（3）打雷时，远离墙壁边、门窗边、阳台，尽量坐在房间正中央，同时不在电灯正下方停留，以免在打雷时产生感应电而发生意外。

（4）远离室内金属设备，如暖气管道、自来水管、钢柱等，以防雷电电流经它们蹿入人体。

（5）不穿湿的衣服和拖鞋。

（6）不使用太阳能热水器或者其他淋浴设备洗澡，及时关掉煤气，并时刻注意煤气是否泄漏。

2. 户外防雷击措施

空旷场地上、建筑物顶上、高大树木下、靠近河湖池沼以及潮湿地区是雷击事故多发区。

（1）远离高大物体。雷雨时，禁止在山顶或者高丘地带停留，不要靠近高大的树木、电线杆、烟囱、广告牌等尖耸、孤立的物体。应立即停止室外活动，尽快寻找避雷场所，可以到低洼、干燥或背风的房子或山洞里躲避。但不能进入茅棚屋、岗亭等无防雷设施的低矮建筑物里躲避。

（2）打雷时，禁止站立在空旷的田野里，如果正在空旷的地方，来不及到室内躲避，应该立即双手抱膝，双脚并拢蹲在地上，身体前屈，胸口紧贴膝盖，低头看地，因为头部最容易遭雷击。千万不要用手撑地，这样会扩大身体与地面接触的范围，增加遭雷击的危险。

（3）雷雨时，不得到大树下躲雨，因为人体站立的两脚之间存在的电压差会造成跨步电压伤害。如果万不得已必须在树下躲雨，必须与树干保持3米的距离。

（4）雷雨天不得撑带金属伞柄的雨伞，不要接触铁轨、电线。不能在雷雨中跑动，也不能骑自行车或摩托车。

（5）雷雨时，禁止在江边、湖里和河里游泳、划船、垂钓等，因为水的导电率很高，容易吸引雷电。

（6）打雷时，如果正在驾车，应留在车内。车壳是金属的，起雷电屏蔽作用，是躲避雷击的理想场所。

（7）户外遇雷雨时，禁止穿凉鞋或拖鞋，最好穿橡胶底的鞋或长靴。摘下身上所带金属，如手表、腰带，尤其是带金属框的眼镜，以免它们导电而被雷电击中。

3. 遭遇雷击的急救方法

对于触电者的急救应分秒必争。这时应该一边进行抢救，一边紧急联系120，就近送往医院治疗，在送往医院途中，抢救工作不能中断。

（1）遭遇雷击致使衣服着火，应该马上躺下扑灭火焰，使火焰不致烧及面部，也可往伤者身上泼水，或者用厚外衣、毯子裹住以扑灭火焰。

（2）如果触电者已经陷入昏迷，呼吸停止，可以把触电者就地放平，解开衣扣，进行复苏抢救，可以口对口人工呼吸，进行胸外心脏按压。

（3）可以用木棒、竹竿等将导电物品挑离触电者身体，救援者千万不能用手去拉被电击者。

（4）现场抢救中，不要随意移动伤员，若的确需移动，抢救中断时间不应超过 30 秒。将伤员送往医院时，除应使伤员平躺在担架上并在其背部垫以平硬的阔木板外，在将伤者送往医院的途中，要注意给其保温，若伤者出现狂躁不安、痉挛抽搐等症状时，要为伤者的头部冷敷。不要用油膏或不干净的敷料包敷被电灼伤的伤口或创面。还要继续采取急救措施，在医护人员接替之前，急救绝对不能中止。

三、遭遇泥石流和滑坡应对方法

泥石流是一种灾害性的地质现象。通常泥石流暴发突然、来势凶猛，可携带巨大的石块。因其高速前进，具有强大的能量，破坏性极大。

如遇泥石流或滑坡，首先不要慌张，尽可能将灾害发生的详细情况迅速报告相关政府部门和单位，再做好自身的安全防护工作。

1. 徒步行走遭遇泥石流和滑坡的应对方法

（1）保持冷静，不要不知所措，切勿盲目乱跑，寻找安全路径逃生，尽可能防止被埋。

（2）如果没有开阔地带，应立即跑向坚固的高地或泥石流的旁侧山坡，不要在谷地停留，不要向泥石流的流动方向走，如图 13-5 所示。

（图片来源：360 新知，2022 年 2 月 18 日）
图 13-5　遭遇泥石流的逃生路径

（3）可以爬向与泥石流成垂直方向一边的山坡，爬得越高越好，跑得越快越好。可以就近选择树木生长密集的地带逃生，密集的树木可以阻挡泥石流前进，切勿往地势空旷、树木生长稀疏的地段跑，也不要上树躲避。

（4）遭遇泥石流时要立即丢弃身上多余物品，选择安全路径迅速逃生，要保留通信工具，在确保自身安全后再与外界联系求救。

2. 驱车遭遇泥石流和滑坡的应对方法

（1）注意路上随时可能出现的各种危险，如掉落的石头、树枝等。

（2）查看清楚前方道路是否存在塌方、沟壑等，以免发生危险。

（3）严禁不探明情况便驱车通过，特别是发生过滑坡的地区，一定要探明情况再驱车通过。

（4）驱车遭遇泥石流和滑坡，最好的方法是弃车向高处山腰跑。

课后作业

请在课后完成以下练习题。

1. 泥石流的前兆有哪些？怎样避免遭遇泥石流？

2. 阅读以下资料，并回答相关问题。

中新网 10 月 24 日电 据中国地震台网官方微博消息，中国地震台网正式测定：10 月 24 日 19 时 32 分在甘肃酒泉市肃北县（北纬 39.43 度，东经 97.28 度）发生 5.5 级地震，震源深度 10 千米。

（资料来源：中国新闻网，2023 年 10 月 24 日）

如果地震时你正处于肃北县，收到地震预报后需要做什么准备和应对措施？

实践活动

"安全出游"主题视频制作及宣传

请根据以上所学，制作以"安全出游"为主题的宣传视频，经审核后将视频上传到各公共平台，用以宣传安全知识，强化自我防范意识。

制作要求：

（1）原创（如图片、视频、声音素材引自其他作者，需在视频明显位置标明）；

（2）内容积极向上；

（3）作品体裁自定，可为视频、动画或动漫等；

（4）作品为 MP4 格式，分辨率 1 280×720（720P）以上，时长不超过 5 分钟。

专题十四 就业安全

导言

  对于每一名大学生而言，在进入大学开始学习的那一刻起，对就业便有着不可言语的向往和憧憬。就业是指在法定年龄内的劳动者所从事的为获取报酬进行的务工劳动，就业不仅意味着收入来源，还是大学生实现自我价值的重要途径，更是大学生们发挥专业技能和才能的平台。大学生在大学期间可以寻找兼职、参加实习，临近毕业更要面临求职就业，在这个过程中有苦有甜，同样也有危险。现实中有的不法之徒利用大学生就业心切的心理，巧设名目，设置就业陷阱，给大学生留下难以抹去的阴影，造成恶劣的社会影响。本专题主要讲述就业安全问题，与大学生共同探讨就业安全隐患及其防范攻略。

（图片来源：新浪网，2021 年 3 月 19 日）

任务一 就业安全概述

学习目标

1. 了解就业安全的概念；
2. 掌握就业安全的内容；
3. 重视就业安全的意义。

授课视频二维码

当前，逐渐趋于饱和的就业岗位和逐年增长的大学毕业生数量，使大学生就业压力不断增加；此外，毕业生求职心切、就业信心不足、求职经验缺乏、对招聘信息的甄别能力差，往往会被一些不法之徒所欺骗，从而遭受财产损失，生理及心理受到伤害，更有甚者因此而失去生命，造成极其恶劣的社会影响。解决大学生就业问题，已经成为积极就业政策关注的主要方面，当然，大学生自身也必须重视就业安全，了解相关知识，掌握各种应对方法。

🖱 案例分析

2017 年春节过后，求职者小周经中介公司介绍奔赴苏州参加公司面试。在向中介公司缴纳 5 900 元体检费用和押金后，小周被两名壮汉推搡到车上。而后小周发现事情不对，想要要回所付钱财，却在一番争执后被抽了两耳光并被赶下车。

同日求职的陈某则更不走运。陈某应聘商务司机，中介公司以体检费、服务费等为由向其索要 4 000 多元。在付过钱后，陈某并未被安排相关工作。随即陈某意识到自己受骗，便来到中介公司要求退款。没想到，中介公司不仅拒绝退款，反而对其进行言语威胁和拳打脚踢。

短短四个月，像小周、陈某这样被"杀猪"的求职者多达 2 000 人，而这场巨大"杀猪盘"的始作俑者，正是一家名叫"苏跃"的人力资源中介公司。据苏州市虎丘区人民检察院承办检察官介绍，在这不到四个月的时间里，该中介非法获利高达 24 万元。

（案例来源：中国青年报，2022 年 6 月 26 日）

简析：

随着大学毕业生数量的增加和就业压力的不断增大，大学生的就业焦虑也越来越严重，求职心情非常迫切。许多毕业生为了找到一份满意的工作，遍投简历，广搜信息，只要是符合自己意愿的招聘信息，就积极行动，绝不放过，但这也给不法分子提供了可乘之机，特别是一些黑心中介，利用初入职场的大学生社会经验不足的特点，用看似"优渥"的招聘资源诱惑大学生们，实则只为骗财。大学生要成长为对社会有用的人才，就要有一双"慧眼"，能够清醒地识别就业安全问题，维护自身权益，实现平安就业。

法律法规

中华人民共和国劳动合同法

（2007 年 6 月 29 日第十届全国人民代表大会常务委员会第二十八次会议通过）

专题十四任务一
法律法规

第七条 用人单位自用工之日起即与劳动者建立劳动关系。用人单位应当建立职工名册备查。

第八条 用人单位招用劳动者时，应当如实告知劳动者工作内容、工作条件、工作地点、职业危害、安全生产状况、劳动报酬，以及劳动者要求了解的其他情况；用人单位有权了解劳动者与劳动合同直接相关的基本情况，劳动者应当如实说明。

第九条 用人单位招用劳动者，不得扣押劳动者的居民身份证和其他证件，不得要求劳动者提供担保或者以其他名义向劳动者收取财物。

第十条 建立劳动关系，应当订立书面劳动合同。

已建立劳动关系，未同时订立书面劳动合同的，应当自用工之日起一个月内订立书面劳动合同。

用人单位与劳动者在用工前订立劳动合同的，劳动关系自用工之日起建立。

第十六条 劳动合同由用人单位与劳动者协商一致，并经用人单位与劳动者在劳动合同文本上签字或者盖章生效。

劳动合同文本由用人单位和劳动者各执一份。

第十七条 劳动合同应当具备以下条款：

（一）用人单位的名称、住所和法定代表人或者主要负责人；

（二）劳动者的姓名、住址和居民身份证或者其他有效身份证件号码；

（三）劳动合同期限；

（四）工作内容和工作地点；

（五）工作时间和休息休假；

（六）劳动报酬；

（七）社会保险；

（八）劳动保护、劳动条件和职业危害防护；

（九）法律、法规规定应当纳入劳动合同的其他事项。

劳动合同除前款规定的必备条款外，用人单位与劳动者可以约定试用期、培训、保守秘密、补充保险和福利待遇等其他事项。

第八十一条 用人单位提供的劳动合同文本未载明本法规定的劳动合同必备条款或者用人单位未将劳动合同文本交付劳动者的，由劳动行政部门责令改正；给劳动者造成损害的，应当承担赔偿责任。

第八十二条 用人单位自用工之日起超过一个月不满一年未与劳动者订立书面劳动合同的，应当向劳动者每月支付二倍的工资。

用人单位违反本法规定不与劳动者订立无固定期限劳动合同的，自应当订立无固定期限劳动合同之日起向劳动者每月支付二倍的工资。

上述案例中小周和陈某为什么会上"黑心中介"的当？你是否有找兼职上当的经历？一般上当的原因是什么？请谈谈你的看法。

一、正视就业安全问题

就业安全问题是指大学生在就业的过程中可能会遇到的安全问题，一般包括人身安全、财产安全、合同安全、信息安全等四个方面，如图 14-1 所示。既然就业是每一位大学生人生当中的必经之路，那么就业安全问题也是无法回避的，每一位大学生都必须正视就业安全问题，在求职过程中提高警惕，增强防范意识，避免落入就业陷阱，给自己带来经济、精神、人身上的伤害，甚至因此堕入犯罪之路。

1. 人身安全

广义的人身安全包括人的生命、健康、行动自由、住宅、人格、名誉等安全；狭义的人身安全就是刑法上人身安全的本义，是作为自然人的身体本身的安全。就业安全中最基本的安全问题就是人身安全，如果一个人连身体本身的安全都没有了，就无从正常学习、生活和工作，更不要说实现自己的理想、为社会创造价值了。就业安全中的人身安全问题主要体现在以下三个方面：

（1）非法传销。

一些传销组织利用大学生急于求职的心理，精心设计骗局。他们往往把企业包装成一个实业公司，通过网络招聘等形式，许诺求职者的工作是"待遇高，工作轻松，发

图 14-1　就业安全

展前景好"，等大学生入套后，就对大学生进行培训"洗脑"，限制大学生的人身自由。

（2）色情服务。

一些娱乐机构利用女生就业受挫或存在怕吃苦、贪图享乐等投机心理，将色情场所包装成高档会所，强调工作轻松，待遇优厚，小费多，条件为年轻貌美，以高薪、高位诱骗女大学生从事非法活动，不仅被骗财骗色，甚至可能付出生命的代价。

（3）暴力剥削。

一些"黑心工厂"利用大学生挣钱心切、急于帮扶家庭的心理，以小型民营企业管理灵活、鼓励多劳多得为由，诱骗大学生，让他们以为只要能吃苦、多加班就能获得高回报，实际上却雇用打手对入厂工作的大学生实施残暴的管理模式。大学生们劳动强度大、劳动时间特别长，但辛勤的工作换来的只有低水平的温饱和恶劣的生活环境，被迫遭受暴力剥削。

2. 财产安全

财产是指拥有的金钱、物资、房屋、土地等物质财富。财产按所有权可分为公有财产（国家财产是公有财产的一种）和私人财产，是具有金钱价值、并受到法律保护的权利的总

称。大体上，私人财产有三种，即动产、不动产和知识财产（即知识产权）。大学生们就业的直接目的就是付出劳动来获取相应的报酬，如果在就业过程中连自己的财产安全都不能保障，又何谈获得财产。就业安全中的财产安全问题主要体现在以下两个方面：

（1）违规收费。

大学生就业求职过程中最常见的就是以敛财为目的的招聘陷阱。有的不法招聘机构利用过时或伪造证件进行虚假招聘，向入职的大学生收取各类保证金、培训费、上岗费，之后却音信全无；还有一些非法中介机构，以推荐就业岗位的名目收取中介费、报名费、资料费、

图 14-2 乱收费

培训费、押金、保证金、报名费、体检费、服装费、定岗费等，骗取大学生的钱财，如图 14-2 所示。他们推荐的岗位大多没有很高的门槛限制，也会安排多轮笔试、面试以获取大学生的信任，但在此过程中要求陆续缴纳前面提到的费用，并一再拖延正式入职时间，等到大学生察觉上当受骗去索回钱财或报警处理时，非法中介机构人员早已销声匿迹。

（2）克扣薪酬。

大学生求职就业过程中最难以防备的就是以征用劳动力为直接目的的招聘陷阱，其中以试用陷阱最为普遍。有的用人单位常将技术含量不高的岗位用来招聘大学生，利用试用期骗取其廉价劳动力，在试用期即将结束时便以各种理由将其辞退，又不用担负任何法律责任，空缺的岗位再一次以很少的薪水继续招聘同样通不过试用期的大学生。周而复始，以此来降低自身的管理成本。还有一些用人单位打着"高薪诚聘"的诱人广告，或任意延长工作时间、增加工作量，或在月底兑付时借口工作失误、业绩不合格来扣除部分薪酬。很多应聘销售岗位的大学生就被公司的责任底薪和所谓的高额提成所骗，辛辛苦苦干完一个月有时连工资都领不到，因为无法完成故意拔高的指定的工作业绩，反而被说成是求职者能力不够，这也是无良公司故意克扣薪酬的惯用伎俩。还有的用人单位以考察大学生专业能力为借口，让求职者完成某项工作，如编一个小程序、设计一个广告、改造一个工艺流程等，一旦工作完成后，便以条件不符为由，拒绝录用，也不支付相应的薪酬。

3. 合同安全

按照《中华人民共和国劳动合同法》相关条款规定，用人单位在与员工建立劳动关系时必须签订劳动合同，大学生正式就业后必须依靠劳动合同来保障自身的合法权益。就业安全中的合同安全问题主要体现在以下两个方面：

（1）不签劳动合同。

大学生在就业过程中，因为缺乏相应的法律常识，没有与用人单位签订劳动合同。有的大学生或因害怕失去就业机会、或因轻信用人单位的种种借口而不敢提及合同，有的大学生甚至天真地以为口头协议也是有效的，殊不知一定要签订纸质并盖章的合同才有效，才能维护自身的权益。还有的大学生以为在学校与用人单位签订的《就业协议书》就是《劳动合同》，实际上《就业协议书》与《劳动合同》是存在差异的，签订的内容、主体、法律依据等都不同，而且《就业协议书》是在大学生离校前签订的，无法保障大学生到用人单位正

式就业后的劳动权益。

（2）签不公平合同。

众所周知，近年来大学毕业生人数与日俱增，就业形势日益严峻，大学生在就业过程中为了获得就业岗位往往委曲求全，对于用人单位提出的明显不合理条款只能默默忍受，比如违约金、服务期，有的存在风险的岗位甚至要求大学生签订"生死协议"。对于大学生而言，虽然知道这些条款对自己不利，有失公允，却不敢反驳，可是当自身权益受到侵害时，想要维权却相当被动。当然，一些不符合法律规定的不公平条款也不会被法律支持，但真要走到需要法律援助的地步，过程也是非常艰辛的，必然会给大学生的心灵带来巨大的伤害。

4. 信息安全

大学生就业过程中的信息安全即个人信息安全问题，主要指的是公民身份、财产等个人信息的安全状况。大学生在求职过程中常常面对这样的两难境地。一方面，需要将个人的真实信息提供给用人单位；另一方面，要谨防个人信息被别有用心的人恶意使用。近年来，社会上一些不法分子利用大学生社会阅历浅、思想单纯、家长不在身边的特点，对大学生及其家长实施诈骗。例如，大学生向家长骗称"您的孩子现在由于交通事故，正在××医院抢救需要住院费2万元"，向大学生骗称"你的同学现在由于生病治疗需要1千元"，现在这种骗术进一步发展到盗用亲属或同学的手机号、微信号等进行诈骗活动，骗子通过智能AI换脸和拟声技术，通过视频聊天让大学生验证实施诈骗。另外，大学生求职所提供的身份证复印件等有可能被他人盗用，去办理一些需承担法律责任的民事合同。

课内活动

大学生对就业陷阱了解情况调查问卷

请在课内完成大学生就业安全意识情况调查问卷。参与方法：扫描右侧二维码，回答相关问题。此问卷仅用于教学研究，不涉及个人身份信息收集，请如实填写。谢谢您的配合！

二、大学生发生就业安全问题的主要原因

综合以上大学生在就业过程中可能会遇到的安全问题，检视其中原因，我们不难看出，不管是哪种就业安全问题，都有一个共同点：就是用人单位根本不想给求职大学生安排就业岗位，而是利用大学生自身存在的弱点，通过各种手段骗取他们的钱财和劳动力。一般来说，大学生存在以下几个方面的弱点：

1. 竞争激烈，压力过大

近年来，大学毕业生的数量与日俱增，就业竞争异常激烈，往往"一岗难求"，这就让大学生一毕业就面临着来自家庭和社会的巨大压力，每个人都希望尽快找到一份稳定和优质的工作，因此也容易被一些承诺高薪、工作轻松的陷阱所迷惑，一旦陷入进去，就成了待宰的羔羊。

2. 思想单纯，防范不足

刚刚步入社会的大学生，思想比较单纯，防范意识较差。大学生这一群体，与社会打交道并不多，社会经验不足，对于犯罪分子的作案手法缺乏一定的了解，特别是一些从农村、小城市来到大城市的学生，在一个陌生的城市，没有父母的提醒，很容易落入骗子的圈套。例如在有些地方，那些打着帮忙的旗号让你进店的，一开始可能说的是免费，一旦感情用事跟着进店，就会掉入被迫高消费的圈套。

3. 贪小便宜，急功近利

贪心是受骗者最大的弱点，很多就业陷阱制造者之所以屡屡得手，很大程度上是利用了求职者的贪心等非分之想。有的大学生往往为行骗者所开的"好处""利益"所吸引，对所谓的"好单位""好岗位"丝毫不怀疑，或者即使怀疑也心存侥幸，不进行深入分析，也不作调查研究，自认为用最小的代价获取最大的利益，结果却掉入了就业陷阱。

4. 轻信亲友，轻率行事

每个人都免不了有求他人相助之事，能否如愿要看是何事，对象是谁。如果不分青红皂白，为达目的而轻信亲戚、轻率交友，弄不好就会上当受骗。特别是大学生在找工作的时候，很容易被骗，结交一些不该交的朋友，被带入圈套之中。

认真剖析自身问题，提前检视自己在思想认识、知识储备、经验判断等方面可能存在的漏洞，在校期间加强学习，提升综合能力，积极参加各类课余活动和社会实践，让自己拥有一双"火眼金睛"，在就业过程中避开一切安全问题，实现顺利就业。网络招聘骗局如图14-3所示。

图14-3　网络招聘骗局

巩固练习

案例一：毛某，是大学毕业生的家长，日前在家中接到一个长途电话，称其儿子在车祸中撞伤，正在医院抢救，急需手术费5万元。毛某闻讯立即拨打儿子手机却怎么也打不通，相信真的出事了，就在此时，一个自称是儿子学校领导的人又打来电话，证实确有其事，并留下一个账号，毛某连忙筹集了5万元汇过去。几小时后，毛某终于打通儿子电话，方知上当受骗。

案例二：女大学生王某，几天前到某地做家教时被杀害。由于过分轻信他人，王某在未经认真核实的情况下，只身去应聘家教，结果遇害。

案例三：韩某，某大学毕业生，在人才交流市场，经过初步了解，与某家公司达成就业协议。但韩某了解到，进这家公司，每人要收取200元的服装保证金，用于制作工作服，离开公司的时候，200元可以原封退还。1个月后，韩某按照公司的约定来到办公地点参加培训，但他发现，该公司早已人去楼空，这时才知自己上当受骗了。

（案例来源：应届毕业生网，2021年12月13日）

请对上述案例进行分析，指出案例表现的是就业安全中哪方面的安全问题。请讨论应该如何应对案例中的危机。

三、重视就业安全问题的意义

1. 重视就业安全问题是实现大学生稳就业的前提保障

近年来，国家将大学毕业生就业问题作为重中之重，积极拓宽市场化就业渠道，实施未就业毕业生服务攻坚行动，着力维护毕业生就业水平总体稳定。当下社会环境复杂多变，必然存在各种安全隐患，严重的可能危及生命，对于涉世未深的大学生而言，实现稳定就业的第一步就是要保障自身安全，如果安全都无法保障，何谈稳定就业，故重视就业安全问题是实现大学生稳就业的前提保障。

2. 重视就业安全问题是创建稳定大学校园的必然要求

如今的大学校园不再是封闭式管理，而多为开放式管理，人员结构形式多样，校园环境也相对复杂，逐渐形成教学、科研、生产、商贸等多元化的社会机构。但是不论环境如何变化，大学校园的主体仍是学生，学生的安全决定着校园的稳定，学生在校学习生活的安全问题不容忽视，毕业生在就业过程中的安全问题同样重要，故重视就业安全问题是创建稳定大学校园的必然要求。

3. 重视就业安全问题是维护社会稳定和谐的根本保证

就业是经济发展的"晴雨表"、社会稳定的"压舱石"。大学毕业生这支庞大的就业大军关系的不只是学生本人，还关系着每一位毕业生背后的家庭。大学生安全就业是学校、家庭、社会共同面对的大事，大学生的就业状况最终会影响到整个社会的稳定与发展，故重视就业安全问题是维护社会稳定和谐的根本保证。

课后练习

请在课后完成以下练习题。

1. 大学生就业过程中常见的就业陷阱有哪些？

2. 阅读以下案件，并做相应回答。

小张毕业后，接到某软件公司邀请面试的电话，虽然他并没有向这家公司投过简历，但想着还没找到工作，就去看了看。面试过程中，该公司招聘人员表示，小张工作经验不足，需要先接受培训才能为他推荐工作，并且承诺培训之后包就业。在招聘人员的劝说下，小张与该公司签订了《实训协议》，接受了为期3个月的培训，并通过某分期借款平台贷款 1.98 万元，用于支付培训费。培训过程中，小张发现该公司的培训内容与宣传严重不符，不仅没有实操培训，授课内容在网上也都可以查到。距离培训结束已有大半年时间，小张仍未找到工作，但该公司拒绝退还培训费用。小张又联系借贷平台要求退款，该平台表示要找培训公司退款。目前，小张每个月还贷 1 200 元，要还到第二年 7 月。

（案例来源：湖南省人力资源和社会保障厅，2023 年 6 月 20 日）

如果你是小张，你会如何应对？

任务二　防范求职和就职陷阱

学习目标

1. 知道求职和就职陷阱的表现形式；
2. 掌握求职和就职陷阱的应对方法；
3. 提升求职和就职安全意识。

授课视频二维码

大学生获取就业信息的渠道是多种多样的，如可通过学校就业部门、教师、亲友、网络、报刊和人才市场等获取相关信息。种类繁多的用人招聘信息鱼龙混杂，真伪难辨。一般来讲，学校对就业信息的审核是比较严格的。为防止发布虚假招聘信息，对于初次联系的用人单位，学校会审查并留存用人单位营业执照副本。毕业生在选择就业信息时要选择可靠性高的信息渠道收集就业信息。

案例分析

张某是某高校美术专业的毕业生。一天，张某接到朋友周某从广州打来的电话，希望他来公司工作。张某来到广州后，周某让他签订了一份合同，并让他交押金 3 千元，承诺如辞职离开公司，押金随时如数退还。张某认为周某与自己是朋友，又有合同约束，便拿出 3 千元交了押金。当天下午，周某就带三人开始岗前"培训"，"培训"主要是讲怎样赚钱，赚钱要不择手段以及"发展下线、金字塔"理论等。经过几天"培训""洗脑"后，公司让他"上班"，其实就是打电话，动员蒙骗认识的、想找工作的人来"传销"。

（案例来源：枣庄学院，2022 年 6 月 15 日）

简析：

大学生在求职时要通过正规途径获取就业信息，通过熟人、网络获取的招聘信息，要注意甄别真假，投递简历前应充分了解用人单位的情况，必要时可向当地人才服务机构核实。企业资质也可通过工商部门企业信用信息网查询。同时要增加就业安全的各种知识，提高求职警惕性，不要盲目相信各种"天上掉馅饼"的招聘信息。

🚓 **法律法规**

普通高等学校毕业生就业工作暂行规定

教学〔1997〕6号

专题十四任务二
法律法规

第十一条 全国高等学校毕业生就业工作程序和时间安排由国家教委统一部署，各部委和地方应按照统一部署具体指导所属院校毕业生的就业工作。

第十二条 毕业生就业工作程序分为就业指导、收集发布信息、供需见面及双向选择、制订就业计划、进行毕业生资格审查、派遣、调整、接收等阶段。

第十三条 毕业生就业工作一般从毕业生在校内的最后一学年开始。

第十四条 用人单位一般应每年11—12月向主管部门及有关高校提出下一年度毕业生需求计划，11—5月与毕业生签订录用协议。

第十五条 毕业生的就业活动不得影响学校正常的教学秩序和学生的学习。毕业生联系工作时间应安排在1—5月，春季毕业研究生可适当提前。

第二十二条 供需见面和双向选择活动是落实毕业生就业计划的重要方式。各部委、各地方主管毕业生就业工作部门负责管理举办本部门、本地区的毕业生就业供需见面和双向选择活动，其他部门不得举办以毕业生就业为主的洽谈会或招聘会。举办省级上述活动要报国家教委备案，跨省区、跨部门的有关活动须报国家教委审批。

第二十四条 经供需见面和双向选择后，毕业生、用人单位和高等学校应当签订毕业生就业协议书，作为制定就业计划和派遣的依据。未经学校同意，毕业生擅自签订的协议无效。

第二十五条 供需见面和双向选择活动要在国家就业方针、政策指导下，有组织、有计划、有步骤地进行，时间应安排在节假日。

第二十六条 供需见面和双向选择活动，不得以赢利为目的向学生收费，不得影响学校正常的教学秩序和学生的学习。

😊 **讨论思考**

你或你的同学有兼职的经历吗？去兼职时是否担心被骗？有没有被骗？你是怎么应对这些骗局的？请谈谈你的想法。

一、端正求职心态

对于正处于求职阶段的大学生来说，除了对自身的专业技能、职业素质有要求以外，更应该重视的是求职心态。求职心态一般分为三个阶段：求职前心态、求职中心态与入职后心态。这三个阶段的心态共同决定着大学生未来的职业生涯。

（1）在求职前，大学生要做好求职前的知识和心态准备。要随时关注当前的就业形势，以及企业对应聘者的普遍要求，保持求知的心态，并时刻保持危机意识。

（2）在求职过程中，首先要认清形势，保持正确的自我认识，找准自己的定位，定下合理、明确的就业目标

（3）就职后，很多大学生在一段时间内相对浮躁，因为不适应社会、公司复杂的人际关系，直接影响自己的工作。这一阶段需要适当调整心态，明确从工作中提升自己、适应社会、积累经验的目的，认清自己的新人角色，抱着学习的心态，用轻松快乐的心情、稳定的心态对待自己的工作，用自己的能力去驾驭工作。

📽 课内活动

警惕招聘骗局角色扮演

在老师的指导下演练招聘骗局应对方法。要求一组同学扮演非法招聘单位，另一组同学扮演应聘人员。非法招聘单位需想办法让应聘人员上当，应聘人员则应设法识破骗局，做好应对。

二、典型求职陷阱及防范措施

1. 典型求职陷阱表现形式

（1）黑中介陷阱。一些非法职业介绍机构以介绍工作为名，向求职者变相收取各种名目费用。他们的典型特征是没有人力资源服务许可等相关资质，通过冒充或伪造相关资质来骗取求职毕业生信息。这些非法职介机构即便提供了岗位信息，往往也是与高校毕业生需求不匹配甚至虚假的就业岗位。

（2）兼职陷阱。一些诈骗分子打着高薪兼职、点击鼠标就赚钱、刷单返现等幌子进行诈骗。其特点是门槛较低，号称轻松兼职、薪酬丰厚。

（3）收费陷阱。用人单位或者中介机构以招聘为名，收取高校毕业生报名费、服装费、体检费、培训费、押金、岗位稳定金、资料审核费等费用。有些中介机构与不法用人单位合作，先由中介机构以推荐工作为名收取费用，毕业生到该用人单位入职时，不法用人单位编造各种理由拒绝毕业生上岗或中途辞退。还有些机构向毕业生承诺提供高薪行业实习岗位，但毕业生必须缴纳相关服务费用。

（4）借贷陷阱。个别中介机构或用人单位以高薪就业作为诱饵，向高校毕业生承诺培训后包就业，但须向指定借贷机构贷款支付培训费用。培训结束后，培训机构往往难以兑现承诺，或推荐的工作与原先承诺相差甚远，毕业生可能会面临身负高额贷款又没有实现就业的不利局面。

（5）传销陷阱。传销是指组织者或经营者通过发展人员，要求其缴纳费用或者以购买商品等方式，取得加入或发展他人的资格，牟取非法利益的行为。传销一般以亲友极力推荐的途径传播，基本都以轻松赚大钱、无须面试直接上岗为噱头。传销面试或工作地点都比较偏僻且转换频繁，公司业务不能清晰说明。

（6）合同陷阱。在合同签订过程中，个别用人单位为降低用人成本、规避用工责任而

侵犯高校毕业生合法权益。有的仅签订《就业协议书》，或以谈话、电话等口头形式约定工作相关事项，没有签订书面劳动合同。有的合同内容简单，缺少工作岗位、工作地点、工资、劳动条件、合同期限等具体内容。有的以少缴税款为由，同时准备两份不同薪资的"阴阳合同"。有的包含"霸王条款"，要求几年内不得结婚、无条件服从加班、试用期离职不结算工资等。

（7）试用期陷阱。有的用人单位超过法定上限约定长时间试用期，或者重复约定试用期。有的用人单位以试用期为由，支付工资低于当地政府规定的最低工资标准，或者不缴纳社会保险。还有的用人单位为了降低用人成本，大量招聘应届高校毕业生，试用期约定较低的工资，等试用期结束后，便以各种理由解聘，"假试用，真使用"。

（8）信息陷阱。有的用人单位为了增加对高校毕业生的吸引力，往往故意夸大单位规模、业绩、发展前景、工资和福利等。有的用人单位玩弄文字游戏，对招聘职位的工作内容做模糊化处理，将销售员、业务员等职位美化成"市场部经理""事业部总监"等有诱惑力的名称。

2. 防范措施

（1）尽可能参加管理制度规范的政府人事部门、劳动部门或高校举办的正规人才招聘活动，这些是求职的主渠道，不要轻率自找门路。

（2）如果到中介机构求职，切记查验职介机构的工商营业执照、税务登记证及劳动或人事部门核发的职业中介许可证。任何机构不得扣留求职者的身份证如图14-4所示。

（图片来源：搜狐网，2018年11月8日）

图14-4　任何机构不得扣留求职者的身份证

（3）网上求职时要登录正规网站，仔细验证招聘单位的真实性，要求对方提供单位营业执照、办理人员的身份证件以及加盖公章的单位证明等。

（4）不可抱着"走捷径""靠关系"等心态轻信骗子的话术，在求职过程中以各种理由要求租用、购买各类工作设备或交钱、贷款才能够安排岗位的，应果断拒绝，以免上当受骗。

（5）员工培训成本一般应由用人单位承担，要警惕那些付费培训可录用、包就业的要求。

（6）了解就业合同签订规定和要求，熟知相关法律法规知识，警惕用人单位以种种借口拒绝与劳动者签订书面劳动合同，签订合同中缺少工作岗位、劳动报酬、劳动条件等具体信息的。

（7）求职者如果落入骗局，请切记保留好相关证据，及时报警并向人力资源社会保障部门投诉举报。

课后作业

请在课后完成以下练习题。

1. 大学生就业过程中常见的就业陷阱有哪些？

2. 阅读以下案件，并做相应回答。

A公司通过某网络招聘平台发布"高薪招聘客房服务员"的信息，且明确"欢迎26岁以下，身心健康，能自由支配时间，面临各种困难、需要高收入的佳丽应聘"。青春靓丽的女孩小丽应聘后，被A公司负责招聘的人员约至某酒店客房进行"面试"，没什么求职经验的小丽虽感觉面试地点及方式有些奇怪，但还是经不住优厚条件的诱惑去参加了面试。面试中，A公司招聘人员隐晦地说，"我们这边是招高薪岗位，美女应该清楚是做什么吧"，并提出了"每月5万~10万元起薪，包吃住、日结工资"等具有相当吸引力的"福利待遇"，还不断打听"是否已婚""有没有交男朋友"等个人隐私信息。

（案例来源：中国政府网，2023年6月10日）

上述案例中小丽的求职过程经历了"网上查询岗位""酒店客房应聘面试""获知高薪""被打听隐私"这几个过程。如果你是小丽，你在哪个过程就会怀疑这个招聘信息，并做出应对？

任务三　求职权益保护

学习目标

1. 了解择业和就业权益保护的知识；
2. 知道就业维权途径和方法；
3. 增强法制意识和维权意识。

授课视频二维码

毕业生在求职择业及上岗成为新职业者的过程中，依法享有不容侵犯的就业权益。现实中，毕业生的就业权益常常会受到有意或无意的侵犯，继而影响个人的职业发展。大学生要做到了解就业权益，熟知维权途径，时刻注意维护自身的合法权益，以期能够顺利择业，愉悦上岗。

案例分析

黄先生原为一家科技创新公司的职员。为了更好的职业发展，黄先生于2021年12月应聘了A公司的项目经理职位，面试非常顺利，几天后他就收到了A公司的通知函，载明A公司邀请他担任项目中心的项目经理，并载明了正式上班日期、合同期限三年、试用期等。黄先生收到Offer后向A公司人事表示其同意入职，并表示其将于2022年1月

28 日在原公司办离职理完手续。但就在黄先生办理完离职手续的头一天，A 公司人事突然通知黄先生入职 A 公司需要加测笔试，并告知黄先生笔试只是走个流程。随后黄先生收到 A 公司告知其笔试成绩不合格，公司决定不予录用的通知。这对黄先生来说无疑是晴天霹雳，他已经从原公司离职了，而新公司又不录用他，黄先生遭受了心理和经济上的双重打击，在与 A 公司沟通未果后，无奈之下他将 A 公司诉至法院，要求 A 公司向其赔偿 15 万元损失。

（案例来源：澎湃网，2023 年 5 月 29 日，有改动）

简析：

法院审理认为：A 公司向黄先生发送通知函明确表示黄先生应聘成功，黄先生基于通知函确认其能够入职 A 公司即与原单位解除劳动合同关系，黄先生从原单位辞职后，A 公司又增加笔试，并以笔试未通过为由不予聘用，造成黄先生的经济损失。A 公司的上述行为已经明显违背诚信原则，应当据此赔偿黄先生的损失，结合黄先生的具体情形法院酌定为 2 万元，其余损失因缺乏依据，法院不予支持。

🚓 法律法规

中华人民共和国就业促进法

（2007 年 8 月 30 日第十届全国人民代表大会常务委员会第二十九次会议通过根据 2015 年 4 月 24 日第十二届全国人民代表大会常务委员会第十四次会议《关于修改〈中华人民共和国电力法〉等六部法律的决定》修正）

专题十四任务三
法律法规

第三条 劳动者依法享有平等就业和自主择业的权利。

劳动者就业，不因民族、种族、性别、宗教信仰等不同而受歧视。

第二十七条 国家保障妇女享有与男子平等的劳动权利。

用人单位招用人员，除国家规定的不适合妇女的工种或者岗位外，不得以性别为由拒绝录用妇女或者提高对妇女的录用标准。

用人单位录用女职工，不得在劳动合同中规定限制女职工结婚、生育的内容。

第二十八条 各民族劳动者享有平等的劳动权利。

用人单位招用人员，应当依法对少数民族劳动者给予适当照顾。

第二十九条 国家保障残疾人的劳动权利。

各级人民政府应当对残疾人就业统筹规划，为残疾人创造就业条件。

用人单位招用人员，不得歧视残疾人。

第三十条 用人单位招用人员，不得以是传染病病原携带者为由拒绝录用。但是，经医学鉴定传染病病原携带者在治愈前或者排除传染嫌疑前，不得从事法律、行政法规和国务院卫生行政部门规定禁止从事的易使传染病扩散的工作

第四十条 设立职业中介机构应当具备下列条件：

（一）有明确的章程和管理制度；

（二）有开展业务必备的固定场所、办公设施和一定数额的开办资金；

（三）有一定数量具备相应职业资格的专职工作人员；

（四）法律、法规规定的其他条件。

设立职业中介机构应当在工商行政管理部门办理登记后，向劳动行政部门申请行政许可。

未经依法许可和登记的机构，不得从事职业中介活动。

国家对外商投资职业中介机构和向劳动者提供境外就业服务的职业中介机构另有规定的，依照其规定。

第四十一条 职业中介机构不得有下列行为：

（一）提供虚假就业信息；

（二）为无合法证照的用人单位提供职业中介服务；

（三）伪造、涂改、转让职业中介许可证；

（四）扣押劳动者的居民身份证和其他证件，或者向劳动者收取押金；

（五）其他违反法律、法规规定的行为。

😊 讨论思考

如果在找工作过程中被"黑中介"骗了怎么办？在顶岗实习中被企业克扣实习费用怎么办？正常就业后在合同签订上有疑问怎么办？这些问题的维权途径有哪些？请谈谈你的想法。

一、初次就业前维权准备

对于初次求职的大学生来说，为保障就业安全，在就业前需要做好维权准备，掌握一定的知识，知道相关解决办法。

1. 加强就业安全意识

（1）掌握政策，学习劳动法律法规。在求职、择业、签约之前，一定要全面了解和掌握毕业生就业政策，做好相关法律法规的知识储备，熟悉《中华人民共和国劳动法》《企业劳动争议处理条例》以及各地方性的劳动合同管理规定，在应聘与签约时思路清晰，懂得如何通过合法的途径和手段解决就业过程中出现的问题，最大限度地保护自己的正当权益。

（2）全面了解用人单位。毕业生享有全面、真实了解用人单位的知情权。签约前，毕业生应该尽量多方面打听、了解用人单位的运作状况、招聘信誉、用人意图、岗位职责以及企业文化等情况。还可以去实地考察工作环境，将未来实际就业中权益受侵害的可能性降至最低。

（3）做好敢于据"法"力争的准备。大学生要增强法制意识，提升法律信心。如果在求职应聘和签订协议的过程中发现有权益受到侵害的不公平现象，不要因害怕失去就业机会而忍气吞声，要学会积极运用法律武器，阻止侵犯毕业生就业权益的行为，维护自身权益。

（4）借鉴专家意见。在首次就业的过程中，如果遇到疑惑和困难，可以咨询有关专家、老师或家长。请他们用专业视角、经验冷静分析，提供帮助。还可以借鉴其他校友就业中的经验和教训，为自己规避就业风险。

2. 慎重签订就业协议

在与用人单位签约时，落笔要慎重，仔细研究就业协议书及其补充协议中的条款，确认合理、合法后再签字。重点注意试用期及违约条款的约定。尽量不要在协议书中留下空白条款。对用人单位的口头承诺要尽可能在补充协议中予以书面注明，并明确将来签订劳动合同时对此予以确认。

毕业生第一个签订的协议一般是三方协议。三方协议是《全国普通高等学校毕业生就业协议书》的简称。它是明确毕业生、用人单位和学校三方在毕业生就业工作中的权利和义务的书面表现形式，是解决应届毕业生户籍、档案、保险、公积金等一系列相关问题的证明材料。毕业生签订就业协议时仍然是学生身份，在毕业生到用人单位报到后，三方协议即告终止。

签订三方协议时要留心以下几个细节：

（1）查看填写的用人单位名称是否与单位的有效印鉴名称一致，如不一致，协议无效；填写自己的专业名称时，要与学校教务处的专业名称一致，不能简写。

（2）外企、合资企业、私企一般采用试用期，根据合同期的长度，可以为1~3个月，通常试用期为3个月，不得超过6个月。国家机关、高校、研究所一般采用见习期，通常为一年。

（3）不少单位为了留住学生，以高额违约金约束学生。《中华人民共和国劳动法》规定，"对负有保密义务的劳动者，用人单位可以在劳动合同或者保密协议中与劳动者约定竞业限制条款，并约定在解除或者终止劳动合同后，在竞业限制期限内按月给予劳动者经济补偿。劳动者违反竞业限制约定的，应当按照约定向用人单位支付违约金。除上述两种法律规定的情形外，用人单位不得与劳动者约定由劳动者承担违约金。"所以学生要力争取消违约金这一条规定。

（4）现行的毕业生就业协议属"格式合同"，但"备注"部分允许三方另行约定各自的权利义务。为了防止用人单位承诺一套、做一套，毕业生可将签约前达成的休假、住房、保险等福利待遇在备注栏中说明，如发生纠纷，可以此维护自己的合法权利。

（5）学生在签订协议时，要严格按照规定的步骤进行。等用人单位填写完毕、盖章后再到学校就业指导中心签证盖章。

二、签订劳动合同的关键

1. 常见的合同陷阱

（1）口头合同。具体表现在一些用人单位与求职者就责、权、利达成口头约定，并不签订书面正式文本。一些求职心切、涉世未深的大学毕业生极易相信用人单位种种"许诺"。这种口头"合同"是靠不住的，一有"风吹草动"，这些口头许诺就会化为泡影。

（2）格式合同。即用人单位按照国家有关法律规定和劳动部门制定的合同示范文本事先打印好的聘用合同。从表面上看，这种合同似乎无可挑剔，可是具体条款却表述含糊，甚至有多种解释，一旦发生劳务纠纷，用人方总会按照"合同"为自己辩护，最终吃亏的还是应聘者。

（3）单方合同。一些用人单位利用应聘者求职心切的心理，只约定应聘方有哪些义务，违反约定要承担怎样的责任，毁约要缴纳违约金等，而合同上关于应聘者的权利几乎一字不提。如果签订这样的合同，无疑是将自己送上"案板"，任用人单位"宰割"。

2. 签订合同的注意事项

（1）建立劳动关系，应当订立书面劳动合同。已建立劳动关系，未同时订立书面劳动合同的，应当自用工之日起一个月内订立书面劳动合同。用人单位与劳动者在用工前订立劳动合同的，劳动关系自用工之日起建立。用人单位未在用工的同时订立书面劳动合同，与劳动者约定的劳动报酬不明确的，新招用的劳动者的劳动报酬按照集体合同规定的标准执行；没有集体合同或者集体合同未规定的，实行同工同酬。

（2）劳动合同应当具备以下条款：

①用人单位的名称、住所和法定代表人或者主要负责人；

②劳动者的姓名、住址和居民身份证或者其他有效身份证件号码；

③劳动合同期限；

④工作内容和工作地点；

⑤工作时间和休息休假；

⑥劳动报酬；

⑦社会保险；

⑧劳动保护、劳动条件和职业危害防护；

⑨法律、法规规定应当纳入劳动合同的其他事项。

（3）劳动合同除前款规定的必备条款外，用人单位与劳动者可以约定试用期、培训、保守秘密、补充保险和福利待遇等其他事项。

（4）试用期的一般规定。劳动合同期限三个月以上不满一年的，试用期不得超过一个月；劳动合同期限一年以上不满三年的，试用期不得超过二个月；三年以上固定期限和无固定期限的劳动合同，试用期不得超过六个月；同一用人单位与同一劳动者只能约定一次试用期。以完成一定工作任务为期限的劳动合同或者劳动合同期限不满三个月的，不得约定试用期。试用期包含在劳动合同期限内。劳动合同仅约定试用期的，试用期不成立，该期限为劳动合同期限。劳动者在试用期的工资不得低于本单位相同岗位最低档工资或者劳动合同约定工资的80%，并不得低于用人单位所在地的最低工资标准。

（5）个人需要留存劳动合同。劳动合同文本由用人单位和劳动者各执一份。如果用人单位未将劳动合同文本交给劳动者留存，劳动者手中没有劳动合同文本，一旦发生纠纷，可能会增加劳动者维权难度。劳动者可以向用人单位提出要求，请其给自己一份劳动合同文本留存，也可以向当地劳动保障监察部门投诉，请其责令用人单位改正。

📋 课内活动

一起来签劳动合同

请找出以下劳动合同的陷阱，并与同学们分享。

甲方（用人单位）：　　　　　　　乙方（劳动者）：

联系电话：　　　　　　　居民身份证号码：　　　　　　　联系电话：

根据《中华人民共和国劳动法》《中华人民共和国劳动合同法》等法律法规政策规定，甲乙双方遵循合法、公平、平等自愿、协商一致、诚实信用的原则订立本合同。

一、劳动合同期限

1. 劳动关系确定时间自＿＿年＿＿月＿＿日起至＿＿年＿＿月＿＿日止，其中，试用期从用工之日起一年，试用期截止时间　　年　　月　　日。

2. 乙方工作岗位是＿＿＿＿＿＿＿＿＿。乙方应爱岗敬业、诚实守信，保守甲方商业秘密，遵守甲方依法制定的劳动规章制度，认真履行岗位职责，按时保质完成甲方交付的所有工作任务。乙方违反劳动纪律，甲方可依据依法制定的劳动规章制度给予相应处理。

3. 乙方每日工作时间8小时，每周工作时间40小时。由于生产经营需要，经依法协商后可以延长工作时间。

4. 甲方可安排乙方加班，甲方应依法安排补休或支付加班工资。

5. 甲方采用基本工资和绩效工资相结合的工资分配办法向乙方以货币形式支付工资，于每月15日前足额支付，月工资＿＿＿＿＿元。

6. 甲乙双方依法参加社会保险，甲方为乙方办理有关社会保险手续，并承担相应社会保险义务，乙方应当缴纳的社会保险费由甲方从乙方的工资中代扣代缴。

7. 乙方应当严格遵守安全操作规程，不违章作业。

8. 甲乙双方解除或终止本合同，应当按照法律法规规定执行。甲乙双方解除终止本合同的，乙方应当配合甲方办理工作交接手续。

9. 本合同双方各执一份，自双方签字（盖章）之日起生效，双方应严格遵照执行。

甲方（盖章）　　　　　　　　　乙方（签字）
法定代表人（主要负责人）
或委托代理人（签字或盖章）
年　月　日　　　　　　　　　年　月　日

三、常见劳动维权途径

劳动部门相关人士介绍，目前劳动关系日益复杂多变，侵犯劳动者合法劳动权益的现象时有发生，若遇到这些问题，除需要有关部门运用立法和监督等手段，通过法律措施加以改善和解决外，劳动者亦应努力增强自我保护意识，学会用法律维护自己的合法权益。

1. 协商

劳动争议发生后，劳动者可与用人单位自行协商，达成新的协议或者有过错的一方改正错误，消除争议。

2. 调解

发生劳动争议后，劳动者可以向本单位的劳动争议调解委员会提出申请，请求调解。调解申请，应当自知道或应当知道权利被侵害之日起30日内提出。

3. 仲裁

仲裁是处理劳动争议的必经程序。劳动者申请劳动争议仲裁，应自劳动争议发生之日起60日内向劳动争议仲裁委员会提出书面申请。劳动争议仲裁委员会受理的劳动争议范围包括：因企业开除、除名、辞退职工和职工辞职、自动离职发生的争议；因执行国家有关工资、保险、福利、培训、劳动保护规定发生的争议；因履行劳动合同发生的争议；因法律、法规规定的其他劳动争议等。

4. 诉讼

劳动争议当事人对仲裁裁决不服的，可在收到仲裁裁决书之日起15日内向人民法院起诉。但需注意，未经劳动争议仲裁委员会仲裁的劳动争议案件，法院不予受理。

5. 监察举报投诉

《中华人民共和国劳动法》第八十五条规定，"县级以上各级人民政府劳动行政部门依法对用人单位遵守劳动法律法规的情况进行监督检查，对违反劳动法律法规的行为有权制止，并责令改正。"第八十八条规定，"任何组织和个人对于违反劳动法律、法规的行为有权检举和控告。"据此，劳动者发现自己的劳动权益受到侵害时，应及时向劳动保障监察部门举报。

6. 信访

劳动者在劳动权益受到侵害时，还可以通过信访的方式，向各级工会、妇联以及政府信访部门反映。

课后作业

请在课后完成以下练习题。

1. 大学生就业过程中常见的就业陷阱有哪些？

2. 阅读以下案件，并做相应回答。

大学生陈某在一个汉堡店打工，在有机会升任店长的时候，想与该店签订长期劳动合同被拒，起诉也被否。原因在于，大学生陈某此时并未完成全部学业以及学校布置的所有学习任务，因此不具备按校内规定进入实习阶段或处于完全脱离学校管理的自主择业阶段。法院认为陈某是以就业为目的，以长期、稳定的与汉堡店建立用工关系为前提从而提供劳动的，最终依然认定他是"提供劳务并领取按时计费的报酬"（即勤工俭学形式），否定签订劳动合同、建立劳动关系的可能性。

大学生胡某到某公司应聘时，虽然离毕业还有3个多月，但已基本完成了学业，公司虽然没有查看胡某的毕业证书，但依然与胡某签订了"在校生实习协议"，确定胡某与公司建立稳定的劳动关系。

以上两个案例中的大学生有不相同的待遇，关键在哪里？

实践活动

毕业生就业安全调查

请与班上的10位同学组成小组，完成对2023届学生就业安全的调查。通过调查收集毕业生就业协议签订情况、求职过程的安全情况以及对劳动权益的了解情况等内容。

要求：

1. 自制调查表和其他相关资料。

2. 完成时间：四周。

3. 老师提供毕业生联系方式，每个小组选出小组长，由小组长分配任务。各小组使用网络、电话等方式进行调查并收集结果。

4. 根据有效结果得出结论，并将结论上传到网络教学平台该讨论题目区内。

5. 老师根据各组的表现，给予评价。

参 考 文 献

[1] 付丽荣. 大学生旅游安全风险感知的影响因素研究 [D]. 昆明：云南大学，2022.

[2] 梁纪凤. 旅游目的地游客安全感的影响因素及对策研究 [D]. 郑州：中原工学院，2015.

[3] 宋祥辉. 基于旅游者风险认知的赤峰旅游安全管理 [D]. 舟山：浙江海洋大学，2023.

[4] 朱红新. 旅游安全及其管理体制研究 [D]. 南京：南京农业大学，2009.

[5] 魏书林. 青海省旅游安全管理问题研究 [D]. 西宁：青海师范大学，2021.

[6] 邹永广. 旅游安全管理的政府责任与使命 [J]. 旅游研究，2018，10（06）：14-17.

[7] 邓可赞. 广东旅游安全管理的问题与对策研究 [D]. 广州：暨南大学，2017.

[8] 陈丹. 高校实验室安全教育的有效措施探析 [J]. 长春师范大学学报，2022，41（12）：128-130.

[9] 闵鑫，李金洪，房明浩，等. 新形势下强化高校实验室安全教育的重要性及其发展趋势 [J]. 科技创新导报，2017，14（13）：201-202.

[10] 宋成立. 新时代大学生食品安全认识与意识培养的重要性探思 [J]. 中国食品，2022（18）：62-64.

[11] 史学武，宋爱芬. 当代大学生恋爱心理与恋爱行为探析 [J]. 新疆职业大学学报，2011，19（04）：58-60.

[12] 颜刚威，崔亚娟. 我国大学推广急救教育的意义与重要性 [J]. 甘肃科技，2019，35（22）：48-50，61.

[13] 刘朱紫，邹铁方. 大学生交通安全意识影响因素调查研究 [J]. 道路交通管理，2022（11）：52-55.

[14] 甄葭. 积极心理学视域下大学生心理健康教育研究 [J]. 现代职业教育，2023（27）：25-28.

[15] 吴文洁. 大学生人身安全教育存在的问题及对策研究 [J]. 课程教育研究，2019（46）：220.

[16] 李笑然. 高校公共体育教学中的人身风险识别与防控 [D]. 大连：辽宁师范大学，2018.